全国高等教育自学考试指定教材
小学教育专业（专科）

美育基础
Meiyu Jichu

（含：美育基础自学考试大纲）

（2018年版）

全国高等教育自学考试指导委员会　组编

主编　王旭晓

高等教育出版社·北京

图书在版编目（CIP）数据

美育基础／王旭晓主编；全国高等教育自学考试指导委员会组编．--北京：高等教育出版社，2018.5（2025.9重印）
ISBN 978-7-04-049608-6

Ⅰ.①美… Ⅱ.①王… ②全… Ⅲ.①美育-高等教育-自学考试-教材 Ⅳ.①G40-014

中国版本图书馆 CIP 数据核字（2018）第 068085 号

策划编辑	雷旭波	责任编辑 王江媛	版式设计	范晓红
责任校对	王　雨	责任印制 存　怡		

出版发行	高等教育出版社		网　　址	http://www.hep.edu.cn
社　　址	北京市西城区德外大街4号			http://www.hep.com.cn
邮政编码	100120		网上订购	http://www.hepmall.com.cn
印　　刷	肥城新华印刷有限公司			http://www.hepmall.com
开　　本	787mm×1092mm　1/16			http://www.hepmall.cn
印　　张	9.5			
字　　数	220千字		版　次	2018年5月第1版
购书热线	010-58581118		印　次	2025年9月第5次印刷
咨询电话	400-810-0598		定　价	21.00元

本书如有缺页、倒页、脱页等质量问题，请到所购图书销售部门联系调换
版权所有　侵权必究
物　料　号　49608-00

组编前言

21世纪是一个变幻莫测的世纪,是一个催人奋进的时代。科学技术飞速发展,知识更替日新月异。希望、困惑、机遇、挑战,随时随地都有可能出现在每一个社会成员的生活之中。抓住机遇,寻求发展,迎接挑战,适应变化的制胜法宝就是学习——依靠自己学习、终身学习。

作为中国高等教育组成部分的自学考试,其职责就是在高等教育这个水平上倡导自学,鼓励自学,帮助自学,推动自学,为每一个自学者铺就成才之路。组织编写供读者学习的教材是履行这个职责的重要环节。毫无疑问,这种教材应当适合自学,应当有利于学习者掌握和了解新知识、新信息,有利于学习者增强创新意识、培养实践能力、形成自学能力,也有利于学习者学以致用,解决实际工作中所遇到的问题。具有如此特点的书,我们虽然沿用了"教材"这个概念,但它与那种仅供教师讲、学生听,教师不讲、学生不懂,以"教"为中心的教科书相比,已经在内容安排、编写体例、行文风格等方面都大不相同了。希望读者对此有所了解,以便从一开始就树立起依靠自己学习的坚定信念,不断探索适合自己的学习方法,充分利用自己已有的知识基础和实际工作经验,最大限度地发挥自己的潜能,达到学习的目标。

欢迎读者提出意见和建议。

祝每一位读者自学成功。

全国高等教育自学考试指导委员会
2017 年 1 月

目 录

美育基础自学考试大纲

出版前言 ………………………………… 2
Ⅰ．课程性质与课程目标 ………………… 3
Ⅱ．考核目标 ……………………………… 5
Ⅲ．课程内容与考核要求 ………………… 6
  第一章　美育的历史 ………………… 6
  第二章　美育的性质 ………………… 7
  第三章　美育的任务 ………………… 9
  第四章　美育的范围 ………………… 11
  第五章　美育的途径 ………………… 12
  第六章　儿童的审美发展 …………… 14
  第七章　小学美育 …………………… 16
  第八章　小学美育教师的审美素养 … 17
Ⅳ．关于大纲的说明与考核实施要求 …… 19
附录　题型举例 …………………………… 21
后记 ………………………………………… 23

美育基础

编者的话 …………………………………… 26
第一章　美育的历史 ……………………… 27
  第一节　西方美育思想 ……………… 27
  第二节　马克思主义美育思想 ……… 32
  第三节　中国美育思想 ……………… 34
第二章　美育的性质 ……………………… 40
  第一节　什么是美育 ………………… 40
  第二节　美育的特点 ………………… 46
  第三节　美育的学科性质 …………… 51
第三章　美育的任务 ……………………… 56
  第一节　美育与德育、智育、体育的关系 … 56
  第二节　美育的特殊使命 …………… 60
  第三节　美育的具体任务 …………… 66
第四章　美育的范围 ……………………… 71
  第一节　家庭美育 …………………… 71
  第二节　学校美育 …………………… 76
  第三节　社会美育 …………………… 81
第五章　美育的途径 ……………………… 87
  第一节　审美理论学习 ……………… 87
  第二节　自然美赏析 ………………… 88
  第三节　社会美赏析 ………………… 94
  第四节　艺术美赏析 ………………… 100
第六章　儿童的审美发展 ………………… 108
  第一节　儿童观 ……………………… 108
  第二节　儿童的心理发展 …………… 110
  第三节　儿童的审美活动 …………… 116
  第四节　儿童审美活动的要素及其作用 … 121
第七章　小学美育 ………………………… 126
  第一节　小学美育的任务与特点 …… 126
  第二节　小学美育的内容 …………… 128
  第三节　小学美育的实施 …………… 131
第八章　小学美育教师的审美素养 ……… 137
  第一节　小学美育教师的职业特点与
     素质结构 …………………… 137
  第二节　小学美育教师的审美素养 … 139
  第三节　小学美育教师审美素养的
     培养途径与原则 …………… 143
后记 ………………………………………… 148

全国高等教育自学考试
小学教育专业(专科)

美育基础自学考试大纲

全国高等教育自学考试指导委员会　制定

出版前言

为了适应社会主义现代化建设事业的需要，鼓励自学成才，我国在20世纪80年代初建立了高等教育自学考试制度。高等教育自学考试是个人自学、社会助学和国家考试相结合的一种高等教育形式。应考者通过规定的专业考试课程并经思想品德鉴定达到毕业要求的，可获得毕业证书；国家承认学历并按照规定享有与普通高等学校毕业生同等的有关待遇。经过30多年的发展，高等教育自学考试为国家培养造就了大批专门人才。

课程自学考试大纲是国家规范自学者学习范围、要求和考试标准的文件。它是按照专业考试计划的要求，具体指导个人自学、社会助学、国家考试、编写教材、编写自学辅导书的依据。

随着经济社会的快速发展，新的法律法规不断出台，科技成果不断涌现，原大纲中有些内容过时、知识陈旧。为更新教育观念，深化教学内容和方式、考试制度、质量评价制度改革，使自学考试更好地提高人才培养的质量，各专业委员会按照专业考试计划的要求，对原课程自学考试大纲组织了修订或重编。

修订后的大纲，在层次上，本科参照一般普通高校本科水平，专科参照一般普通高校专科或高职院校的水平；在内容上，力图反映学科的发展变化，增补了自然科学和社会科学近年来研究的成果，对明显陈旧的内容进行了删减。

全国高等教育自学考试指导委员会教育类专业委员会组织制定了《美育基础自学考试大纲》，经教育部批准，现颁发施行。各地教育部门、考试机构应认真贯彻执行。

全国高等教育自学考试指导委员会
2018年2月

Ⅰ. 课程性质与课程目标

一、课程性质和特点

"美育基础"是全国高等教育自学考试小学教育专业(专科)课程中的必修、必考课,也是该专业自学考生的专业理论基础课,是为培养和检验自学考生是否具备美育的基本理论知识和应用能力而设置的专业基础课程。

"美育基础"是一门具有较强的理论综合性和实践应用性的课程,其理论内容涉及美学、教育学、心理学、艺术学等学科知识,而美育又是需要在教育实践中落实的,因而本门课程的学习需要把理论学习与具体应用相结合。

二、课程目标

设置本课程的目标是:通过本课程的学习,学员能了解美育的性质、特点、任务、功能及其现实意义,掌握美育的实施途径和方法,特别对儿童的审美发展和小学美育有具体、深入的了解,认识到教师加强自身审美素养的重要性,以便自觉地运用美育理论知识指导教学实践,按照美的规律塑造全面发展的人才。

三、与相关课程的联系与区别

美育与德育、智育、体育都有着密切的关系,因而美育课程与德育、智育、体育课程也有着互相关联、互相渗透的关系。由于在实践中,美育呈现为美学、教育学、艺术学三个学科的交叉,美育课程与美学、教育学和艺术课程的关系更为直接。教育学是美育最显著的学科特征,在教育哲学层面为美育划分疆界,在教育科学层面为美育提供教学原则、教学方法。艺术学是美育学科的内容层,是美育的载体和途径。美学是美育学科的理论核心,美学理论为美育提供理论指导,而美育则侧重于践行美学所提出的对人的培养教育目标。

四、课程的重点

"美育基础"的切入点是美育的历史,通过对中西方包括马克思关于人的全面发展的理论在内的重要美育思想的梳理分析,对美育的定义、性质、特点、途径等有一个历史的认识;第二章则是对美育的定义、学科性质和特点展开理论的分析;第三章在分析美育与德育、智育、体育的关系的基础上提出美育的特殊使命和具体任务;第四章阐述美育的范围,美育可分为家庭美育、学校美育和社会美育;第五章提出美育的途径,除审美理论学习之外,自然美、社会美、艺术美的赏析都是美育的主要途径;第六章至第八章针对本课程的学习对象为小学教育工作者这一特点,对儿童的审美发展、小学美育的任务和实施进行具体阐述分析,对小学教师自身的审美素养提出了要求。

该课程的重点在于:中外美育思想;马克思关于人的全面发展的理论;美育的定义、学科性质和特点;美育的特殊使命和具体任务;美育的范围;美育的主要途径;儿童的审美发展;小学美育的任务和特点;小学美育教师的审美素养及培养途径。

Ⅱ．考核目标

"美育基础"课程的考核目标,是指所要考核的基本概念和理论,以及由它们所代表的知识系统,按识记、领会、简单应用与综合应用四个层次规定自学考生应达到的能力层次要求。四个能力层次是递进关系,各能力层次的含义是:

识记(Ⅰ):要求了解有关名词、概念、理论的含义,并能够根据考核的不同要求,做出正确的表述、选择和判断。

领会(Ⅱ):要求在识记的基础上,领悟和理解有关知识点的基本内容,不仅知其然,而且知其所以然,领会其精神实质,把握各知识点之间的区别与联系,并能做出正确的说明和论述。

简单应用(Ⅲ):就是要求在识记和领会的基础上,运用学过的几个知识点,分析和解决比较简单的问题。

综合应用(Ⅳ):是指运用学过的基本概念、基本原理和基本方法,分析和解决比较复杂的理论问题和实际问题。

Ⅲ．课程内容与考核要求

第一章　美育的历史

一、学习目的与要求

通过本章学习,理解美育这一概念的明确提出虽是近代的事情,但美育的实践和美育的理论探讨是古已有之。通过对中外美育思想的梳理和学习,对于美育形成基本的认识。

二、课程内容

第一节　西方美育思想

1.1.1 西方古代美育思想

柏拉图的美育思想;亚里士多德的美育思想;贺拉斯的美育思想。

1.1.2 西方近代美育思想

培根的美育思想;卢梭的自然教育;席勒的《美育书简》;康帕内拉的美育思想;莫里斯的美育思想;马卡连柯的美育思想;苏霍姆林斯基的美育思想。

第二节　马克思主义美育思想

1.2.1 马克思关于人的全面发展的理论

1.2.2 如何实现人的全面发展

第三节　中国美育思想

1.3.1 中国古代美育思想

六艺;孔子的美育思想;孟子的美育思想;荀子的美育思想。

1.3.2 中国近现代美育思想

梁启超的"趣味教育";王国维的"完全之教育";蔡元培的美育思想。

三、考核知识点与考核要求

(一) 西方美育思想

1. 识记:(1) 柏拉图;(2)《理想国》;(3) 卢梭的自然教育;(4) 莫里斯的美育思想。

2. 领会:(1)席勒的美育思想;(2)贺拉斯的"寓教于乐"思想。
3. 简单应用:(1)联系卢梭的自然教育思想谈谈对美育的看法;(2)联系空想共产主义者的美育思想谈谈对美育的看法。
4. 综合应用:联系西方美育史谈谈对美育的认识。

（二）马克思主义美育思想

1. 识记:马克思的劳动定义。
2. 领会:马克思关于人的全面发展的理论。

（三）中国美育思想

1. 识记:(1)孟子的美育观点;(2)荀子的美育观点;(3)"美育代宗教"。
2. 领会:(1)孔子的美育思想;(2)梁启超的"趣味教育";(3)王国维的"完全之教育"。
3. 简单应用:联系蔡元培的"美育代宗教"谈谈对美育的想法。
4. 综合应用:联系中国美育史谈谈对美育的认识。

四、本章重点、难点

西方古代在教育实践基础上产生的柏拉图、亚里士多德、贺拉斯的美育思想。西方近现代培根、卢梭的美育思想。席勒的《美育书简》。空想共产主义者康帕内拉、莫里斯的美育思想。苏联时期马卡连柯、苏霍姆林斯基的美育思想。

马克思关于人的全面发展的理论。马克思对于劳动与人的全面发展的关系的思想。

中国古代在教育实践基础上产生的孔子、孟子、荀子的美育思想。中国近现代梁启超的"趣味教育"思想。王国维的"完全之教育"思想。蔡元培的"美育代宗教"。

第二章 美育的性质

一、学习目的与要求

通过本章的学习,了解美育在中国现代教育中的定位;从感性教育、情感教育和趣味教育角度综合理解美育的定义;在与智育、德育、体育的比较中深入理解美育的形象性、情感性、愉悦性;结合美育实践,理解美育是一门交叉学科,深入理解美学、艺术学、教育学在美育中的作用。

二、课程内容

第一节 什么是美育

2.1.1 美育在教育中的定位

1951年,教育部首次召开全国中等教育会议;毛泽东《关于正确处理人民内部矛盾的问题》;1999年的第三次全国教育工作会议;2002—2017年,党的十六大至十九大报告中的教育方针中的美育。

2.1.2 美育的定义

2.1.2.1 美育是感性教育

感觉的人化

2.1.2.2 美育是情感教育

情感的价值定向;情感的节奏化、韵律化。

2.1.2.3 美育是趣味教育

趣味是感性的精神的升华;趣味(审美判断能力和与之而来的审美的愉悦)被视为人生的目的。

第二节 美育的特点

2.2.1 美育的形象性

从施教手段来看,美育是以审美对象为媒介来施行。作为审美对象,其存在必定具有可感的形式,是以感性的形象诉之于人的。

2.2.2 美育的情感性

从受教方式来看,美育要激发起受教育者感情的活动,并通过情感的体验作用于他们的心灵。

2.2.3 美育的愉悦性

从受教效果来看,美育是令受教者感到愉悦的、寓教于乐的教育。

第三节 美育的学科性质

2.3.1 美育是一门交叉学科

美育是人类文明化自身的标志;在实践中,美育呈现为美学、教育学、艺术学三个学科的交叉。

2.3.2 美育是以美学为理论核心的交叉学科

2.3.2.1 教育学在美育学科中的作用

教育学是美育最显著的学科特征;教育学在教育哲学层面为美育划分疆界;教育学在教育科学层面为美育提供教学原则、教学方法。

2.3.2.2 艺术学在美育学科中的功能

美育管理机构;美育政策;艺术学是美育学科的内容层,是美育的载体和途径。

2.3.2.3 美学是美育学科的理论核心

审美活动是艺术活动的基础;美学所论述的审美、审美主体、审美客体、审美范畴等等是作为美育的艺术教育的核心概念。

三、考核知识点与考核要求

(一) 什么是美育

1. 识记:(1)感性教育;(2)情感教育;(3)趣味教育。
2. 领会:(1)中华人民共和国成立后,美育在教育发展史上的定位;(2)党的十六大起党的教育方针对美育工作的功能定位;(3)什么是美育。
3. 简单应用:(1)美育为什么是感性教育;(2)美育为什么是情感教育;(3)美育为什么是趣味教育。

4. 综合应用:美育作为感性教育、情感教育、趣味教育的内涵与意义。

(二)美育的特点

1. 识记:(1)形象性;(2)情感性;(3)愉悦性。
2. 领会:(1)如何理解美育的形象性;(2)如何理解美育的情感性;(3)如何理解美育的愉悦性。

(三)美育的学科性质

1. 识记:(1)美学;(2)艺术学;(3)教育学。
2. 领会:美育的学科性质。
3. 简单应用:结合我国美育实践,简述艺术学在我国美育中的角色与作用。
4. 综合应用:联系美育史与美育实践理解美学、教育学、艺术学三个学科在美育中的作用。

四、本章重点、难点

美育在中华人民共和国成立后的教育发展史上的定位。美育的定义。美育的特性。美育是美学、教育学、艺术学三学科的交叉。

第三章 美育的任务

一、学习目的与要求

通过本章的学习,了解美育的任务,明确美育的目的与意义,掌握美育与德育、智育、体育的关系,了解美育在实施素质教育中发挥着什么样的作用,了解美育的特殊使命和具体任务,了解美育对涵养人的心性、完善人的品格、促进社会进步、实现国家富强以及推动民族振兴等方面发挥的积极作用。

二、课程内容

第一节 美育与德育、智育、体育的关系

3.1.1 美育与德育

美育重在陶冶和培养人的感情,让人拥有审美的眼光和创造美的能力,美育赋予德育以美感,美育赋予德育情感体验,美育与德育休戚共生。

3.1.2 美育与智育

美育是智慧的风帆,美育在"求美",美育重在"情",美育强调"想象"。

3.1.3 美育与体育

美育与体育的融合,可以实现身与心的统一,为塑造完美人提供源动力。

第二节 美育的特殊使命

3.2.1 美育成为素质教育的保障

美育是美学教育、审美教育和艺术教育,美育与德育、智育、体育的融合,提升了素质教

育的成效,让教育真正成为培养"求真、向善、尚美、健体"的整体育人活动。

3.2.2 美育肩负着完整人的塑造

美育以情感丰富人的心灵,以艺术启迪人的智慧,以审美培养人的情操。

3.2.3 美育影响人类生活的品质

美育影响着人们的衣、食、住、行以及生活的诸多方面:美育对物质需求的审美、美育对生活空间的营造、美育对商品文化及其美学价值的解读以及美育对生活环境的审视。

3.2.4 美育促进和谐社会的构建

美育架构起法与德的桥梁,让社会按照一定的秩序健康、和谐地发展。美育对道德的催化作用;美育让感性与理性有机结合;美育促进人与自然和谐。

第三节 美育的具体任务

3.3.1 树立正确的审美观

美育引导人们树立正确的世界观、人生观和价值观;美育可以培养审美的习惯;审美观与社会主义核心价值观的契合。

3.3.2 塑造高尚的品格

提升分辨美丑能力和鉴赏美好事物能力,实现思想的飞跃和道德的升华,塑造高尚品格、塑造完整之人。

3.3.3 提升审美能力

提升审美感受能力;提升审美鉴赏能力;提升审美思维能力。

3.3.4 培养创造力

美育对智力的开掘作用;美育对创新能力的促进;美育对创造能力的培养。

三、考核知识点与考核要求

(一)美育与德育、智育、体育的关系

1. 识记:(1)德育;(2)智育;(3)体育。
2. 领会:(1)美育与德育的关系;(2)美育与智育的关系;(3)美育与体育的关系。

(二)美育的特殊使命

1. 识记:(1)素质教育;(2)完整人;(3)人类生活;(4)和谐社会。
2. 领会:(1)美育成为素质教育的保障;(2)美育与完整人的塑造。
3. 简单应用:(1)美育对人类生活的影响;(2)美育对环境的审视。
4. 综合应用:(1)联系实际分析美育对促进和谐社会建设的作用;(2)如何理解美育的特殊使命。

(三)美育的具体任务

1. 识记:(1)审美观;(2)审美能力;(3)品格;(4)创造力。
2. 领会:(1)美育与审美能力的提高;(2)美育与创造力的培养。
3. 简单应用:(1)美育与审美观的培养;(2)美育与品格塑造。
4. 综合应用:联系实际分析美育如何能够促进人的全面发展。

四、本章重点、难点

美育与德育、智育、体育的关系。美育有着特殊的使命。美育的具体任务。

第四章 美育的范围

一、学习目的与要求

通过本章的学习,了解美育的范围,明确家庭美育、学校美育和社会美育各自承担的内容,掌握美育在不同范围中的特征与宗旨,更深刻领会在不同范围中美育对人的完整人格塑造的价值。

二、课程内容

第一节 家庭美育

4.1.1 家庭美育的特征

以情动人,以身正人,以德树人。

4.1.2 家庭美育的内容

通过对家庭成员在思想、品德、情操、性格、习惯、风度、语言、行为、体魄等方面的教育和培养,使其拥有仪表美、行为美、语言美、心灵美。

4.1.3 家庭美育的方法

打造审美的家庭生活环境;营造良好的家庭生活氛围;构建融洽的家庭人际关系。

4.1.4 家庭美育的宗旨

陶冶情操,提升审美兴趣;健全人格,注重身心发展;传承好家风,实现人生理想。

第二节 学校美育

4.2.1 学校美育的特征

计划性、循序渐进性、科学性、集中性、系统性。

4.2.2 学校美育的内容

从自然美和艺术美两方面入手,以自然之美陶冶学生性情;以艺术之美提升学生修养。

4.2.3 学校美育的现状

学生审美能力缺失;美育师资匮乏;校园文化活动单调。

4.2.4 学校美育的实施

小学美育,引导学生树立正确审美观;中学美育,培养学生审美兴趣;高校美育,提升学生审美力和创造力。

第三节 社会美育

4.3.1 社会美育的特征

广泛性、多样性、民族性、传承性。

4.3.2 社会美育的内容

开展社会艺术教育;举办社会审美活动;打造审美生活环境。

4.3.3 社会美育的宗旨

树立社会审美观;实现外在美与内在美的统一;发现生活美,创造社会美;提升综合国力,构建和谐社会。

三、考核知识点与考核要求

(一)家庭美育

1. 识记:(1)家庭教育;(2)家庭美育;(3)家庭美育的特征。
2. 领会:(1)家庭美育的特征与内容;(2)家庭美育的实现途径。
3. 简单应用:如何实现家庭美育。

(二)学校美育

1. 识记:(1)小学美育;(2)中学美育;(3)大学美育。
2. 领会:(1)学校美育的特征与内容;(2)学校美育的现状。
3. 简单应用:(1)如何陶冶学生性情;(2)如何提升学生修养。

(三)社会美育

1. 识记:(1)社会美育;(2)社会美育的内容;(3)社会美育的宗旨。
2. 领会:怎样树立正确的社会审美观。
3. 简单应用:联系实际分析美育的范围。
4. 综合应用:(1)如何通过打造生活环境实现社会美育;(2)联系实际分析美育在不同范围中的特征与内容。

四、本章重点、难点

家庭美育。学校美育。社会美育。

第五章 美育的途径

一、学习目的与要求

通过本章学习,了解美育的主要途径有审美理论学习、自然美赏析、社会美赏析和艺术美赏析。要求理解掌握什么是自然美、社会美、艺术美,了解其特点和美育作用,理解在各类赏析活动要达到的美育目的。

二、课程内容

第一节 审美理论学习

5.1.1 美学基础理论
美学基础理论是对人类审美现象的整体分析,展现了美的世界的全部内容。
5.1.2 艺术理论与艺术史
艺术理论与艺术史是对艺术的介绍和分析。
5.1.3 审美常识
审美常识是指人们的衣食住行中所涉及的审美常识。

第二节 自然美赏析

5.2.1 自然景象赏析与美育

自然美是指自然界中的美;万千气象、山水胜景、可爱生物、形式因素;自然景象是纯粹的自然美;自然景象还有神秘深远的意蕴。

5.2.2 人化自然赏析与美育

人化自然;人类控制与改造的自然、人文景观;艺术化自然。

第三节 社会美赏析

5.3.1 人的形象赏析与美育

社会美是指社会生活中的美;人的自然体貌;人的表情;姿态动作;人的服饰;人的风度;人的形象、人的美。

5.3.2 人类活动场景、活动成果赏析与美育

人类生活场景;精神性活动场景;人类活动成果;生活环境。

第四节 艺术美赏析

5.4.1 艺术作品与艺术价值

艺术作品是艺术家创造性劳动的产物,是一种特殊的精神产品;艺术价值。

5.4.2 艺术美与美育

"很美地画";艺术语言;艺术作品的美与外形式;艺术作品的美与内形式。

三、考核知识点与考核要求

(一)审美理论学习

1. 识记:(1)美学基础理论;(2)艺术理论;(3)艺术史;(4)审美常识。
2. 领会:(1)美学基础理论与美育的关系;(2)艺术理论与美育的关系;(3)审美常识与美育的关系。
3. 简单应用:(1)为什么要学习审美理论?(2)审美理论包括哪些内容?

(二)自然美赏析

1. 识记:(1)自然美;(2)自然景象;(3)形式因素;(4)人化自然;(5)艺术化自然。
2. 领会:(1)自然景象的美;(2)人化自然的美;(3)自然美的范围与特征。
3. 简单应用:(1)自然景象的特点与美育作用;(2)人化自然的特点与美育作用;(3)艺术化自然的特点与美育作用。

(三)社会美赏析

1. 识记:(1)社会美;(2)人的形象;(3)人的活动场景;(4)人类活动成果。
2. 领会:(1)人的美;(2)人类活动与成果的美。
3. 简单应用:(1)根据对社会美的理解分析社会中的美的现象;(2)社会美赏析要达到什么样的美育目的。

(四)艺术美赏析

1. 识记:(1)艺术品;(2)艺术价值;(3)艺术美。

2. 领会:(1) 什么是艺术美;(2) 艺术美的美育作用。
3. 简单应用:根据对艺术美的理解分析艺术作品的美。
4. 综合应用:分析美育的途径与所要达到的美育目标的关系。

四、本章重点、难点

美育的实施途径。自然美。社会美。艺术美。

第六章　儿童的审美发展

一、学习目的与要求

通过本章学习,了解儿童观在中西方历史上的基本内容,理解现代儿童观的基本立场;理解儿童心理中情绪、感知、思维的基本含义与发展阶段;理解儿童审美发展中节奏、情感、想象的作用与价值;理解儿童审美活动中审美世界架构、形象塑造、深度追求的方法与特点。

二、课程内容

第一节　儿　童　观

6.1.1 历史上的儿童观

古罗马,儿童是父亲的合法财产;中世纪,儿童被看作缩小的成人;在中国传统文化中,儿童在社会权利上从属于父亲,在社会地位上依附于父亲。

6.1.2 现代儿童观

18 世纪是现代儿童观形成的非常重要时间节点。19 世纪末 20 世纪初,西方的现代的儿童观传播到中国,并逐步成为中国现代文化观念的重要部分。鲁迅的"儿童本位"观。《儿童权利公约》。

第二节　儿童的心理发展

6.2.1 儿童的情绪

基本情绪;自我意识情绪。

6.2.2 儿童的感知

感觉运动阶段;前运算阶段;具体运算阶段;形式运算阶段。

6.2.3 儿童的思维

符号表征;语言;绘画。

第三节　儿童的审美活动

6.3.1 游戏:儿童审美活动的世界架构

假扮性游戏;游戏架构着儿童的审美世界;艺术内容与游戏;艺术表现形式与游戏;艺术精神与游戏。

6.3.2 幻想与夸张:儿童审美活动的基本方法

幻想是儿童心理世界内表象的自由游戏,儿童创造审美世界展开审美活动的基本方法。夸张是儿童塑造审美形象时,对形象的外观、特征、功能等方面做整体的或局部的夸大或缩小的想象力的游戏。

6.3.3 哲思:儿童审美活动的深度追求

儿童的哲学冲动;哲思在感性的情境中缘事而生、缘情而发。

第四节 儿童审美活动的要素及其作用

6.4.1 节奏

节奏与愉悦;节奏的身体性;节奏的非身体性、精神性的空间。

6.4.2 情感

追求爱、喜、乐,屏蔽、遗忘或者对抗、战胜怒、哀、恶、惧,是儿童审美情感发展初期的主题,也是整个儿童审美情感中的永恒主题。

6.4.3 想象

想象的出发点是自我中心;想象的方法是类比挪移;想象的性质是移情于象。

三、考核知识点与考核要求

(一)儿童观

1. 识记:(1)儿童观;(2)卢梭的儿童观;(3)周作人的儿童观;(4)鲁迅的儿童观;(5)《儿童权利公约》。
2. 领会:历史上的儿童观与现代儿童观的不同。

(二)儿童的心理发展

1. 识记:(1)情绪;(2)感知;(3)符号表征。
2. 领会:(1)儿童的自我意识情绪;(2)儿童感知的感觉前运算阶段;(3)儿童思维的特点。

(三)儿童的审美活动

1. 识记:(1)假扮性游戏;(2)幻想;(3)夸张;(4)儿童的哲学冲动。
2. 领会:(1)游戏在儿童审美活动中的作用;(2)儿童审美活动的基本方法;(3)儿童审美活动的深度追求。
3. 简单应用:儿童审美发展中,节奏、情感、想象的关系。
4. 综合应用:结合美育实践,理解儿童审美世界的构成。

(四)儿童审美活动的要素及其作用

1. 识记:(1)节奏;(2)情感;(3)想象。
2. 领会:(1)节奏在儿童审美发展中的地位与作用;(2)情感在儿童审美发展中的地位与作用。
3. 简单应用:想象在儿童审美发展中的作用。
4. 综合应用:结合美育实践,理解儿童心理发展与儿童审美活动之间的深层关系。

四、本章重点、难点

儿童与儿童观。历史上的儿童观,现代儿童观。儿童的心理发展。儿童的审美活动。

儿童审美活动的要素及其作用。

第七章 小学美育

一、学习目的与要求

通过本章的学习,了解小学美育的任务和特点,理解小学美育的内容,掌握小学美育的原则和方法,学会利用多种途径和方法对小学生实施审美教育,以便提高小学生的全面素质。

二、课程内容

第一节 小学美育的任务与特点

7.1.1 小学美育的任务

知美;懂美;爱美;创美。

7.1.2 小学美育的特点

在教育方法上以直观教学为主;在教育目标上以情感教育为主;在教育形式上以课程教学与课外美育实践活动相结合。

第二节 小学美育的内容

7.2.1 提高小学生对美的感知能力

7.2.2 提高小学生对美的想象能力

7.2.3 提高小学生对美的理解能力

7.2.4 提高小学生对美的创造能力

7.2.5 提高小学生的审美素养和综合素质

第三节 小学美育的实施

7.3.1 小学美育实施的原则

循序渐进的原则;启发诱导的原则;寓教于乐的原则。

7.3.2 小学美育实施的途径

开设多种优质的美育课程;组织丰富的美育实践活动;建设高雅的校园文化环境。

7.3.3 小学美育实施的保障措施

加强组织领导;构建美育课程体系;整合各方美育教学资源;建立美育评价与督导制度。

三、考核知识点与考核要求

(一) 小学美育的任务与特点

1. 识记:(1) 知美;(2) 懂美;(3) 爱美;(4) 创美。

2. 领会:(1) 小学美育的任务;(2) 小学美育的特点。

（二）小学美育的内容

1. 识记：（1）对美的事物的感知能力；（2）对美的事物的想象能力；（3）对美的理解能力。
2. 领会：小学美育的内容。
3. 简单应用：在课堂上如何培养小学生的审美创造能力。
4. 综合应用：如何提高小学生的审美素养和综合素质。

（三）小学美育的实施

1. 识记：（1）循序渐进的原则；（2）启发诱导的原则；（3）寓教于乐的原则。
2. 领会：（1）小学美育的实施原则；（2）小学美育的具体实施的保障措施。
3. 简单应用：（1）如何在课程中实施美育；（2）如何利用各种课外实践活动实施美育；（3）开展小学美育的途径。
4. 综合应用：（1）结合本校实际情况分析小学美育存在的问题并提出改进的措施；（2）结合自己的工作，谈谈如何加强和改进小学的美育工作。

四、本章重点、难点

义务教育阶段尤其是小学美育的任务可以归纳为让学生知美、懂美、爱美、创美。小学美育有着自身的特点。小学美育的具体内容。小学美育的实施原则和实施途径。小学美育实施的保障措施。

第八章　小学美育教师的审美素养

一、学习目的与要求

通过本章的学习，了解小学美育教师的职业特点、素质结构以及小学美育教师审美素养的主要特征，理解审美素养的主要内容及其在教师素质结构中的重要地位，深刻理解小学教师内在审美素养和审美技能素养的重要性以及提高小学教师审美素养的一般原则，掌握小学教师审美素养的主要培养途径，以便强化小学教师提高自身审美素养的自觉性，努力使自己成为具有较高审美素养的合格教师。

二、课程内容

第一节　小学美育教师的职业特点与素质结构

8.1.1 小学美育教师的职业特点
示范性；互动性；创造性；复杂性。
8.1.2 小学美育教师的素质结构
作为专家，小学美育教师必须具备知识要素；作为教育家，小学美育教师必须具备影响学生的品德要素；作为艺术家，小学美育教师必须具备审美素养要素。

第二节　小学美育教师的审美素养

8.2.1 新时期国家对小学美育教师的审美素养提出新要求

8.2.2 小学美育教师审美素养的特征

广泛性；发展性；专业性。

8.2.3 小学美育教师审美素养的内容

内在审美素养；审美技能素养。

第三节　小学美育教师审美素养的培养途径与原则

8.3.1 小学美育教师审美素养的培养途径

内在审美素养的培养途径；审美技能素养的培养途径。

8.3.2 小学美育教师审美素养的培养原则

实事求是的原则；内外平衡的原则；自觉持久的原则。

三、考核知识点与考核要求

（一）小学美育教师的职业特点与素质结构

1. 识记：(1) 示范性；(2) 互动性；(3) 创造性；(4) 复杂性。
2. 领会：(1) 小学美育教师的职业特点；(2) 小学美育教师的素质结构。

（二）小学美育教师的审美素养

1. 识记：(1) 审美素养；(2) 内在审美素养；(3) 审美技能素养。
2. 领会：(1) 新时期国家关于小学美育教师的审美素养的新要求；(2) 小学美育教师审美素养的特征；(3) 小学美育教师审美素养的内容；(4) 审美素养在小学美育教师素质结构中的重要地位。

（三）小学美育教师审美素养的培养途径与原则

1. 识记：(1) 实事求是的原则；(2) 内外平衡的原则；(3) 自觉持久的原则。
2. 领会：(1) 小学美育教师审美素养培养的途径；(2) 小学美育教师的培养原则。
3. 简单应用：通过一节审美化的课程设计展现小学美育教师的教学审美技能。
4. 综合应用：联系实际论述小学美育教师审美素养的重要性。

四、本章重点、难点

小学美育教师的职业特点与素质结构。小学美育教师审美素养的主要内容及其在教师素质结构中的重要地位，审美素养的主要特征。小学教师内在审美素养和审美技能素养的重要性以及提高小学教师审美素养的一般原则。小学教师审美素养的主要培养途径。

Ⅳ. 关于大纲的说明与考核实施要求

一、自学考试大纲的目的和作用

《美育基础自学考试大纲》是根据专业自学考试计划的要求,结合自学考试的特点而确定的。其目的是对个人自学、社会助学和课程考试命题进行指导和规定。

《美育基础自学考试大纲》明确了本课程学习的内容以及深广度,规定了课程自学考试的范围和标准。因此,它是编写自学考试教材和辅导书的依据,是社会助学组织进行自学辅导的依据,是自学者学习教材、掌握课程内容知识范围和程度的依据,也是进行自学考试命题的依据。

为了有效地指导个人自学和社会助学,本大纲在各章的开始指明了学习目的与要求,最后也给出了各章的重点。

二、课程自学考试大纲与教材的关系

《美育基础自学考试大纲》是进行学习和考核的依据,教材是学习掌握课程知识的基本内容与范围,教材的内容是大纲所规定的课程知识和内容的扩展与发挥。课程内容在教材中可以体现一定的深度或难度,但在大纲中对考核的要求一定要适当。

本大纲与教材的内容基本上是一致的。凡大纲中所规定的课程内容和考核知识点,教材里均做了全面、系统、具体的讲解。此外,为了帮助理解课程内容,开阔学生的视野,教材里写进了一些大纲中未规定的内容,如学术界的一些不同的观点等,但不做考核要求。

三、关于自学教材

《美育基础》,全国高等教育自学考试指导委员会组编,王旭晓主编,高等教育出版社出版,2018年版。

四、关于自学要求和自学方法的指导

为使自学考生更好地学习《美育基础》这门课程,在学习中可遵循以下几种方法:

第一,在全面学习课程内容的基础上增强对知识点和重点内容的记忆。自学考生首先应全面系统地学习《美育基础》教材的内容,并以此为基础,加强对重点章节的学习,理解并掌握美育学中的知识点和重要原理。

第二,在学习中注重理论联系实际。美育基础既是一门理论科学,又有极强的实践指导意义。因此,在学习中,要把美育的基本理论与教育实践结合起来进行思考,不断改进美育

工作。

第三,扣紧教材和考试大纲进行学习。考试大纲有规定的课程内容和考核目标,是自学考生学习教材、掌握课程内容知识范围和程度的依据,《美育基础》教材的内容则是考试大纲所规定的课程知识和内容的扩展与发挥。自学考生在学习中扣紧教材和大纲进行学习,既可以全面地掌握美育学的基本原理,同时也可以抓住该课程的重点内容和考点。

第四,自学考生必须保证有必要的自学时间。自学考生应根据该课程的特点和自身的实际情况,合理安排自学时间。

五、对社会助学的要求

社会助学者应根据本大纲规定的课程内容和考核目标,认真钻研指定的教材,熟练把握大纲和教材的内容及二者的内在联系,对自学应考者进行正确而有效的辅导。要着力引导和帮助自学应考者按大纲的规定和要求进行自学,防止和纠正在自学中可能出现的各种偏差。

社会助学者要帮助自学应考者正确处理课程内容中重点和一般的关系,引导他们在全面学习大纲和教材、掌握全部考试内容的基础上,突出重点,在重点内容上多下一些工夫,做到点面结合,融会贯通。切忌孤立、片面地抓重点、押重点,偏离助学的正确导向。

社会助学者要注意倡导理论联系实际的学风和学习方法,善于启发和帮助自学应考者把所学的理论知识转化为分析和解决实际问题的能力,特别是要引导他们联系个人的审美实践和教学实践,提高其审美鉴赏能力和审美塑造能力,避免空谈理论、脱离实际的倾向。

六、关于考试命题的若干规定

1. 本课程考试为闭卷笔试,考试时间 150 分钟;满分 100 分,60 分及格。

2. 本课程的考试命题,必须根据大纲规定的内容和考核目标来确定考试的范围和考核要求,不能任意扩大或缩小考试范围,提高或降低考核要求。要做到科学、合理地命题:题意要明确,表述要准确,文字要简明通达,答案要确定。考试命题要覆盖到本大纲的各章内容,并适当地突出重点章节。

3. 本课程试卷中对不同能力层次要求的分数比例大致是:识记占 15%,领会占 35%,简单应用占 30%,综合应用占 20%。

4. 合理安排试题的难易程度。在一份试卷中,难易程度可分为 4 个等级:易、较易、较难、难。它们在试卷中的比例一般为 2∶3∶3∶2。必须注意,试题的难易程度与能力层次不是一个概念,在各能力层次中都会存在不同难度的题,切勿混淆。

5. 本课程的主要题型一般有单项选择题、多项选择题、名词解释、简答题、论述题等题型。

附录　题型举例

一、单项选择题：在每小题列出的备选项中只有一项是最符合题目要求的，请将其选出。

1.《美育书简》是哪位德国哲学家的著作？

　A．康德

　B．席勒

　C．黑格尔

　D．费希特

2."自然教育"是哪位西方教育家提出的？

　A．贺拉斯

　B．培根

　C．卢梭

　D．夸美纽斯

3.近代中国提出"趣味教育"的是

　A．王国维

　B．蔡元培

　C．梁启超

　D．鲁迅

4.游戏最主要的特征是

　A．思想性

　B．逻辑性

　C．物质性

　D．非功利性

二、多项选择题：在每小题列出的备选项中至少有两项是符合题目要求的，请将其选出，错选、多选或少选均无分。

1.小学美育实施的途径包括

　A．课堂教学

　B．开展课外活动

　C．自然美欣赏

　D．美化校园、教室环境

　E．教师的示范作用

2. 美育是包含哪些学科的交叉学科？

A．艺术学

B．美学

C．数学

D．教育学

E．物理学

三、名词解释：

1．审美观

2．审美感知力

3．"以美育代宗教"

4．艺术品

四、简答题：

1．简要分析自然景象、人化自然的美。

2．简述马克思关于人的全面发展的理论。

3．简述儿童的心理发展。

五、论述题：

1．试论小学美育的任务与特点。

2．联系实际谈谈教师审美素养的重要性。

后 记

    2017年1月由全国高等教育自学考试指导委员会办公室召开了全国高等教育自学考试课程大纲、教材编前会,会上确定了《美学基础自学考试大纲》编写的指导思想、基本原则和要求。

    本大纲由中国人民大学王旭晓教授主持编写。大纲完成后,首都师范大学王德胜教授、北京师范大学刘成纪教授、北京师范大学陈建翔教授参加了审稿工作,最终由全国高等教育自学考试指导委员会教育类专业委员会审定。

全国高等教育自学考试指导委员会
教育类专业委员会
2018年2月

全国高等教育自学考试指定教材
小学教育专业(专科)

美 育 基 础

全国高等教育自学考试指导委员会　组编
主编　王旭晓

编者的话

进入21世纪,"培养德智体美全面发展的社会主义建设者和接班人",在中国共产党历次全国代表大会上被强调,这里所提的"德智体美"的"美",是要通过美育来达到的。美育是党的教育方针的重要内容,是培养全面发展的人的不可或缺的组成部分。

今天,美育已经从被"倡导"进入了要"落实"的重要阶段,美育的真正落实要靠全体教育工作者的努力。

《美育基础》旨在为从事小学美育及相关教学的教育工作者和愿意了解美育的人提供基本的美育理论知识,方便其自觉地运用美育理论知识指导教学实践和生活实践。

《美育基础》的切入点是美育的历史,通过对中西方包括马克思关于人的全面发展的理论在内的重要美育思想的梳理分析,对美育的定义、性质、特点、途径等有一个历史的认识;第二章则是对美育的定义、学科性质和特点展开理论的分析;第三章在分析美育与德育、智育、体育的关系的基础上提出美育的特殊使命和具体任务;第四章阐述美育的范围,美育可分为家庭美育、学校美育和社会美育;第五章提出美育的途径,除审美理论学习之外,自然美、社会美、艺术美的赏析都是美育的主要途径;第六章至第八章针对本教材的学习对象为小学教育工作者这一特点,对儿童的审美发展、小学美育的任务和实施进行具体阐述分析,对小学教师自身的审美素养提出了要求。

美育的整体发展趋势虽然越来越好,发展空间也越来越广阔,但要落实的任务是非常艰巨的,同时还会面对各种富有时代特点的挑战,特别是如何接续民族文化根脉、如何应对异化的自然感性、如何适应信息化和智能化等问题,都会在当前的美育中出现,这些都是所有美育工作者需要进一步重视、思考和应对的。

愿这本《美育基础》能使美育在儿童领域开展得更好,为"培养德智体美全面发展的社会主义建设者和接班人"做出贡献!

编者

2018年2月

第一章　美育的历史

"美育",这一概念的明确提出已是近代的事情,较为具有体系性的美育理论也是在近现代才出现的,但美育的实践和美育思想却是随着教育活动的展开同时产生。这在西方可以追溯到古希腊时期,在中国可以追溯到先秦时期,马克思主义理论中也有深刻的美育思想。

第一节　西方美育思想

西方美育与美育思想发源于古代希腊,学校教育中的美育与美育思想同步产生,互相影响,共同发展,形成了古代的美育思想。自文艺复兴始,西方近代的美育思想得到发展,"美育"概念被正式提出,美育思想得到了全面而丰富的发展。

一、西方古代美育思想

在古希腊时期的雅典,教育呈现出这样的一种情景:未满7岁的儿童在家里接受教育,学习各种游戏,听神话故事等;7岁以上的儿童开始进入文法学校和琴弦学校;13至14岁的雅典少年则进入体操学校,学习体操时有乐器伴奏,除了学习各种体育项目,还学习舞蹈;体操学校的学习结束后,16至18岁的富家子弟可以进体育馆,除练习体操外,还以优雅的谈话方式,接受政治、哲学和文学的教育,训练演讲术;18至20岁的青年在"埃弗比"(即高等教育)团接受军事训练,同时参加各种纪念庆祝会和戏剧公演。可以看出,游戏,听神话故事,学音乐、舞蹈、戏剧,学诵诗和优雅的谈话方式等,就是我们今天理解的美育或艺术教育。雅典的教育,是重视人的全面发展的,是把德育、智育、体育、美育和谐地结合在一起的教育。

古希腊的这种教育实践,与当时的许多哲人和思想家的美育思想直接相关。古希腊伟大的哲学家柏拉图(Plato,公元前427—前347)在其《理想国》一文中与其老师苏格拉底的对话中谈到了美育。苏格拉底说,"我们一向对于身体用体育,对于心灵用音乐。"[①]这里的音乐包含了文学。音乐的"美与不美要看节奏的好坏","节奏的好坏要看语言风格的好坏,正如音乐的好坏要看歌词的好坏一样,我们已经说过,应该使节奏和乐调符合歌词,不应该使歌词迁就节奏和乐调","语言的美,乐调的美,以及节奏的美,都表现好性情。所谓'好性情'并不是我们通常拿来恭维愚笨人的那个意思,而是心灵真正尽善尽美。"[②]因此,柏拉图强调:"我们不是应该寻找一些有本领的艺术家,把自然的优美方面描绘出来,使我们的青

---

① [古希腊]柏拉图:《柏拉图文艺对话集》,朱光潜译,北京,人民文学出版社,2008年版。第17页。
② [古希腊]柏拉图:《柏拉图文艺对话集》,朱光潜译,北京,人民文学出版社,1963年版。第61页。

年们像住在风和日暖的地带一样,四围一切都对健康有益,天天耳濡目染于优美的作品,像从一种清幽境界呼吸一阵清风,来呼吸它们的好影响,使它们不知不觉地从小就培养起对于美的爱好,并且培养起融美于心灵的习惯吗?"①柏拉图认为最好的教育方式是音乐,因为音乐是"求心灵的美善"的,受过良好的音乐教育的人能够很敏捷地发现丑陋和美,厌恶前者而吸收后者,滋养心灵,使性格变得高尚优美。他还主张音乐与体育相结合,使身体的运动和声音的运动遵循同一节奏,达到"载歌载舞"的境界。因此,他非常重视对儿童实施美育,强调游戏在学前教育中的重大意义。雅典的教育实践体现着柏拉图的美育思想,对后世也有很大启发。

古希腊另一位伟大的哲学家,柏拉图的学生亚里士多德(Aristotélēs,公元前384—公元前322)把柏拉图的教育理论推上一个新的高度,他认为理性的发展是教育的最终目的,并为其哲学学校设立了"百科全书"式的课程。但他特别强调音乐在教育中的特殊地位与功能,认为音乐具有娱乐、陶冶性情、涵养理性三种功能,它能使人解疲乏、炼心智、塑造性格、激荡心灵,进而通过沉思进入理性的、高尚的道德境界。因此他主张选择富有伦理性质的旋律和曲调,摒弃那些颓唐无力、令人悲伤忧郁的曲调,对于儿童,尤其要选择高雅和富有教育因素的音乐。亚里士多德在美育史上还有特殊的贡献。他主张学生在德、智、体、美等方面全面发展,且在不同时期各有所侧重。他第一个根据儿童身心的自然发展顺序确定了教育年龄的分期:出生到7岁为第一期即幼儿期,以身体发展(体育)为主;7至14岁(青春发育期)为第二期即少年期,以音乐教育为核心,以德、智、美为主要内容;发育期到21岁为第三期,这时学生进入高年级,要学习文法、修辞、诗歌、文学、哲学、伦理学、政治学以及算术、几何、天文、音乐等学科。这种分期对于教育的意义在于,实施美育必须考虑到儿童和青少年的年龄特征。在教学方法上,亚里士多德重视练习与实践的作用。如在音乐教学中,他经常安排儿童登台演奏,让他们现场体验,提高水平。亚里士多德的美育思想对于文艺复兴时期的美育产生了极大影响。

古罗马的诗人和文艺理论家贺拉斯(Quintus Horatius Flaccus,公元前65—公元前8)从自己丰富的艺术创作实践出发,深入探讨了文学艺术的价值与功能,认为文学艺术对人类文明有开化功能,能传达神的旨意,帮助人们更好地生活,给人带来益处和乐趣。他特别强调文学艺术的教育作用,认为文学艺术的道德教化功能和审美娱乐功能是统一的,因此在他的《诗艺》一书中提出了"寓教于乐"的思想:"寓教于乐,既劝谕读者,又使他奋发,才能符合众望。"②这就是说,一部作品要达到教育的目的,必须使欣赏者从中获得愉悦。"寓教于乐"的观点抓住了美育的特点,启发古典主义、启蒙主义思想家对美育的认识与思考,后世所倡导的"快乐教育"也可以溯源于此。

古希腊罗马之后,西方社会进入了漫长的中世纪。中世纪的文化带有浓厚的宗教色彩,学校也为教会所控制。但基督教为了宣传教义,不得不借助于文学艺术。所以,美育思想在中世纪仍然有一定的发展。许多教育家的思想中都包含着丰富的美育思想。美育在理论深度和实践原则方面都取得了进步,只是未能摆脱其作为神学婢女的地位。

---

① [古希腊]柏拉图:《柏拉图文艺对话集》,朱光潜译,北京,人民文学出版社,1963年版。第62页。
② [古罗马]贺拉斯:《诗艺》,杨周翰译,北京,人民文学出版社,1982年版。第155页。

二、西方近代美育思想

西方近代的美育思想，可以说是以文艺复兴为发端的。它反映了人的觉醒，反映了新兴的资产阶级要求获得人性和谐发展的强烈愿望。

英国哲学家弗兰西斯·培根（Francis Bacon，1561—1626）是一位推崇科学、崇尚知识、追求真理的思想家，他尖锐地批判中世纪的经院哲学，主张全面改造人类的知识，使整个学术文化从经院哲学中解放出来，实现伟大的复兴。他提出了唯物主义经验论的原则，认为知识和观念起源于感性世界，感觉经验是一切知识的源泉，要以感官经验为依据，探索自然，获得自然的科学知识，从而发展生产，促进社会发展。

培根的思想影响着整个社会，教育家们把培根的唯物哲学应用于教育，提出教育要"遵循自然"，并在自然教育中日益重视美育。捷克伟大的教育家扬·阿姆斯·夸美纽斯（John Amos Comenius，1592—1670）是西方近代教育理论的奠基者。他从适应自然秩序的原理和感觉论出发提出了他的教育原则。夸美纽斯重视以绘画、音乐训练感觉、想象力、记忆力及相关的器官，特别重视以美育来发展学生的感觉。在他任兄弟会学校校长时，为了培养学生热爱自然的情感，还常常带学生出城远足。他写的《母育学校》一书，在人类史上首次制定了6岁以下儿童详细的教育大纲，这个教育大纲遵循儿童的自然性原则，认为教育内容应由简到繁，从感觉（看、听、尝、触）训练到宗教信仰的培养，形成梯度，循序渐进；教育方法应简单灵活，易于操作。他是最先研究家庭教育的教育家和思想家之一。

法国伟大的启蒙思想家、教育家让·雅克·卢梭（Jean-Jacques Rousseau，1712—1778）在儿童教育领域有极大的贡献，被誉为"发现了儿童"。卢梭提倡的教育是自然教育，或称自然主义教育，其核心是"回归自然"。因为卢梭认为善良的人性存在于纯洁的自然状态之中，而社会的文明特别是城市的文明使人性扭曲，回归自然就是要远离喧嚣的城市。所以15岁前的教育必须在远离城市的农村中进行，让人回到"自然的状态"，即保持着人的善良天性的状态。这是卢梭教育的目标和根本原则。

卢梭提出了按年龄特征分阶段进行教育的思想，在教育史上有着非常重要的意义。首先是从出生到2岁婴儿期的教育，这时的教育内容主要是体育，为使其身体得到健康的发育，要求把婴儿充分而自由的活动放在第一位；接着是2到12岁儿童期的教育，这个时期儿童的理智还没有开化，在认识上是以接受形象为主，因此教育者不应向儿童灌输知识和道德，而应进行身体的各种感官的教育，进行视觉、触觉、味觉、听觉、嗅觉等感官的训练，特别是视觉和触觉的训练，让大自然和各种物体进入儿童的生活，让儿童积累对周围事物的感觉经验，为形成理智打下基础；其三是12到15岁少年期的教育，这一时期由于儿童身体力量的发展，需要理智对个性活动进行指导，因而，儿童应当接受智育和劳动教育；最后是15岁至成年阶段的教育，也就是青春期的教育，在这一阶段，人的情感得到了较快的发展，需要加以引导，应进行道德教育，而且要回到城里去进行道德教育，因为有之前的乡村的自然教育为基础，能够抵制城市的不良影响，同时也要了解社会，走进社会。无论是哪个阶段的教育，卢梭首先注意到的是儿童天性的个体差异，要求因材施教，弘扬学生的个性，使其得到全面的发展。他还十分推崇自由，强调要让孩子们充分享有自由活动的可能和条件，让他们完全自由成长。因此，都内含有美育的内容。

卢梭认为，除了以艺术来发展学生的视、听、触觉以外，还要培养一种内在的感觉，他称为"共通的感觉"。这种感觉是把许多连续发生的和同时发生的感觉加以比较得出的关于感觉的判断,是一种混合的或复合的感觉,可以联系、比较并分析那些感官所觉察不到的各种关系。这种"共通的感觉"指的是想象力。卢梭认为儿童如果没有想象力,他们面对日出的彩霞、灿烂的黄昏,就不能看出这些景物之间的关系,也就不能理解这些美。想象力的培养,不能靠成人的传达,而要让儿童自己去体验,到大自然中去体验。卢梭还提倡青年到复杂的环境中去培养审美力,在那儿能促使人比较各种细微的差别,使审美感觉更加细腻。青年在认识和喜爱各种美的同时,也就培养了对美的兴趣和爱好,充实了生活。

德国哲学家康德(Immanuel Kant,1724—1804)进一步提出"人就是世界的最后目的"这个命题,这是对中世纪神学目的论的有力挑战。但他不同意把自然的人看作世界的最终目的,认为人的存在应具有更高的价值,这就是道德。他说:"善的意志是人的生存所能唯一借以有其绝对的价值,而且与之有着关系,世界的存在才能有一个最后目的的。"① 在康德看来,审美是人类从自然的人向道德的人生成的绝对中介,因此,审美必然具有教育的性质。

18世纪50年代,美学从哲学中分化出来形成独立学科之后,德国哲学家席勒(Johann Christoph Friedrich von Schiller,1759—1805)吸收并改造了康德的思想,写成了《美育书简》,正式提出了"美育"概念,并对其实质、社会功能和意义做了系统阐述。《美育书简》是历史上第一部以美育为研究对象的理论著作,是美育理论形成独立体系的标志,被人称为"第一部美育的宣言书"。

在《美育书简》中,席勒把人性划分为两个部分:不变的人格和变动的状态。"人格"相当于理性或形式,"状态"相当于感性或内容。在理想的情境中,这二者是和谐统一的。但在现实中,它们却是分裂的。这样就产生了两种冲动:感性冲动和理性冲动。前者的对象是广义的生活,它要求理性形式获得感性内容,使潜在能力变为现实。后者的对象是形式,它要求感性内容获得理性形式,使变化着的世界显出和谐。在人性分裂的情况下,感性冲动使人受到感性欲念的强制,理性冲动则使人受到理性法则的强制,因而是不自由的。要清除这种人性的分裂和不自由状态,只有凭借第三种冲动:游戏冲动。游戏冲动的对象是"活的形象",即广义的美。席勒认为,人只有在进行自由的审美观照时,感性和理性才可以达到平衡的状态,人性也才得以完整。因此,美育是人实现自由的根本途径。

席勒认为,整个人性的发展应是三个阶段:感性自然的阶段、审美的阶段和道德理性的阶段,分别对应着自然的人(感性的人)、审美的人和道德的人(理性的人)这样三种存在状态。要使自然的人成为道德的人,除了首先使他成为审美的人之外别无他路。他明确提出:"有促进健康的教育,有促进认识的教育,有促进道德的教育,还有促进鉴赏力和美的教育",而美育的目的就在于"培养我们感性和精神力量的整体达到尽可能和谐"。② 所以,席勒给予美育在人的全面发展中以特殊重要的地位。

席勒还主张"让美走在自由之前",即主张人性革命是社会革命的前提,主张通过人性的完整去改革社会,实现政治自由,认为社会革命不用通过政治经济的革命而可能经由审美的道路来实现。席勒不仅把美育作为人性解放、道德完善的唯一出路,还看作是改革社会的唯一途径。这就过分夸大了美育的作用,是离开现实社会的空想。

---

① [德]康德:《判断力批判(下)》,韦卓民译,北京,商务印书馆,1987年版。第109—110页。
② [德]席勒:《美育书简》,徐恒醇译,北京,中国文联出版社,1984年版。第108页注。

后来，英国著名艺术批评家罗斯金（John Ruskin，1819—1900）提出，随着资本主义大工业的发展，一切生产都以利润为目的，工艺品也不例外，那些用虚伪的装饰炫耀外表美的作品，导致了艺术趣味日益退化和社会风气败坏。只有通过美育培养人民对艺术有真挚的爱好，才能改变这种社会风气。所以应该用音乐和舞蹈来教育人民。这种观点把美育与解决社会问题紧密结合了起来。

空想共产主义者是从另一个角度来倡导美育的。意大利的托马索·康帕内拉（Tommaso Campanella，1568—1639）在其著名的《太阳城》一书中描述了理想社会。在那里，"艺术、劳动、工作"由平等的全体公民分担。最懂得手工艺和艺术的人会受到最大的尊敬。因此，从儿童时期起，便要通过游戏和在城市中观光游览等美育手段，使他们获得知识，懂得艺术，成为全面发展的人。法国的夏尔·傅立叶（Charles Fourier，1772—1837）认为要给社会培养出适应和谐制度生活的全面发展的公民，就要发展美育。他主张用歌剧来发展视觉和听觉，因为歌剧把许多不同的因素结合为一个完整的和谐整体，包括了歌唱、乐器演奏、诗歌、姿势、舞蹈、体操、绘画、力学，同时还是学习统一联系与和谐活动的学校。法国的埃蒂耶纳·卡贝（Étienne Cabet，1788—1856）极端重视教育，他认为，在共产主义制度下，一切人都关心使儿童受到最好的教育，把他们培养成最完善的人。这就不仅要进行智育、德育，还要学习艺术及生产等。英国的威廉·莫里斯（William Morris，1834—1896）描述的未来社会中，每个人都以劳动为乐事，因为在那儿，产品也就是艺术品，制造者在制作时有极大的兴趣。这就需要每个人都有审美能力，成为艺术家，因此要普及美育。莫里斯把工艺品视为普及美育的一种最有力的武器，他的美育思想，成为当代技术美学的思想萌芽。而他自己，则与其他空想共产主义者一样，把美育看作人的全面发展的一个组成部分加以重视。

苏联的国民教育，从培养全面发展的社会主义新一代的要求出发，美育占有重要地位，因此美育理论研究和实践都有重大发展。这一阶段的主要代表人物是马卡连柯和苏霍姆林斯基。

马卡连柯（Антóн Семёновиу Макáренко，1888—1939）提倡德、智、体、美、劳的和谐统一，使美育寄寓于德育、智育、体育和劳动教育之中。他认为美好的生活就是"和美学联系起来的那种生活"。他所主张的美育内容极为广泛，除了图画、音乐等艺术教育外，还包括创造美好的学习环境，在课外活动中进行美育，注意整洁，注意仪表美及建立各种优良传统等。同时，他也注意到了进行美育时应顾及儿童的年龄特征。儿童美育的第一步应当是美丽的摇篮曲、故事、游戏、图画、小人书等，其次是电影、戏剧、俱乐部、绘画陈列室、艺术作品的朗读和种植花木等等。

苏霍姆林斯基（В. А. Сухомлинский，1918—1970）既是一位杰出的美育理论家，又是一位成绩卓著的美育实践家。他指出，统一的完整的教育过程，应当体现智育、体育、德育、劳动教育和美育的相互渗透、相互交织。美育对于人的个性培养和丰富的精神世界的形成具有重要意义。没有美育，就谈不上完整的教育，就不可能培养全面和谐发展的人。美育对德育、智育、体育都具有促进作用。而美育的直接作用是陶冶人的情感。美育能使人的情感趋于丰富、细腻、深沉、纯朴、明朗、美丽。苏霍姆林斯基还特别推崇自然的美在美育中的作用，他甚至把艺术的美育也置于美丽的大自然的怀抱之中。他会让孩子们在阳光明媚的初秋树林中聆听柴可夫斯基的《秋歌》，在桦木林中沐浴着阳光的空地上休息、陶醉，回来后欣赏列维坦的《桦树林》的复制品……

总之,这个时期的美育思想较以往任何历史阶段更为丰富、更为深刻。由于这一阶段西方科学技术的迅猛发展在给人类带来巨大财富和利益的同时,也给人类社会带来了深刻的危机和隐患,使人的全面发展受到扼制,因此西方美育思想更突出地强调人的全面发展,并寻找着具体的实施办法。

第二节 马克思主义美育思想

马克思主义经典作家们并没有关于美育的专门论著,但可以说马克思主义的科学世界观一创立,就包含了美育思想。《1844年经济学哲学手稿》是青年马克思1844年在巴黎时期的读书札记,为了"自己弄清问题"而写的手稿。其内容十分丰富,包括政治经济学、共产主义、哲学这三个马克思主义的组成部分。手稿中所谈论的哲学、经济学命题与马克思后来的哲学、经济学思想不同,代表着马克思的早期思想倾向,即从人本学或人类学本体意义上来讲哲学与经济学。人分为个体与类两个概念,人本学与人类学本体论一般可以通用,区别在于个体与类的区分。人类学本体哲学是关于人本身的哲学思考,人本学经济学思想是关于人类基本生产活动的学说。因此,手稿中表现的思想观念具有极大的概括性和普遍性,它与人类一切活动相联系,也必然与人类的审美活动相联系。在这个意义上我们可以看出手稿与美学研究的关系。而马克思关于人的解放的学说,可以说直指美育的目标,对如何达到人的解放的论述,也正是对如何达到美育目标的方式的阐述。

一、马克思关于人的全面发展的理论

马克思关于人的解放的学说就是关于人的全面发展的理论,他在谈到共产主义与人自身的发展过程时指出:"共产主义是私有财产即人的自我异化的积极的扬弃,因而是通过人并且为了人而对人的本质的真正占有;因此,它是人向自身、向社会的即合乎人性的人的复归,这种复归是完全的、自觉的和在以往发展的全部财富的范围内生成的。"[1]"积极的扬弃"是指人对人的本质的真正占有,即"人以一种全面的方式,就是说,作为一个总体的人,占有自己的全面的本质。"[2]马克思所说的"总体的人"是指具有人类的整体特征的人,是能够进行自由的有意识的活动的人。他说:"一个种的整体特性、种的类特性就在于生命活动的性质","而自由的有意识的活动恰恰就是人的类特性。"[3]那么,这样的人的全面的本质是什么?马克思认为是"具有丰富的、全面而深刻的感觉"的人。[4]

人的感觉与人的本质力量是对应的。"对象如何对他来说成为他的对象,这取决于对象的性质以及与之相适应的本质力量的性质;因为正是这种关系的规定性形成一种特殊的、现实的肯定方式。眼睛对对象的感觉不同于耳朵,眼睛的对象是不同于耳朵的对象的。每一种本质力量的独特性,恰好就是这种本质力量的独特的本质,因而也是它的对象化的独特方式,它的对象性的、现实的、活生生的存在的独特方式。因此,人不仅通过思维,而且以全

---

[1] 《马克思恩格斯全集(第3卷)》,北京,人民出版社,2002年版。第297页。
[2] 《马克思恩格斯全集(第3卷)》,北京,人民出版社,2002年版。第303页。
[3] 《马克思恩格斯全集(第3卷)》,北京,人民出版社,2002年版。第273页。
[4] 《马克思恩格斯全集(第3卷)》,北京,人民出版社,2002年版。第306页。

部感觉在对象世界中肯定自己",因为"五官感觉的形成是迄今为止全部世界历史的产物。"①所以,"从主体方面来看:只有音乐才能激起人的音乐感;对于没有音乐感的耳朵来说,最美的音乐毫无意义,不是对象。"②马克思指出,在私有制条件下,在异化劳动中,人失去了人性,失去了人的感觉,因为"囿于粗陋的实际需要的感觉,也只具有有限的意义。对于一个挨饿的人来说并不存在人的食物形式,而只有作为食物的抽象存在;食物同样也可能具有最粗糙的形式,而且不能说,这种进食活动与动物的进食活动有什么不同。忧心忡忡的、贫穷的人对最美丽的景色都没有什么感觉;经营矿物的商人只看到矿物的商业价值,而看不到矿物的美和独特性;他没有矿物学的感觉。"③也就是说,在异化条件下,人的本质与活动变得异常贫乏与片面,得不到全面的表现。人的需要受到抑制,除了维持生命,别的要求都是很难实现的。当人不能全面占有自己的本质时,人的本质对人来说也是异化的、非人的。只有消除异化,人才能消除本质的异化,以全面的方式占有自己的全面的本质,做一个完整的人。

然而,私有财产是一种矛盾的运动,它是"富有和贫困——物质的和精神的富有和贫困——的运动",它为发展丰富多彩的个性创造了各种物质要素,为人的全面发展创造了物质前提,它是以异化的方式,以人的非人化的形式做了准备。因此,"私有财产的扬弃,是人的一切感觉和特性的彻底解放"。④

马克思预见到在未来的共产主义社会里,由于没有了私有财产,人作为一个完整的人占有自己的全面的本质,获得充分的不受限制的自由自主活动,就可以发展丰富的个性才能。因为当人回归到具有全面的需要时,其突出的表现就是"精神的富有",因为"精神的富有"不是"实际需要的感觉",而是对"最美丽的景色""矿物的美和独特性"、音乐等的感觉,对对象的形式的关注与感觉,是来自人的审美需要。正是在扬弃了异化劳动,人性得到回归与人的自由本质全面实现的"共产主义"社会,人的生存与美才能统一起来。这也正是美育的目标。

二、如何实现人的全面发展

人的全面而自由的发展是如何实现的呢?马克思对劳动的论述中包含了人的全面发展是在劳动过程中实现的思想。马克思所说的劳动不同于动物的单纯满足生理需要的生存活动,而是不受肉体直接需要支配的、有意识、有目的的自由自觉的活动。他说:"诚然,动物也生产。它为自己营造巢穴或住所,如蜜蜂、海狸、蚂蚁等。但是,动物只生产它自己或它的幼仔所直接需要的东西;动物的生产是片面的,而人的生产是全面的;动物只是在直接的肉体需要的支配下生产,而人甚至不受肉体需要的影响也进行生产,并且只有不受这种需要的影响才进行真正的生产;动物只生产自身,而人再生产整个自然界;动物的产品直接属于它的肉体,而人则自由地面对自己的产品。动物只是按照它所属的那个种的尺度和需要来构造,而人则懂得按照任何一个种的尺度来进行生产,并且懂得怎样处处都把内在的尺度运用

---

① 《马克思恩格斯全集(第3卷)》,北京,人民出版社,2002年版。第304—305页。
② 《马克思恩格斯全集(第3卷)》,北京,人民出版社,2002年版。第305页。
③ 《马克思恩格斯全集(第3卷)》,北京,人民出版社,2002年版。第305—306页。
④ 《马克思恩格斯全集(第3卷)》,北京,人民出版社,2002年版。第303—304页。

于对象;因此,人也按照美的规律来构造。"① 因此,劳动是人的生命自由的表现。它本身就具有审美的性质,而且,也只有当劳动体现着自由的生命,作为解放人的全部感觉和丰富人的本质的手段出现,因而具有审美属性时,人的个性才能得到全面自由的发展。

因此,尽管在异化劳动的条件下,劳动也生产了"奇迹般的东西""宫殿"与"美",尽管是为富人生产的。② 同时,劳动者"在自己的劳动中不是肯定自己,而是否定自己,不是感到幸福,而是感到不幸,不是自由地发挥自己的体力和智力,而是使自己的肉体受折磨,精神遭摧残。因此,工人只有在劳动之外才感到自在,而在劳动中则感到不自在,他在不劳动时觉得舒畅,而在劳动时就觉得不舒畅。因此,他的劳动不是自愿的劳动,而是被迫的强制劳动。……"③"人(工人)只有在运用自己的动物机能——吃、喝、生殖,至多还有居住、修饰,等等——的时候,才觉得自己在自由活动,而在运用人的机能时,却觉得自己只不过是动物。动物的东西成为人的东西,而人的东西成为动物的东西。"④ 这都说明了,在消除异化之后,劳动是能创造出美与美的东西的,劳动者是能肯定自己,感到幸福的,是自由、自愿、自在、舒畅的。在这种具有审美属性的劳动过程中,在美的劳动产品中,"有音乐感的耳朵、能感受形式美的眼睛,总之,那些能成为人的享受的感觉,即确证自己是人的本质力量的感觉,才一部分发展起来,一部分产生出来。"⑤

马克思所说的劳动,实际上是人类的一切活动。其中特别强调的是审美活动,这对于如何进行美育有着极重要的启示意义。

第三节 中国美育思想

中国向来具有美育的传统。两千多年前的先秦时代,是东方古代文明辉煌灿烂的时代,文化、学术空前发展。随之,教育体系逐渐形成,教育内容中就有了美育的雏形,并逐步形成了中国古代的美育思想。19世纪末20世纪初,中国学者引入西方的美育思想,并结合中国的传统思想与实践,发展出中国现当代的美育思想,指导着中国美育的实践。

一、中国古代美育思想

中国西周时期的教育政策提出"明人伦"作为教育目的,而以礼、乐、射、御、书、数六艺作为基本内容。其中所谓乐,在我国古代含义极广,包括音乐、舞蹈、诗歌、绘画等艺术类型。乐教即艺术教育,是用来"修内",即陶冶性情、提高道德的,可以看作是美育的雏形。

到春秋战国时代,我国第一个伟大的教育家孔子(公元前551—前479)的教育理论和教育实践为中国的美育奠定了理论基础。以孔子为代表的儒家文化是中国传统文化的主流,孔子学说的核心为"仁",要达到"仁"必须遵"礼",即"克己复礼为仁"⑥。"礼"虽然是指仪式与行为方式,但十分重视艺术教育。不仅乐教,其他五艺的教学也贯穿着艺术教育的

---

① 《马克思恩格斯全集(第3卷)》,北京,人民出版社,2002年版。第273—274页。
② 《马克思恩格斯全集(第3卷)》,北京,人民出版社,2002年版。第269—270页。
③ 《马克思恩格斯全集(第3卷)》,北京,人民出版社,2002年版。第270页。
④ 《马克思恩格斯全集(第3卷)》,北京,人民出版社,2002年版。第271页。
⑤ 《马克思恩格斯全集(第3卷)》,北京,人民出版社,2002年版。第306页。
⑥ 《论语·颜渊》

思想。诗教用的三百篇皆能弦而歌之,礼教更离不开相应的音乐。孔子通过自身的审美体验和艺术实践,认为艺术不仅可使个体感到快乐,获得精神享受,而且能使人从中学到知识,提高道德修养。因此,礼教虽然是其主要的教育目的和立足点,但他不是以枯燥无味的说教和行为训练来达到目的,而是借助于诗歌和音乐的熏陶。孔子指出:"《诗》,可以兴,可以观,可以群,可以怨;迩之事父,远之事君;多识于鸟兽草木之名。"①所谓"兴",就是说诗歌可以使欣赏者的精神感动奋发;"观"是说可以通过诗歌了解社会生活、政治风俗;"群"是说诗歌可以在不同的社会人群中交流思想情感,从而使社会和谐、政治稳定;"怨"则是指诗歌可以引起欣赏者对社会生活的一种情感态度。诗可以作为一种激发人的情感的手段。孔子对于音乐的要求是"尽善尽美",即既要有合于享乐的美的形式,又要有合于道德的善的内容,而这其中善的内容是更为根本的。所以他在齐国听到《韶》乐,兴奋得"三月不知肉味",称赞"不图为乐之至于斯也!"②后来的"乐以风德""乐者,通伦理者也"等命题都是它的发展。孔子总结说,"兴于诗,立于礼,成于乐"③,认为人的修养必须从"诗"开始,通过"乐"来完成,把乐教看作是完成礼教的最后手段。也就是通过美育陶冶性情,达到道德的境界,从而把道德的境界与审美的境界统一起来,形成完美的人格。这种观点在教育上有着不可抹杀的价值,开创了儒家重视乐教的先声。

　　孔子不仅提倡"成于乐",还提出"游于艺"。他说:"志于道,据于德,依于仁,游于艺"④,也就是说,人要以道为志向,以德为根据,以仁为依傍,活动于艺之中。这里的"艺",是指六艺,是具体的知识、学问、才能、技艺,"游"是活动、游历、学习,这句话可以引申为掌握本领,提高修养,这样才能真正成为拥有完美人格又是有本领的能服务于社会的人。

　　孟子(约公元前372—前289)进一步发展与丰富了孔子的美育思想。孟子认为人性本善,但必须通过后天的培养来让善的本性发展成熟,成为完善的人。孟子在回答何为善何为信的问题时说:"可欲之谓善,有诸己之谓信。充实之谓美,充实而有光辉之谓大"⑤,意思是说,值得追求的称为善,自己有善称为信,善充满全身称为美,充满并且能发出光辉称为大。所以孟子的美就是人格的美,是通过后天修养而获得的。孟子对于美育的意义和作用的认识对后世有重要的启示作用。

　　荀子(公元前313—前238)发展了孔子的乐教理论,对音乐教育做了比较系统而全面的论述。荀子认为音乐是人的快乐的感情的表现,是人的感情的正当出路,"乐者,乐也,人情之所必不免也"⑥。音乐"入人也深,化人也速",如果能利用好音乐,就能把人的"好恶之情"引于好善,以取得"移风易俗"的效果。荀子乐教的目的在于"以道制欲",音乐的任务是把人的快乐引向他所谓的道德。这首先要把音乐都化为符合统治阶级道德精神的"正声",然后使人们通过爱好音乐的审美形式而逐渐爱好音乐的内容,使他们的感情潜移默化于道德之中。

　　先秦儒家音乐理论专著《乐记》也提出,乐是"通伦理"的。乐教的手段是使"亲疏贵贱

---

① 《论语·阳货》
② 《论语·述而》
③ 《论语·泰伯》
④ 《论语·述而》
⑤ 《孟子·尽心下》
⑥ 《荀子·乐论》

长幼男女之理,皆形见于乐",使封建等级精神在音乐、诗歌、绘画、舞蹈等重要艺术形象中表达出来。利用乐的感染力,使人因爱好"乐"进而爱好封建等级制度。这是圣人用乐来移风易俗的主旨,也表现出中国古代思想家关注美育的出发点是人的道德发展及社会的安定。

儒家思想在中国漫长的封建社会里一直被奉为"正统"。然而,历代对儒家思想的继承是单方面的。其礼教的思想被继承发扬,其乐教的思想却备受冷落。自汉到清,乐教渐次走向衰落,仅在少数儒家学者的理论中略见一二。如宋代哲学家、教育家朱熹曾强调过"乐教"的重要,注意以歌舞、吟诗、讲故事之类使儿童"乐学"。明代哲学家王守仁也主张围绕伦常道德给儿童讲历史故事,故事书要有图画,诗歌有韵,易于记诵。这样便可以使之"趋向鼓舞,中心喜悦",也可以培养写作能力。清代颜元也提倡学六艺。尽管如此,我国封建社会后期,提倡美育的理论如凤毛麟角,美育园地日渐荒芜。

二、中国近现代美育思想

19世纪末20世纪初,中国沦为半封建半殖民地社会。许多有识之士为了反对封建专制主义和军阀的腐败政治,纷纷从西方寻求救国的道理。一些教育家、学者接受了席勒的美育思想,也试图从美育中寻求救国、改革社会的途径和方法,形成了一股重要的美育思潮。

梁启超(1873—1929)是中国最早引进西方美学并把它与中国传统美学思想结合起来的尝试者,也是近代中国美育思想的开启者。他首次在中国提出了"趣味教育"的概念。他认为,趣味是人的文化本能,个体诞生之初,对世界充满新奇,对万事万物抱有无穷的趣味。但随着见识的增长、个体气质类型的分化和知识的学习,其兴趣与趣味取向便产生种种差异。此时,如果仅仅依靠本能,趣味难免趋于削弱或毁坏。他提出,由于"感觉器官敏则趣味增,感觉器官钝则趣味减。诱发机缘多则趣味强,诱发机缘少则趣味弱",因此,趣味的加强需要刺激,"专从事诱发以刺载各人器官不使钝的有三种利器:一是文学,二是音乐,三是美术。"[①]

梁启超以美术为例描述了"趣味教育"的三条路径:"美术中最主要的一派,是描写自然之美。常常把我们所曾经赏会或像是曾经赏会的都复现出来。我们过去赏会的影子印在脑中,因时间之经过渐渐淡下去,终必有不能复现之一日,趣味也跟着消灭了。一幅名画在此,看一回便复现一回。这画存在,我的趣味便永远存在。不惟如此,还有许多我们从前不注意赏会不出的,他都写出来指导我们赏会的路。我们多看几次,便懂得赏会方法。往往碰着种种美境,我们也增加许多赏会资料了。这是美术给我们趣味的第一件。"这第一件,即第一条路,指的是通过作品的反复观赏,形成了内在的形式感,提高了审美能力,培养了审美兴趣。"美术中有刻画心态的一派。把人的心理看穿了。喜怒哀乐,都活跳在纸上。本来是日常习见的事,但因他写的惟妙惟肖,便不知不觉间把我们的心弦拨动。我快乐时看他便增加快乐,我苦痛时看他便减少苦痛。这是美术给我们趣味的第二件。"这第二件,即第二条路,指的是作品内涵对人心理情感的不断作用与影响,使人了解人生,培养起健康快乐的审美心态。"美术中有不写实境实态而纯凭理想构造成的。有时我们想构一境,自觉模糊断续不能构成,被他都替我表现了。而且他所构的境界种种色色有许多,为我们所万想不到。而且他所构的境界优美高尚,能把我们卑下平凡的境界压下去。他有魔力,能引我们跟

---

① 梁启超:《梁启超全集(第十四卷)》,北京,北京出版社,1997年版。第4017页。

着他走,闯进他所到之地。我们看到他的作品时,便和他同住一个超越的自由天地。这是美术给我们趣味的第三件。"这第三件,即第三条路,指是作品借助虚构、想象而创造的优美高尚的境界来影响人、指引人,能使人超越平凡,达到一种自由的境地,培养高尚的精神人格。①

有了艺术的熏陶与教育之后,无论"人类任操何种卑下职业,任处何种烦劳境界,要之总有机会和自然之美相接触,——所谓水流花放,云卷月明,美景良辰,赏心乐事。只要你在一刹那间领略出来,可以把一天的疲劳忽然恢复;把多少时的烦恼丢在九霄云外"。②

可以看出,所谓"趣味教育",实质上是情感教育或美育。情感教育与理智教育不同,理智教育主要是一种外在的灌输,而情感教育则是内在的感化。情感教育的根本目的是培养人的高尚情操,推动人的全面进步。艺术是情感教育最有力的手段,自然景物也是情感教育的重要工具。

接着,王国维(1877—1927)对美育在教育体系中的特殊位置做了阐述,指出了它与德育、智育的区别与联系,第一个提出要把美育列入教育方针。王国维在1903年刊发于《教育世界》的《论教育之宗旨》一文中提出:"教育之宗旨何在?在使人为完全之人物而已。何谓完全之人物?谓人之能力无不发达且调和是也。人之能力分为内外二者:一曰身体之能力,一曰精神之能力。发达其身体而萎缩其精神,或发达其精神而罢敝其身体,皆非所谓完全者也。完全之人物,精神与身体不可不为调和之发达。而精神之中又分为三部:知力、感情及意志是也。……教育之事亦分为三部:智育、德育(即意育)、美育(即情育)是也。……三者并行而得渐达真善美之理想,又加以身体之训练,斯得为完全之人物,而教育之能事毕矣。"③他认为教育的目的在于培养"身体能力"和"精神能力"都得到发展的"完全之人物",相应地提出了"完全之教育",即用体育发展人的"身体之能力",用心育发展人的"精神之能力"。心育包括德育、智育、美育三个部分。智育要使人的知识和智力得到良好发展,德育要培养人的优良的道德和意志,美育要使人的精神和情感得到良好的熏陶,达到真善美的境界,造成完全之人。这是美育第一次被提高到与其他三育并列的位置。王国维还看到美育一方面可以作为德育与智育的手段,应加以重视,更重要的是看到了美育自身的独特作用和目的。他说:"德育与智育之必要,人人知之,至于美育有不得不一言者。盖人心之动,无不束缚于一己之利害;独美之为物,使人忘一己之利害而入高尚纯粹之域,此最纯粹之快乐也。孔子言志,独与曾点;又谓'兴于诗','成于乐'。希腊古代之以音乐为普通学之一科,及近世希痕林、希尔列尔等之重美育学,实非偶然也。要之,美育者一面使人之感情发达,以达完美之域;一面又为德育与智育之手段,此又为教育者所不可不留意也。"④他认为美育能使人情感发达,忘一己之利害而入高尚纯洁之领域,因此,美育是一种情育。

继王国维之后,蔡元培(1868—1940)为美育呐喊了二三十年,且几十年如一日,身体力行从事美育实践,为创立中国近代的美育体系做出了卓越的贡献。他对美育思想做了更为系统的阐发,是近代中国美育思想的集大成者。

---

① 本段引文参见梁启超:《美术与生活》,《饮冰室合集(第5册)》,中华书局,1989。
② 梁启超:《梁启超全集(第十四卷)》,北京,北京出版社,1997年版。第4017页。
③ 王国维:《王国维文集(第三卷)》,北京,中国文史出版社,1997年版。第57—59页。
④ 王国维:《王国维文集(第三卷)》,北京,中国文史出版社,1997年版。第58页。

1912年，蔡元培在《对于教育方针之意见》一文中，把教育分为两大类别："曰隶属于政治者；曰超轶乎政治者。"①蔡元培以世界之竞争本质和当时我国社会的处境立论前提，倡五育并举的方针。其一，军国民教育；其二，实利主义之教育；其三，公民道德教育；其四，世界观教育；其五，美感教育。其中军国民主义、实利主义、德育主义三者为隶属于政治的教育，世界观、美育为超轶政治的教育。蔡元培从实际出发，设计五种教育，又复以心理学、教育学等学术逻辑来对五种教育进行归类。他说："以心理学各方面衡之，军国民主义毗于意志；实利主义毗于知识；德育兼意志情感二方面；美育毗于情感；而世界观则统三者而一之。以教育界之分言三育者衡之，军国民主义为体育；实利主义为智育；公民道德及美育皆毗于德育；而世界观则统三者而一之。"②在蔡元培的教育方针设计中，美育的定位是："世界观教育，非可以旦旦而聒之也。且其与现象世界之关系，又非可以枯槁单简之言说袭而取之也。然则何道之由？曰，由美感之教育。美感者，合美丽与尊严而言之，介乎现象世界与实体世界之间，而为之津梁。此为康德所创造，而嗣后哲学家未有反对之者。……人既脱离一切现象世界相对之感情，而为浑然之美感，则即所谓与造物为友，而已接触于实体世界之观念矣。故教育家欲由现象世界而引以到达于实体世界之观念，不可不用美感之教育。"③即美育是人类由现象世界到达实体世界的道路。在稍后的段落中，他取喻于人身，说明五育各自的地位，涉及美育与世界观教育时说："美育者，神经系也，所以传导；世界观者，心理作用也，附丽于神经系而无迹象之可求。"④即世界观应当附丽于美育而存在，原因自然是"世界观教育，非可以旦旦而聒之也"。这应当是对寓教于乐原则在教育方针层面上的具体运用。以美育作为世界观的中介与道路这个定位揭示出美育的超越性内容与超越性价值，与王国维论述美育必要性时的思路和价值追求是一致的。

蔡元培明确提出了美育的概念及目的。他说："人人都有感情，而并非都有伟大而高尚的行为，这由于感情推动力的薄弱。要转弱而为强，转薄而为厚，有待于陶养。陶养的工具，为美的对象；陶养的作用，叫做美育。"⑤又说："美育者，应用美学之理论于教育，以陶养感情为目的者也。"⑥美育可以使人做到自美感之外一无杂念，从而进入造物为友、无人我之分的境界。

关于美育在整个教育中的地位问题，蔡元培反对把美育作为德育的附庸，主张美育有独立的地位，是与德育、智育、体育并列的。他指出，德育是教育的中心，但德育的实施必须有智育和美育的帮助。美育的特殊之处在于它渗透到其他三育之中。无论是德育、智育还是体育，都包含有美育的因素。

蔡元培还反对把审美教育等同于艺术教育、主要是美术教育的观点。他指出，美育比美术教育的范围要广得多，既可用建筑、雕刻、图画、音乐、文学等艺术手段，也要用美术馆、影剧院、园林、公墓、城乡环境布置及个人的言谈举止即一切审美对象来开展美育实践。而且，美育与美术教育的作用也不尽相同。

---

① 蔡元培.《蔡元培美学论文选》，北京，北京大学出版社，1983年版。第1页。
② 蔡元培.《蔡元培美学论文选》，北京，北京大学出版社，1983年版。第5页。
③ 蔡元培.《蔡元培美学论文选》，北京，北京大学出版社，1983年版。第4—5页。
④ 蔡元培.《蔡元培美学论文选》，北京，北京大学出版社，1983年版。第5页。
⑤ 蔡元培：《蔡元培美学论文选》，北京，北京大学出版社，1983年版。第220页。
⑥ 蔡元培：《蔡元培美学论文选》，北京，北京大学出版社，1983年版。第174页。

蔡元培的美育思想中最为突出的是他提出了"以美育代宗教"的学说。在西方传统教育中,宗教因含有德育、智育、美育乃至体育的因素,主宰了世俗教育,使教育成为宗教教育的附庸。随着社会的发展,德育、智育和体育都逐渐从宗教教育的束缚下解脱出来,获得了独立的地位。宗教只能以美的因素,像庄严雄伟的教堂、精致瑰丽的造像、壁画、教堂音乐、赞美诗歌等,来影响人民。因此就有了将美育和宗教结合和分离的两种主张。王国维主张将二者并举,蔡元培则主张以纯粹的美育代替宗教,因为"一、美育是自由的,而宗教是强制的;二、美育是进步的,而宗教是保守的;三、美育是普及的,而宗教是有界的"①。宗教中的美育手段是为宗教服务的,不能使人产生纯粹的美感,还会影响智育、德育,所以不能以宗教代美育,只能以美育代宗教。这种观点在政治上具有很大的进步意义。但从中也可以看出,蔡元培是主张美育救国的。因为他认为美是"普遍性"的,人具有了"普遍性"的美,就能破人我之见,去利害得失之计较,这对于"自由、平等、博爱"理想的实现至有用处。

蔡元培的美育思想,在当时不可能引起统治阶级重视,甚至在辛亥革命后,蔡元培任教育总长时,提出要把美育列入其教育方针的主张,也因不合于北洋军阀的要求而不得实现。

从新文化运动到中华人民共和国成立前,文化知识界多名学者提倡美育。文学家、画家丰子恺等人还发起成立了中华美育会,出版会刊《美育》,积极倡导美育。美学家朱光潜更明确提出:"美感教育是一种情感教育","美感教育的功用在怡情养性"。② 现代文艺理论家、翻译家周扬翻译了俄国革命民主主义者车尔尼雪夫斯基的《生活与美学》,不仅对建立中国的马克思主义美学发生了重要影响,也奠定了中国的马克思主义美育观的基础。

可见,我国近现代的美育理论已经具有了相对的独立性。人们不仅认识到了美育与德育、智育、体育的相辅相成的关系,而且更加重视对美育的特殊性质与特殊使命的探索。

思 考 题

1. 试论古希腊时期的美育思想。
2. 简述席勒《美育书简》中的基本美育思想。
3. 简述卢梭的自然主义教育思想。
4. 简述西方空想共产主义者的美育思想。
5. 简述苏联时期的美育思想。
6. 试述马克思主义的美育思想。
7. 试述儒家文化中的美育思想。
8. 试述中国近代的美育思想。

---

① 蔡元培:《蔡元培美学论文选》,北京,北京大学出版社,1983年版。第180页。
② 朱光潜:《朱光潜美学文集(第1卷)》,上海,上海文艺出版社,1982年版。第505—506页。

第二章 美育的性质

在美育实践中,缩小或扩大美育的适用范围,混淆美育与其他各育的不同使命和任务等现象,大都是由于对美育的性质认知不够恰切所致。因此,从现代教育体系和马克思主义美学出发,研究美育的定义,理清美育的性质,掌握美育的特点,就是现代美育需要研究的重要问题。

第一节 什么是美育

美育是什么?在现代教育各学科充分细化、具体化的时代,简单地说美育是运用美学于教育的实践活动,并不能涵盖美育实践的具体内容。这个问题必须在中国特色社会主义的教育制度设计和美育实践中才能获得切实的、有实践价值的回答。

一、美育在教育中的定位

在中华人民共和国成立后的教育发展史上,与德育、智育、体育相比,美育在教育方针中经历了写入、遗忘、再写入的过程。美育在教育制度设计与教育实践中的地位也深受此影响。

中华人民共和国成立后,1951年,教育部首次召开全国中等教育会议,在会议上,教育部正式提出,我国普通中学的教育宗旨和培养目标为:"使青年一代在智育、德育、体育、美育各方面全面发展,成为新民主主义社会自觉的积极的成员"。① 这是中华人民共和国成立后在宏观教育规划中第一次正式提出四育并举的"全面发展"的教育观念。1952年,《小学暂行规程(草案)》《中学暂行规程(草案)》《幼儿园暂行规程(草案)》和《师范学校暂行规程(草案)》等文件先后颁布,这些文件均规定对学生"实施智育、德育、体育、美育全面发展的教育",并提出了美育的具体目标。其中,幼儿园的美育目标与任务是"培养幼儿爱美的观念和兴趣,增进其想象力和创造力";小学美育的目标与任务是"使儿童具有爱美的观念和欣赏艺术的初步能力";中学美育的目标和任务是"陶冶学生的审美观念,并启发其艺术的创造能力"。总体来讲,这一时期,美育的目标具有三个突出特点:一是重视培养爱美的兴趣;二是注重美育对想象力和创造力的培育功能;三是通过艺术教育培养学生的审美观念。"全面发展教育"是我国教育的基本方针,美育是"全面发展教育"的有机组成部分,这

---

① 何东昌主编:《中华人民共和国重要教育文献(1949—1975)》,海口,海南出版社,1998年版。第87页。

一指导思想贯穿于过渡时期的教育。①

1957年,毛泽东在《关于正确处理人民内部矛盾的问题》中论知识分子问题时明确指出:"我们的教育方针,应该使受教育者在德育、智育、体育几方面都得到发展,成为有社会主义觉悟的有文化的劳动者。"②由于当时知识分子问题的主题是改造世界观,"知识分子必须继续改造自己,逐步抛弃资产阶级世界观而树立无产阶级的、共产主义的世界观。……在知识分子和青年学生中间,最近一个时期,思想政治工作减弱了……针对着这种情况现在需要加强思想政治工作",所以,在这个教育方针中把德育提到了首要的位置,此后的教育方针中四育的顺序基本上是沿袭这次教育方针的表述。

美育没有明确地列入这个教育方针。这在教育界和美育界引起了不少困惑,并引发了两种不利于美育发展的观点,一种认为美育不能提了,另一种认为美育被包括在其他三育里无须单独提出。在此背景下,1961年5月,《文汇报》编辑部组织了关于美育问题的大讨论。讨论得到三种意见。第一种意见从美育的特殊性、儿童的审美能力形成、美育史、美育在教育中的作用、美育在人民生活中的作用几个方面论述了美育应该作为全面发展教育的组成部分。第二种意见则反对把美育列为全面发展教育的组成部分,其理由的核心是:美育的主要性质是工具性质,是手段,不应把手段作为培养目标而提出。第三种意见认为革命形势的需要是要不要在全面发展教育观念中明确美育的前提,无论在全面发展教育中是否明确地标出美育,不影响美育工作的实际存在和实施。

1964年,在批评"修正主义"的浪潮中,美育应当列入全面发展教育的观点遭到强烈批判。"文化大革命"中,美育被当作"封资修的黑货"遭到彻底否定。③"文化大革命"结束后,艺术家们纷纷呼吁恢复美育的地位,引起了有关领导的关注。经过20多年的努力,在1999年的第三次全国教育工作会议上,美育被重新列入党的教育方针,"我们必须全面贯彻党的教育方针,坚持教育为社会主义为人民服务,坚持教育与社会实践相结合,以提高国民素质为根本宗旨,以培养学生的创新精神和实践能力为重点,努力造就'有理想、有道德、有文化、有纪律'的,德育、智育、体育、美育等全面发展的社会主义事业的建设者和接班人"④。2006年修订的《中华人民共和国义务教育法》以法律形式明确了美育在义务教育阶段的地位,"教育教学工作应当符合教育规律和学生身心发展特点,面向全体学生,教书育人,将德育、智育、体育、美育等有机统一在教育教学活动中,注重培养学生独立思考能力、创新能力和实践能力,促进学生全面发展"⑤。

进入21世纪后,美育在教育方针中的地位与作用在中国共产党历次全国人民代表大会上获得了前所未有的稳定的表述。2002年11月,党的十六大报告提出要"全面贯彻党的教育方针,坚持教育为社会主义现代化建设服务,为人民服务,与生产劳动和社会实践相结合,

---

① 教育部体育卫生与艺术教育司、教育部艺术教育委员会组编:《学校艺术教育60年》,长沙:湖南师范大学出版社,2009年版。第55—56页。
② 毛泽东:《毛泽东选集(第五卷)》,北京,人民出版社,1977年版。第385页。
③ 教育部体育卫生与艺术教育司、教育部艺术教育委员会组编:《学校艺术教育60年》,长沙:湖南师范大学出版社,2009年版。第56—59页。
④ 江泽民:《国运兴衰系于教育 教育振兴全民有责(1999年6月在全国教育工作会议上的讲话)》,人民日报,1999年6月16日第1版。
⑤ 《中华人民共和国义务教育法》,http://www.gov.cn/ziliao/flfg/2006-06/30/content_323302.htm。

培养德智体美全面发展的社会主义建设者和接班人"①。这标志着美育作为教育方针的有机组成部分正式获得最高权力层面的确认。此后的历次党代会,均在大会报告中重申党的教育方针。虽然,在大会报告中,每个阶段教育发展的重心不同,但对教育方针的组成部分和培养目的的界定则是完全一致的,即"培养德智体美全面发展的社会主义建设者和接班人"。2007年,党的十七大报告指出:"要全面贯彻党的教育方针,坚持育人为本、德育为先,实施素质教育,提高教育现代化水平,培养德智体美全面发展的社会主义建设者和接班人,办好人民满意的教育。"②2012年,党的十八大报告指出:"要坚持教育优先发展,全面贯彻党的教育方针,坚持教育为社会主义现代化建设服务、为人民服务,把立德树人作为教育的根本任务,培养德智体美全面发展的社会主义建设者和接班人。"③2017年,美育再次作为教育方针有机组成部分被写入党的十九大报告中,"要全面贯彻党的教育方针,落实立德树人根本任务,发展素质教育,推进教育公平,培养德智体美全面发展的社会主义建设者和接班人。"④

由于相当长时间内,美育没有明确被写入教育方针,加上社会发展的不平衡不充分的影响,美育在学校教育中呈现被边缘化状。随着时代的发展和文化的复兴,审美在社会文化经济发展中的作用越来越大,教育主管部门也越来越清楚地意识到美育在学校教育中的重要性。进入21世纪以来的历次党的代表大会上,美育在教育方针中的稳定表述为美育的繁荣发展奠定了坚实的政策基础。在我们的教育方针中,"社会主义建设者和接班人"是教育在社会发展、社会实践层面的最终目的;"全面发展的"人是学生的个体成长层面所要达到的直接目的;"德智体美"四育是全面发展的全部内容,是达成全面发展目的的手段、途径和方法。在教育方针中,德智体美四育共同服务于全面发展的人这个直接目的,四者在教育价值层级上是平等关系,但在教育实践中承担的具体任务并不相同。

在我国的现代教育制度设计中,美育服务于培养全面发展的人,这是党的教育方针对美育工作的功能定位,是美育实践和研究中的基本共识,也是我们定义美育时的基础框架。

二、美育的定义

在培养全面发展的人这个中国教育的直接目的中,美育负责全面发展的哪一面?这是美育定义的核心问题。

马克思认为:"人以一种全面的方式,也就是说,作为一个完整的人,把自己的全面本质据为己有。"⑤在教育中,人的全面发展就是指人的本质与本质力量的充分的丰富的发展。

---

① 江泽民:《全面建设小康社会,开创中国特色社会主义事业新局面(2002年11月8日)》,http://www.gov.cn/test/2008-08/01/content_1061490.htm。
② 胡锦涛:《高举中国特色社会主义伟大旗帜为夺取全面建设小康社会新胜利而奋斗——在中国共产党第十七次全国代表大会上的报告(2007年10月15日)》,http://cpc.people.com.cn/GB/64093/67507/6429851.html。
③ 胡锦涛:《坚定不移沿着中国特色社会主义道路前进 为全面建成小康社会而奋斗——在中国共产党第十八次全国代表大会上的报告(2012年11月8日)》,http://www.mj.org.cn/zsjs/wsxy/201211/t20121126_145927.htm?authkey=riafh。
④ 习近平:《决胜全面建成小康社会夺取新时代中国特色社会主义伟大胜利——在中国共产党第十九次全国代表大会上的报告(2017年10月18日)》,http://news.xinhuanet.com/politics/19cpcnc/2017-10/27/c_1121867529.htm。
⑤ [德]马克思:《1844年经济学哲学手稿》,《马克思恩格斯全集(第三卷)》,北京,人民出版社,2002年版。第303页。

人的本质力量包括肉体的力量与精神力量两个方面。肉体的即体力的。精神的则包括感性的与理性的,其中理性在现代哲学中又被划分为纯粹理性和实践理性。与人的本质的各个方面相对应,德育与智育,都是发展和提高人的理性能力的教育;体育是发展和提高人的肉体运动能力的教育;美育是引导与发展人的感性能力的教育。

1. 美育是感性教育

自鲍姆嘉通以来,感性在人类生活和文化发展中的基础作用与性质日渐被人们认识到。在个体的生命中,感性是生命的绝对基础。但由于在传统美学系统中,感觉和感性是被扬弃或升华的对象,因此是被消解和否定的因素。"传统美学对于升华需要的主张来说,如何变成一种文化权威。还有,我也愿指出这种美学面临的巨大困境,以及它可称得上荒谬的特征:即它与感觉为敌的特性。"①"对直觉感性的否定与形式的强制性,是传统方法的两道阴影——不管它是以18世纪的语言还是以20世纪的语言表述的。"②马克思主义对传统哲学体系的批判,确立了感性在科学和生命中的基础地位。20世纪以来,随着对于二元对立模式的全面批判,现代美学充分地向感性回归,在这个潮流中,感性与身体、感性与生命的同一性得到充分的阐释和认知。在感性的层面,审美活动的本质是感性的涵养与完善。然而,与美学的理论进展不相符的是,在技术高度发达的当代社会,"感官的迟钝及感知对象的非真实性,成为影响人全面发展重大问题"。③ 因此,对于现代美育而言,以感性教育为基本内容不仅是现代美学理论进展的必然要求,而且是现代生活的需要。

受传统美学的影响,我国已有的美育形成了过于强大的理念论传统,导致美育中感性意识和感性体验的萎缩。杜卫把中国现代美育理论的历史局限归结为三点:第一,感性、个性的相对缺席;第二,夸大美育的社会改造功能;第三,对于美育的具体实践问题研究的缺席。列于首位的便是感性的相对缺席。在当前的教育实践中,美育的承载课程主要是艺术学,而"'美学即艺术学'却在很大程度上割断了审美与感性生活的血肉联系,使之局限于单一的艺术,后果极为严重"。④ 后果是什么? 美育与生活渐行渐远,与学生的自然生命、天生的乐趣渐行渐远,与人的生命存在的方式、意义与价值渐行渐远。换言之,由于感性在美育的概念层面和课程设置层面的缺席,与其他各育相比,美育的效果大打折扣。这使得教育者本身对美育是否应当存在于教育体系之中产生了极大的疑问。感性的缺席带来的恶果就是美育的生存危机。因此,从美育在学校教育中的实际存在状态而言,以感性为内容是现代美育生存与发展的需要。

美育以感性为内容,意味着在教育中充分促成感觉的人化。

在现代哲学研究中,感性包含着两个层面的内容。一是基于人的生理机能的感觉与情绪。二是基于人类文明积淀于感觉系统之后形成的感性与情感。虽然,在类的意义上,人的感性一定是过去的一切历史的产物。但在个体的生长发育过程中,感性首先是一种自然生命力,是一种基于先天的生理机能的感觉与情绪。视觉、听觉、触觉、嗅觉、味觉等是人类生理机能与对象进行信息交换与物质交换、引发情绪的最基本的感觉能力。感觉在交换中引

---

① [德]沃尔夫冈·韦尔施:《重构美学》,陆扬、张岩冰译,上海,上海译文出版社,2002年版。第71页。
② [德]沃尔夫冈·韦尔施:《重构美学》,陆扬、张岩冰译,上海,上海译文出版社,2002年版。第78页。
③ 刘成纪:《美育哲学基础的重建》,《郑州大学学报(哲学社会科学版)》,2008年第6期。第96—98页。
④ 曾繁仁:《重评鲍姆嘉通的"感性教育"思想》,《美育学刊》,2010年第1期(创刊号)。第26—30页。

发的满足或不满足的心理状态,诱发人的基本的情绪反应。根据心理学家的研究,愤怒、恐惧、惊奇、厌恶、高兴和悲伤这六种情绪是全世界的人类不需要学习就能够自然表露的情绪。这意味着,对于人类来讲,情绪有着共同的生理基础和共同的基本样式。甚至,在生物学家的观察中,人类的基本的感觉能力和情绪样式在动物身上也时常能够看到。因此,基于生理机能的人的感觉能力与情绪样式,虽然是人类的共同的生命基石,但它们并不是独属于人类的能力,它们在类的意义上需要经历不断的人化、文明化,在个体的意义上需要进行美育的合理引导与培育。

在人类漫长的进化过程中,人的基本的感觉能力和情绪样式在社会实践中不断受到理性的规范,并逐步积淀着社会文化的内容,这使基于生理机能的感觉与情绪一方面发展成为独属于人的与动物不同的感性与情感,为人的价值和意义追求确立感性的限度和情感的向度,为人类审美的共同感奠定基础;另一方面也因文明类型的不同而发展为不同的审美价值系统,因诉诸的感官的不同而发展出多姿多彩的艺术。前者在美学研究中抽象为美的本质问题,抽象为审美感知、审美想象、审美理解等主体的审美能力问题;后者在审美价值类型的意义上抽象为优美与壮美,悲情、悲剧与崇高,滑稽与喜剧,荒诞等审美价值类型(或者说审美范畴),在审美客体的意义上分化为自然景观、人体美等物态审美客体,工艺品、改造过的自然形态等物化的审美客体,而建筑、雕塑、绘画、音乐、舞蹈、戏剧、电影、文学等艺术种类则为物态化的审美客体。

因此,在美育中,感觉的人化就有了两方面的含义:一是"使人的感觉成为人的";二是培育"同人的本质和自然界的本质的全部丰富性相适应的人的感觉"。[①] 这是马克思在论述人的本质的对象化时提出的观点。人的本质的对象化的历史就是人的文明史。"已经生成的社会,创造着具有人的本质的这种全部丰富性的人,创造着具有丰富的、全面而深刻的感觉的人作为这个社会的恒久的现实。"[②]

如果说文明史的目的是实现人的本质的全部丰富性,那么创造"具有丰富的、全面而深刻的感觉的人"便是美育的题中应有之意。感觉的人化,在美育实践中意味着肯定每一种感觉与人的本质力量的独特性及其与物(对象)的直接关系。"只有音乐才能激起人的音乐感"[③]。这就要求美育务必把培养感官的敏锐性和完善性作为自己的基础任务,以"使人的感觉成为人的"。1907年,王国维就认识到了感官培养在美育中的价值和地位,在《论小学校唱歌科之材料》一文中他指出应把"练习其聪明官及发声器"[④]作为唱歌科的本意之一。中国古代典籍《礼记》中说:"不学操缦,不能安弦;不学博依,不能安诗;不学杂服,不能安礼;不兴其艺,不能乐学。故君子之于学也,藏焉,修焉,息焉,游焉。夫然,故安其学而亲其师,乐其友而信其道。虽离师辅而不反也。"[⑤]表明,古人已经在实践的层面意识到了感官培

---

① [德]马克思:《1844年经济学哲学手稿》,《马克思恩格斯全集(第三卷)》,北京,人民出版社,2002年版。第306页。
② [德]马克思:《1844年经济学哲学手稿》,《马克思恩格斯全集(第三卷)》,北京,人民出版社,2002年版。第306页。
③ [德]马克思:《1844年经济学哲学手稿》,《马克思恩格斯全集(第三卷)》,北京,人民出版社,2002年版。第305页。
④ 王国维:《王国维文集(第三卷)》,北京,中国文史出版社,1997年版。第94页。
⑤ 《礼记正义》,北京大学出版社,1999年版。第1057—1058页。

养与人之为人之间的内在关系。

"同人的本质和自然界的本质的全部丰富性相适应的人的感觉"意味着美育实践中应当以人的感性为限度拓展领域,设计内容,建设课程。美国学者埃里克·詹森(Eric Jensen)在《艺术教育与脑的开发》中基于"主要学科必须要有分支学科来扩大广度、增加深度和提高可信度"的原因,把艺术的范围从传统的音乐与视觉拓展到运动艺术,大致包括表演、聆听、作词作曲、歌唱、绘画、摄影、服装设计、计算机制图、电影制作、戏剧、游戏、舞蹈、手艺、武术等,①充分展现了感性的丰富性。这也诱发了一个疑问,这些美育课程有用吗?有什么用?埃里克·詹森以沃道夫学校50多年的成功经验和大量的数据做出充分的回答:"艺术使我们成为人类,成为完美的人类的要素。"②

2. 美育是情感教育

在所有的教育活动中,不同于其他各育中对情感的规制与改造,美育直面人的情感的自由、复杂、丰富,承认情感的独立价值,赋予情感以完美的形式;美育通过激发受教育者的情感,通过情感的抒发与陶冶使受教育者的情感系统更加完善、更加丰富。

陶冶情感,首先指为情感定向。按照其价值导向,情感可以分为正面情感和负面情感两大类。美育的情感定向就是培育与养护正面的情感、宣泄与净化负面情感。情感的正面的取向是爱。上帝之爱是西方美学中神性的光辉和崇高的光芒,仁者之爱是儒家美学温暖人性、造就和谐的人际关系的根基,两性之间的欢爱是古往今来艺术的永恒的主题。美育中爱的指向广阔而又深刻,从石头、小草、山川、河流到天空、星辰,从亲人、家庭到师长、友人……对祖国和民族的爱由无数多细小的、具体的爱组成。负面情感的宣泄与净化是一门艺术,不当的操作与行为不但不能起到净化作用,反而会强化和固化负面情感。因此,西方的悲剧舞台上不出现直接的杀戮场景,我国的戏剧中千军万马的战争也被处理成极富舞蹈感的场面。相形之下,现代艺术,尤其是在所谓的"暴力美学"指导之下的现代艺术对于负面情感几乎起不到什么净化作用,反而是对之的过度美化和强化。美育在此必须明确其价值取向,守护正面情感。

其次指情感的节奏化、韵律化。"用心灵的俯仰的眼睛来看空间万象,我们的诗和画中所表现的空间意识,不是像代表希腊空间感的有轮廓的立体雕像,不是像那表现埃及空间感的墓中的直线甬道,也不是那代表近代欧洲精神的伦勃朗的油画中渺茫无际追求无着的深空,而是'俯仰自得'的节奏化的音乐化了的中国人的宇宙感。"③节奏化了的宇宙感源自中国人对于生命的最为深沉的思考。"无往不复,天地际也。"④在这种思想的主导之下,不仅空间被节奏化、韵律化,时间也被节奏化和韵律化了。六十年一个循环的纪年方法,是时间节奏化的具体展现。春生、夏长、秋收、冬藏的生命节奏循环把宇宙的节律与生命、情感的节律一体化,⑤中国人充满艺术感的人生观以应时为手段,以中和为鹄的,是人生艺术化的"中

---

① [美]Eric Jensen:《艺术教育与脑的开发》,北京师范大学"认知神经科学与学习"国家重点实验室脑科学与教育应用研究中心译,北京,中国轻工业出版社,2005年版。第7页。
② [美]Eric Jensen:《艺术教育与脑的开发》,北京师范大学"认知神经科学与学习"国家重点实验室脑科学与教育应用研究中心译,北京,中国轻工业出版社,2005年版。原著前言第3页。
③ 宗白华:《美学散步》,上海,上海人民出版社,2005年版。第167—168页。
④ 《易经·泰》
⑤ 《黄帝内经》,北京,学苑出版社,2002年版。第10—13页。

庸"式表达。情感的节奏化、韵律化不仅是中国艺术实践的一部分,而且曾经是中国人的生活方式。

3. 美育是趣味教育

在美学中,趣味是审美的判断力或者鉴赏力。在美学史上,无论是前现代、现代的美学家,还是后现代的美学家,都在关注和阐释趣味问题。美学家重视趣味这个概念,与15世纪以后西方感性系统中因饮食文化的变化导致的味觉体验的深入直接相关。因此,所谓趣味,就是感性的精神的升华,是对美的专业性的感性感知。到了18世纪这个被称为"趣味的世纪",趣味在启蒙运动的思想家那里与人类存在的终极目的之间建立了亲密的关系,趣味(审美判断能力和随之而来的审美的愉悦)被视为人生的目的。这一点与我国儒家学者追求孔颜乐处的传统在人生目的追求上并无二致,便顺理成章地成为我国美学与美育的重要的价值追求。在这个意义上,我们说美育是趣味教育。

中国美育研究者中关注趣味的第一人为梁启超,他把趣味视为人生的意义所在;这是中西美学的人生目的论传统在20世纪初的中国的现代回响。他从反面立论,说道:"人怎样会活得无趣呢?第一种,我叫他做石缝的生活:挤得紧紧的没有丝毫开拓余地;又好像披枷带锁,永远走不出监牢一步。第二种,我叫他做沙漠的生活:干透了没有一毫润泽,板死了没有一毫变化;又好像蜡人一般没有一点血色,又好像一株枯树,庾子山说的'此树婆娑生意尽矣'。这种生活是否还能叫做生活,实属一个问题。所以我虽不敢说趣味便是生活,然而敢说没趣便不成生活。"①如果承认没趣便不成生活,那么,趣味之于人生可谓是"不可须臾离也"(《中庸》)。这是对趣味在生活中的意义的带有夸饰色彩的强调。无独有偶,美学家朱光潜也认为,"情趣愈丰富,生活也愈美满,所谓人生的艺术化就是人生的情趣化"。② 人生的艺术化的过程就是美育的过程,人生的情趣化与人生的艺术化的等同,表明美育是趣味教育。

综上所述,美育就是在培养全面发展的人的教育中,通过对审美客体的欣赏与体验,通过参与艺术的创造与创作,使受教育者的感觉充分人化,使受教育者的情感系统更加完善、更加丰富,发展受教育者的审美感知、审美想象和审美理解等能力,形成健康的趣味和审美判断力。在个体成长过程和人类进化过程的相似性的意义上,美育就是在复演教育中人类的感性能力由感觉到感性、由情绪到情感的进化过程,复演各种审美客体的创造过程。

第二节 美育的特点

从美育的历史看,美育是指一种以审美活动(包括艺术活动)为主要方式与手段的教育活动,因此,美育具有自身的特点。美育的特性,是指这种教育区别于德育、智育、体育的独特性,特别是指区别于德育与智育的独特性。这种独特性是由审美活动的特性所决定的。

一、美育的形象性

从施教手段来看,美育是一种形象教育。美育总是通过一定的媒介来施行,而这种媒

---

① 梁启超:《梁启超全集(第十四卷)》,北京,北京出版社,1997年版。第4017页。
② 朱光潜:《谈美》,《朱光潜全集(第二卷)》,合肥,安徽教育出版社,1987年版。第96页。

介,必定是审美对象。作为审美对象,其存在必定具有可感的形式,是以感性的形象诉之于人的。人们通过形象进入审美的世界,使情感活跃起来,渐渐远离尘世的繁杂和喧嚣,进入对象的意蕴世界。审美活动的过程是一种摆脱了世俗功利欲望的心灵的自由活动,在审美的世界里,人的感官和人的心灵都得到抚慰,获得滋养,受到洗礼。当人们重返日常生活的境界时,就仿佛变成了一个新人。因为他的灵魂得到了净化,在美的王国中受到了教益。人们越多地与审美对象交流,就会越多地获得启迪。审美对象是引路者,人们只有通过对形象的直觉性感知,获得审美感受,才能进入审美的更高境界即体验中的世界,通过体验最后把握到对象更深的意味。因此,美育自始至终都是形象教育。

形象教育并不是美育专有的,在智育和德育中人们也经常使用形象教育。但这种形象教育与美育是不同的。

智育主要是通过概念、判断、推理的逻辑形式施行于受教育者,它追求概念的明晰性、判断的准确性与推理的严密性,它直接作用于人的理性能力。智育中也使用形象教育,那是因为美育所凭借的审美对象,包括艺术作品,本身也是知识的重要来源。人,不论就群体或个体而言,思维能力的发展都经历着一个从具体到抽象,从感性到理性的过程。人类的童年,刚刚从动物中分离出来的人类祖先,没有对事物形成概念、进行判断的能力,他们的知识几乎都是从感性直观中获得的。随着人类实践和认识的不断发展,人们才形成抽象概念,发展了思维能力。人们的个体思维的发展道路与人类的思维发展道路总的说来是一致的。儿童时期知识的获得,几乎也都要靠感性直观的教育。到了成人阶段,由于形象具有易感性的特点,在获得知识、开拓知识面、获得生活经验等方面也是经常使用形象的。但智育最后的目的是求真,因而要求从形象到抽象,来为说理服务。当达到获得真知的目的之后,过程就会被扬弃、淡忘。而且在智育中不仅不可能自始至终都使用形象教育,甚至是极少使用的。因此智育与美育是可以区分的。

德育的主要方式也是说理,通过理性的教育使人们接受一种某个社会共同体的所有成员都必须遵守的行为规范,并逐步在实践中内化为人的道德意识。但德育的过程中也可以使用形象教育,特别是使用艺术形象,它往往能起到说理所达不到的效果。因为艺术形象来自于生活又高于生活,既包含着艺术家对社会上真假善恶诸类情况的评价与判断,又因其美的形式而具有强烈的感染性。人们在欣赏艺术时,由对形式的美丑的欣赏,必然会进入对内容的真假善恶的评判,从而使人去伪存真,避恶从善。可见,美育的手段对德育也有重大的作用,而且美育对人的情感的陶冶,往往也能起到道德上的净化作用,进而使人达到高尚的人格境界。正因为如此,才有了把美育等同于德育的说法。但德育最后的目的是求善,也要求从形象到抽象,来为说理服务。与智育一样,形象教育也不是德育的主要手段。因此德育与美育也是可以区分的。

体育的主要方式是身体运动,通过身体的运动使人们掌握运动动作的要领,提高身体运动能力,提升身体健康水平。在体育教学中当然会使用形象教育,但体育中形象教育的形象选择主要集中在人体的运动形象上,虽然体育运动中的身体形象已经是现代审美对象中的重要组成部分了,但无论在广泛程度还是在深刻程度上,体育中的形象运用都比不上美育中的形象教育的形象。体育教学中使用形象,目的是帮助学生生动、准确地掌握动作要领,所以,符合运动生理学的科学的形象才是体育教育中形象选择和使用的标准。在体育中,形象教育不是教学的主要媒介和手段。因此体育与美育也是可以区分的。

总体来看,智育、德育、体育中不以形象教育为主要的教育媒介和手段,而且,智育、德育、体育中的形象选择在多数情况下并不一定选择审美形象。也就是说,形象的生动性、情感性和内在的韵味等,对于智育、德育、体育而言并不是必要的,形象的准确性才是重要的。同时,智育、德育、体育选择形象教育辅助教学时,关注的重心和要达到的教育教学目标也不是形象本身,而是形象所代表或象征的科学真理、道德观念与运动技能或规律。只有对于美育而言,形象教育是美育的主要视角方法,形象是美育的主要媒介和手段。而且,与智育、德育、体育更关注形象背后的非审美的东西不同,审美形象本身的生动性、情感性和内在的韵味是美育教学的主要内容,只有借助审美形象的欣赏和创造,美育才能够引领学生体验基于感性生命的本质力量的对象化,进入审美的世界,升华灵魂,达到自由自觉的生活境界。

二、美育的情感性

从受教者的受教方式来看,美育是一种情感教育,也就是说,美育要激发起受教育者感情的活动,并通过情感的体验作用于他们的心灵。

在审美活动中,由于审美对象的激发,参与审美活动的人首先对对象产生一种情感态度,即形成或肯定或否定的态度。这种态度是决定着美育能否顺利实施的关键。如果受教育者对于作为美育的必要媒介的审美对象在情感上是否定的,那么就会中止这种活动;反之,受教育者则能自觉自愿地作为审美主体进入对审美对象的体验之中。体验是沟通主客体的中介,是对对象的意蕴的直觉性领悟。正是在体验中,生活的底蕴才能向人们呈现出来,使人在体验中获得教益。体验的世界本身还是情感的世界,审美不是传授知识,传授技艺,也不是向人们提供某种行为规范,而是给予接受者以情感的定向,或爱,或憎,或好,或恶,在情感的接受中接受理性的内容。美育是以情感人而不是以理服人,是通情而不是达理,是理融于情而不是情融于理,这一特点决定了受教育者要在体验中才能达到受教育的目的。

美育中的情感体验是一种特殊的情感体验。我们在日常生活中总会产生各式各样的情感体验,这些情感体验总是与现实中的现象和事件关系密切,一般而言,现象和事件与个体的利益相关性越大,情感体验的强度、丰富程度就越大,现象和事件与个体在时间空间上的距离越短,情感体验就越生动、越鲜活。概言之,日常生活中的情感反应取决于个体与现实现象和事件在各方面的距离,距离越近,情感体验越鲜明。然而,审美活动中的情感体验却不是这样,审美活动中情感体验与审美对象之间必须保持一定的距离。在审美体验中,审美主体的情感与对审美客体所蕴含的意义与价值的体验是同步进行的。在这个过程中,审美主体与审美对象之间的距离感是复杂的,审美主体既要能够入乎其内,又要能够出乎其外。审美主体自身的情感积淀是审美情感体验的个体化的源泉,而对审美对象和客体的意义的理解则需要一种出乎其外的对自我的反思意识。听《梁祝》乐曲时,欣赏者时而兴高采烈、时而悲痛万分,时而缠绵悱恻,时而哀怨激愤,进入了乐曲构建的情感世界。这不仅是对梁祝爱情的同情或赞赏,还是对自身情感的一种反思性的体验与意识。在美育的情感体验中,审美主体把审美对象和客体所蕴含的情感个人化了,同时又把自己的情感客体化了。在一个超越了日常经验的纯粹的情感世界中,审美主体用自己的情感和人生经验去体会、契合审美对象蕴涵的情感,使自己的情感与自身疏离归化为对象的情感,又使对象所蕴含的情感与自身亲近同化为自身的情感。在这个过程中,情感体验脱离了现实性,成为想象的情感。

在想象所构造的情感世界里,审美主体的情感与审美对象的情感相共鸣,甚至融为一体,不知何者为我,何者为他,物我两忘,天人合一。

美育中的情感体验还是一种形式化的情感。日常生活中的情感处于流动的状态,是生活之流的有机组成部分。人们对日常生活中的情感的体验也是流动的,随缘而变的。日常生活中的情感很少被生活中的个体赋予形式,一旦被赋予形式,就意味着日常生活中的自然情感在朝着审美情感的方向转化。"一个艺术家表现的是情感,但并不是像一个大发牢骚的政治家或是像一个正在大哭或大笑的儿童所表现出来的情感。艺术家将那些在常人看来混乱不整的现实变成了可见的形式,这就是将主观领域客观化的过程。但是,艺术家表现的绝不是他自己的真实情感,而是他所认识到的人类情感。"[①]在表演艺术中,情感的形式化表现得最为清晰。如梅兰芳的《贵妃醉酒》中的舞蹈利用东方舞蹈中"拧、倾、曲、圆"四种典型的形式,动作舒缓、柔美,把杨贵妃内心的自怜与深情完美地呈现在舞台上。在美育中,审美情感体验的形式化,意味着教育者引导受教育者把日常生活中的情感用文字、图像、声音形成有意味的形式。使个体的私人化的情感体验超越个体的局限,升华为有节奏、有韵律的客观化的情感。

智育、德育、体育中当然也产生情感体验,但美育的情感体验与他们有着显著的区别。智育与科学知识相关,科学的品质决定了它是一个最不需要情感参与的领域,它追求的是知识的客观有效性,展示的是理性的力量。一个公理,不管人们在情感上接受不接受,它都会发生作用,作为公理,它就是法则。这里不存在主体的选择性。当然,在接受智力教育的过程中,人们会为攻克一个难关或有新的发现而欣喜,但这是作为一种对自身的理性能力的肯定而生发的快乐,是作为一种结果而并非在过程中出现的,它不需要受教育者去体验或者说在许多情况下是无法体验的。道德教育要人们接受一定的道德意识和观念,规范人们的行为。它更多地涉及人们对善恶的认识和评价。人们对善恶的认识和评价虽然具有情感性,但这是一种偏重于理性的情感,与社会意识形态更多地联系在一起,而且评价是具有客观性与阶级性的,不同于美育中个体的独特的情感体验。体育与人的身体体验相关,但现代学校体育以系统的运动科学为知识基础,目的是锻炼学生体魄,提高身体素质。在身体运动中,自然会发生情感体验,这种情感体验直接来自于运动着的主体的身体反应,并不像美育中的情感体验那样来源于外在的审美形象。从美学角度看,体育中的情感体验更多地带着私人性的色彩,缺乏普遍性;美育中的情感体验则更多地与普遍性和超越性联系在一起。因此,美育的情感体验性也是它区别于智育、德育、体育的主要特征。

三、美育的愉悦性

从受教者产生的受教效果来看,美育是一种快乐教育,也就是说,美育是令受教者感到愉悦的、寓教于乐的教育。

审美活动是人类的一种自由的精神活动,人们在这种活动中可以获得身心的愉悦。美育是以审美活动为主要施教方式与手段的教育活动,这决定了人们接受美育的过程,是一种高级的精神消费或精神享受的过程,也是获得精神愉悦的过程。美育如果不能给人以感官和精神上的全面享受与愉悦,就不能取得预期的效果。因此,美育从不采取强制的方式,受

---

① [美]苏珊·朗格:《艺术问题》,滕守尧、朱疆源译,北京,中国社会科学出版社,1983年版。第25页。

教育者却会自觉自愿地参与。在美育中,如果受教育者意识到自己是一个被支配者,或者仅仅是产生一种被支配的意识,那么效果就会适得其反。所以,美育具有愉悦性。

美育的愉悦性来自审美活动中的审美愉快。美学史上,不少美学家都以愉快来规定审美经验,并以主体在审美活动中获得的愉快来规定美。在审美活动中,审美愉悦就是主体通过体验审美对象基于感性生活的生命活力而获得的精神愉快。审美愉悦具有层次性。我国南北朝时期的宗炳把审美愉快区分为"应目""会心""畅神"三个层次,当代美学家李泽厚则把审美愉快划分为"悦耳悦目""悦心悦意""悦志悦神"三个由浅到深的层次。他们的划分表明,审美愉快客观上存在着感官、心意和精神人格等三个层次。在审美感知阶段,审美客体起着主导作用,审美主体对审美对象的接受和欣赏受制于审美对象刺激力的大小,审美主体往往是不由自主地去接受、去完形、去建构,以自己的感官与对象发生同构共鸣,使主体获得感官上的快适和知觉中的愉快。这种愉快就是审美愉悦中的感官层的愉快。感官层的愉快虽然还没有脱离生理的快适,但已经与生命意义的体验与发现已经建立了紧密的关系,具有审美愉快的总特征,即超越功利的性质。在审美体验阶段,审美主体深入到审美对象的意义层次,体验领悟审美对象的意义和情感,并在物我同一的境界中体验、领悟自我的情感和自我存在的意义与价值,审美主体的一切情感都在与审美对象的交融中得到满足,这种满足是深入心意层次的愉快。在心意层次的审美愉悦中,主体生活在意义的世界、情感的世界之中。这个世界主要是通过想象创造出来的,它不仅不同于"原型"——自然状态的审美客体,也不同于通过知觉完形建构的审美对象;它是按照情感的导向创造的心灵的天地。如李白所言"我歌月徘徊,我舞影零乱。醒时相交欢,醉后各分散","我"与月与影在情感的世界中相伴相舞。这个阶段的审美愉悦,与审美主体自身的生命意义的发现与表现紧密相关。此时,身外之物即心内之物,心内之物即身外之物,主体对自身的情感、自我和生命有了深切的领会,主体的情感和生命得到了自由的表现,主体的心灵意识陶然自得,怡然自乐。在审美超越阶段,主体获得的审美愉悦是精神人格层次的愉快。这种愉悦常常是一种奋发兴起的情绪,面对审美对象,主体先是畏惧而惊叹,承认自身的渺小与脆弱,继而在精神的深处激起超越的勇气,要求摆脱、克服、净化自身的渺小、卑琐平庸,向上飞跃,去获得永恒和无限。在这个阶段,主体在审美境界中超越了自身存在的有限空间,似乎窥见了宇宙本体,发现了人生的永恒价值。精神人格层次的审美愉悦,是人格的震动,灵魂的战栗,是心灵的洗涤,精神的升华。

在审美的愉悦中,审美主体获得了生命的充实体验,领悟了人生的价值和意义,升华了精神,生成了富有超越性的人格。这便是美育自身的教育目的和价值所在。在这个意义上,我们说美育是寓教于乐的教育活动。在美育中,"教"寓于"乐"之中,"教"无疑就带有了享受的性质,主体在愉悦中自然而然地体验领悟人生的境界,接受生命自身的教育。"乐"与"教"在美育中是高度统一的。

在普遍的教育思想的意义上,智育、德育、体育也以寓教于乐为教育方法的指导原则。但这与美育中的愉悦性和寓教于乐是不同的。在智育、德育和体育中,愉悦性并不是直接的、普遍的追求,相反,我们在具体的教育实践中会发现在智育和德育的课堂上,愉悦这种情感处于一种普遍的被抑制状态。学生在智育、德育和体育中体验到的愉悦往往是战胜了具体的学习困难之后的短暂的愉快,这种愉快并不像美育中的愉悦那样来源于所学的课程内容,而是源于学生内在的能力的发挥与进步,即,源于学生的"本质力量的对象化"。就寓教于乐而言,美育中的寓教于乐中的教益是审美主体对自身的存在状态和生命价值的反思与确认,是生命状态的升华和精神境界的建构,"教"是"乐"的自然升华,"教"原本就栖息、寓居于"乐"之中。在智育、德育和体育中,"乐"只是引导受教育者到达"教"的手段,二者之间并不存在如美育中那样的内在的关联。因此,美育的愉悦性和由之而来的寓教于乐是美育区别于智育、德育和体育的显著特点。

第三节 美育的学科性质

美育是实践性的科学。美育在实践中形成和丰富自己的内涵。因此,要理解美育的性质,就必须结合现代的美育实践,在现代学科分化、发展的框架内展开研究和论述。

一、美育是一门交叉学科

美育是人类使自身文明化的重要内容,在一定程度上,是人类文明化自身的标志。不论有没有明确的美育概念和美育意识,作为一种教育活动的美育与人类文明化的历史、人类文化建构的历史、人类的类本质发生与实现的历史同样漫长,与人类的教育活动相伴始终。

作为一种独立的、自觉的、主动的教育意识,美育的历史很短暂。从德国文学家、美学家席勒第一次直接提出美育的思想算起,美育只有200多年的历史。在它短暂的发展史上,美育逐渐从单纯的哲学思辨发展为一门多学科交叉的复杂学科。到目前为止,在我国的教育制度中,美育主要呈现为三个学科的交叉,其一是美学,其二是教育学,其三是艺术学。

美育是美学与教育学的交叉学科。这是我国美育研究中对美育学科性质的最常见到的判断。"从学科定性上来说,它因侧重的不同,既可以成为教育学的分支学科,也可以成为美学的一个分支学科,而且主要是由这两个学科来构成的。"[①]从学科发展史的角度看,美育在席勒那里主要是美学的一种应用性思考,毫无疑问,那时候的美育就是美学的一个分支。在我国美学研究与美学学科的建构规划中,美育也一直是美学家关注的问题。在涉及美学在人的存在层面的合法性,即美学能够在人的本质的实现过程中发挥什么样的作用,如何在人的本质实现过程中发挥作用等问题时,美育就自然而然地成为美学家关注的重要领域。

对现代人的生存与发展而言,席勒所思考的美育在人性的完善、人的本质的丰富与文明化等方面具有根本性的意义和价值。但是,如果美育只停留在这个阶段的话,它无非只是一种非常美妙的玄思,只在个别的哲学思辨和精神追求卓越的人身上才有实现的可能性,不可能在每一个现代人的成长中都发挥作用,也不可能在民族文化的现代化兴起之中发挥作用,更不可能实现其在类的意义上使人成为完整的人的伟大目标。因此,在历史的发展中,它必须下降为一种培养人的实践活动,必须与教育相结合,才能具有现实性,成为整个人类社会的福祉。于是,教育学就成为美育学科在历史和社会文化生活中实现自身的学科化载体。

实践总是具体的,无论是美学的思考还是教育学的要求,在美育的教学工作中都无法直接作为美育的内容出现。抽象的美学理念层面的推演,并不能自动地生成任何一个民族的审美精神和任何一个时代的审美发展趋势,也不能自动地生成适合教育教学的内容。在社会文化生活中,民族的审美精神和时代的审美发展趋势总是以艺术品的形态,以物化和物态

---

① 刘彦顺:《中国美育学学科产生与发展的三个层面》,《文学前沿》,2002年第2期。第110—119页。

化的审美形态,演化出具体的、细致的、丰富多彩的感性形式。其中,非艺术品的审美形态,因其太过普泛,难以在有限的课堂教学时间里呈现,往往难以进入美育学科的课堂内容;艺术则因其具有系统性和科学性,便于进行课堂教学,而成为美育学科的主要教学内容。民族的审美精神和时代的审美发展趋势在观念上决定着哪些艺术种类和艺术品能够进入美育的内容体系之中。如,书法是中华民族审美精神的典型艺术形态,但其在中国美育中的地位与作用却并不是一成不变的,而是随着时代审美发展的需要和趋势发展变化。近年来,书法在中国美育中的重要性明显得到提升。

从美育工作开展的实际情况看,我国美育的教学内容以音乐和美术这两门历史最为悠久的艺术学科为主干,美育在具体的课程内容层面是艺术学的各个分支[①]。

从学科的角度回溯我国美育的发展史,可以发现,美育在产生时脱胎于康德美学,并在我国的美学研究中一直占有重要地位,是体现美学应用价值的根本领域;美育在我国教育制度设计中,从20世纪初一直到现在,整体上服务于培育全面发展的人的教育方针;在当前的学校教育课程体系中,艺术课程是美育落地的主渠道。综合以上三者,我国现代美育是美学、教育学、艺术学三大学科交叉形成的学科领域。

二、美育是以美学为理论核心的交叉学科

美学、教育学、艺术学三者成为美育组成部分的时间不一致,它们在美育中的作用和价值也不相同。充分认识三者在美育学科中分别承担什么功能,发挥什么作用,可以帮助我们深入地理解美育的学科性质。

1. 教育学在美育学科中的作用

在美育学科中,教育学是其最显著的学科特征,美育之所以不是美学,不是对人类感性的知识性研究,是由教育学决定的。宏观地看,教育学在美育学科中承担着两个层面的建构任务。第一,教育学在教育哲学层面为美育划分疆界。所谓划分疆界,就是说,在教育的总体目的指引下,确定全面发展的人的哪些领域应当被划分给美育,哪些领域应当被划分给德育,哪些领域应当被划分给智育,哪些领域应当被划分给体育。在我国美育史上,王国维、蔡元培的美育思考就是从教育哲学的层面立论的。教育哲学为教育划分疆界的做法,一方面确立了四育在教育中存在的合理性和必要性,赋予四育相对独立的价值和地位;另一方面又明确了四育均服务于全面发展的人这个总目的,为四育之间的交叉与合作奠定了哲学基础。四育中德智美三育与人类的精神价值领域的真善美、个体心理结构的知情意相对应,具体到美育,便是与美和情感相对应。教育哲学层面的这种分工和区隔表明美育的客观的实践内容是审美现象,美育的主观的精神践履领域是感性与情感。这是美育工作的基本的规定性,是美育工作的整体框架。当然,教育哲学所界定的美育工作的整体框架是高度形式化的,缺乏具体的内容。美育工作整体框架之中的充实和丰富,依赖于民族审美精神和时代审美发展趋势在美学研究中的演化和总结。第二,教育学在教育科学层面为美育提供教学原则、教学方法。由于美育在教育领域成熟得比较晚,教育学中有关受教育者生理、心理发展

---

① 2011年,国务院学位委员会和教育部调整学科门类设置。在这次调整中,艺术学从文学中独立出来,成为与教育学并列的13个学科门类之一,其下设艺术学理论、音乐与舞蹈学、戏剧与影视学、美术学、设计学五个一级学科。而美学是设置在哲学一级学科下的二级学科。

的阶段及各阶段特点的研究,教育学的一般原则和规律,是美育工作的方法论基础。但问题的复杂之处在于,教育学的一般原则和规律大多是建立在对德育和智育的研究和分析之上,与美育的性质和教育内容、教育目的之间并不像在德育和智育之中那么吻合。比如,著名的寓教于乐原则,无论对于德育还是对于智育都是非常有效、非常恰切的教学论原则。由于其实质是用审美作为手段承载道德或知识内容,如果放到美育中,手段和内容就重叠了,这个原则就名实不符了。所以,对于美育学科来说,成熟的教育教学原则、教学方法是否适用于美育是一个需要慎重对待的问题。与美育学科的内容特点相适应,美育课程的教学设计、教育效果评价均与德育、智育、体育有很大差异。这些问题表明,教育学在美育学科建构中并不能直接把在其他各育中积累的知识系统搬到美育中来,而需要把教育学的一般原则和方法与美育的内容联系起来思考,依照美育的目的、内容、性质研究适应美育要求的教育教学原则、教学方法、教学设计和教育效果评价系统。

教育学在美育学科中所承担的两个层面任务,教育哲学层面的任务已经完成,需要的只是阐释与微调,教育科学层面的任务则永远处于未完成状态,需要教育家和美育工作者通力协作,共同研究。

2. 艺术学在美育学科中的功能

自20世纪80年代以来,我国美育工作主要是通过音乐、美术课程来实施。与美育实践相适应,1986年,国家教育委员会在高教一司设立艺术教育处。这是我国首次设立主管学校美育工作的管理机构。同年,在文化部、中国音乐家协会、中国美术家协会的支持下,国家教委成立国家艺术教育委员会。1989年国务院机构改革时,国家教委成立了社会科学研究与艺术教育司,将艺术教育管理部门从处一级改为司一级建制,负责制定艺术教育的方针、政策、规划(从学前教育到高等教育)和师资培训工作;同时,在基础教育司设立课外教育与艺术教育处,负责落实中小学以及幼儿园艺术教育教学管理,以艺术课程建设为主。1993年,在机构调整过程中,国家教委将以上两个艺术教育管理部门的工作职能合并,与原有的体育卫生司一起组建体育卫生与艺术教育司,下设艺术教育处,负责宏观管理全国各级学校的艺术教育工作。与我国美育工作管理机构的艺术教育化相适应,国家层面的美育政策也均以艺术教育命名,如1988年颁布实施的《全国学校艺术教育总体规划(1989—2000年)》和2002年颁布实施的《学校艺术教育工作规程》《全国学校艺术教育发展规划(2001—2010年)》。这三个文件都是我国美育的总纲性文件,都以艺术教育命名。

我们日常的美育工作经验和国家教育行政管理层面的管理机构设置、美育政策的命名方式,均显示出,艺术学实际上构成了美育学科的内容层,是美育的载体和途径,是美育实践的重要依据。

3. 美学是美育学科的理论核心

在相当长的时期内,在相当广泛的场合,人们会满足于用艺术教育代替美育,以为只要进行了艺术教育,就是圆满地完成了美育工作。但是作为美育的艺术教育与专业艺术教育是不同的,它的培养目标不是专门的艺术人才,而是充分发展全体学生的审美能力。如《义务教育音乐课程标准(2011版)》中就明确提出音乐教育要以审美为核心;《义务教育美术课程标准(2011版)》提出,美术课程要使学生在积极的情感体验中发展观察能力、想象能力和创造能力,提高审美品位和审美能力;《艺术教育艺术课程标准(2011版)》要求学生通过综合性的艺术学习,学会欣赏艺术,培养健康的审美观念和审美兴趣。综合教育部颁布的所有艺术类课程的课程标准,可以非常清楚地看到,在艺术课程的整体规划上,艺术教育并不是以艺术为目的,而是以审美为目的。

这表明,在学科的意义上,美学是美育学科的理论核心已经成为中国美育的基本共识和制度追求。

美育学科以美学为理论核心,可以从以下两个方面来理解。

第一,审美活动是艺术活动的基础。根据人类学家的研究,原始人的生命活动和物质实践活动中以巫术的形式存在着原初的审美心理与审美情感活动,现代人指认这种活动为艺术活动乃是基于巫术在现代生活中消失这个事实,是一种理论的穿越与错位。到目前为止,在非洲的部族中举行的各种仪式性活动,我国少数民族地区的各种仪式性活动,尽管在现代人看来很像艺术活动,但对参与其中的人而言,这是有着独特的、神秘的精神作用的仪式,而不是艺术活动。因此,从发生学上看,审美活动早于艺术活动。艺术活动是审美活动在人类的文化创造中发展到一定历史阶段的产物。

第二,美学所论述的审美、审美主体、审美客体、审美范畴等都是作为美育的艺术教育的核心概念。《义务教育音乐课程标准(2011版)》颁布后,有研究者提出疑问说:"在课程基本理念中提出'以音乐审美为核心',为中小学音乐基础教育定下了基调。但这种陈述过于宏观,'以审美为核心'的具体内容是什么呢? 在'新课标'中并没有做出范围上的界定。"[①]这个疑问在美术和综合艺术课程的研究者和教育者那里也同样存在。首先,以审美为核心,意味着艺术教育课程的教育目的和教学目标设计始终放在引导儿童的感性生命朝着丰富、健康的方向发展,始终为建构受教育者的感性(审美)主体服务。这是由审美活动的本质特征(即感性特征)所决定的。审美活动的感性特征的基本内容在于它与人的欲望、兴趣、情感的联系。审美的欲望和兴趣是审美活动得以开展的内在心理动力。它们作为人的一种内在的强烈的追求,一有合适的机会就要推动审美主体由日常心理状态向审美的心理状态转化。伴随着转化过程出现的情感活动是审美主体对对象的评价和反映,是欲望、兴趣的具体的心理表现。它是一种对对象能够满足自身审美欲望的肯定性情感,贯穿并渗透于审美活动的始终,是推动审美活动展开的动力。其次,以审美为核心,意味着艺术教育课程内容是美的、合乎感性的。这就要求艺术教育课程必须为受教育者提供适合其生理、心理发展的阶段性特征的艺术品,使教育者和受教育者在欣赏艺术品的过程中感受到自身的感性生命活动的自由,感受到生命自身的乐趣。同时,艺术教育课程的内容还必须在感性的形式之中蕴涵丰富的社会生活的内容和意象,蕴含丰富的精神内容。美是理念的感性显现。在感性显现的背后必须有丰富而深刻的精神诉求,才可以构成完美的精神形式,使受教育者获得丰富的审美情感体验。再次,以审美为核心,意味着艺术教育课程中的艺术欣赏与创造必须升华到审美范畴(审美价值类型)的高度。审美范畴是美学价值追求的最高结晶,是对美学知识的高度抽象的表述;但在艺术中,审美范畴以感性的形式存在,以艺术家和欣赏者能够感知得到,但不能形成准确、完整的理论语言的方式存在,以不能抽象也无须抽象为明确的范畴的方式存在。审美范畴在艺术中的存在,如镜中花、如水中月,可赏玩而不可把玩;如菜肴中的盐、如水中的蜂蜜,可品味而不能触碰。因此,美育中的艺术欣赏与创造升华到审美范畴

---

① 张莹莹:《以审美为核心了吗?——有关《义务教育音乐课程标准(2011版)》的讨论》,《中国音乐教育》,2013年第9期。第4—7页。

是感知中的升华,是情感体验中的升华,是感性形式中的升华。美育的艺术教育层面的工作,如果只局限于艺术的形式或艺术的内容,不能在引导受教育者在审美兴趣和审美情感中产生审美高峰体验,不能意会审美范畴,就是买椟还珠之举;如果把审美范畴直接讲授给受教育者,把美育变成美学知识教育,就把美育变成了焚琴煮鹤。在美育工作中,应当尽量远离这两种倾向。

美育学科中,美学是维系美育学科的灵魂和理论核心,艺术学是美育学科的骨架和肌肉,教育学是美育学科实践的方法和原则。美学、艺术学、教育学三大学科分工协作,交互影响,在美育实践中生成为一个开放的、充满活力的学科系统。

思 考 题

1. 简述什么是美育。
2. 简述美育的学科性质。
3. 结合我国美育实践,简述艺术学在我国美育中的角色与作用。
4. 美学在美育中的作用是什么?
5. 教育学在美育中的作用是什么?
6. 结合智育、德育和体育,叙述美育的特点。

第三章 美育的任务

对"美"的不懈追求和探索推动着人类向着更好的方向不断前进,人类也正是按照美的规律在自我建设中实现自我发展。美育以其特殊的方式吸引熏陶人,以其艺术的张力影响感染人,滋养人的心灵,培育人的品格,让人在美的感受中实现自身自由而全面的发展。

一方面,美育与德育、智育、体育三者相互融合、相互影响、相互促进,为推进素质教育而贡献力量。教育之目的在于促进人的德、智、体、美协调发展,美的教育可以使人的内在与外在和谐统一,最终实现人的全面发展。

另一方面,美育承担着涵养人的心性、完善人的品格、促进社会和谐的作用。通过美的教育,让人在愉悦中陶冶情操,丰富情感,让人的心性境界得以提升,使人的品格得以完善,追求高尚的人生目标,不断促进国家兴旺,民族振兴。

此外,美育还帮助人们树立正确的审美观,提升人的审美能力和创造力,最终为实现人的全面发展和促进社会健康、和谐、有序发展提供不竭动力。

第一节 美育与德育、智育、体育的关系

美育,是按照"美"的标准培养人的形象化情感的教育,能促进人的感性与理性协调发展,培养完美人性。美育与德育的融合实现寓美于德,德美双馨;美育与智育的融合达到以美启智,智美和鸣;美育与体育的融合实现美健双生,身心兼修。将美育融入德育、智育、体育之中,相互补充,相互促进,极大地提升了现代教育的品质,使教育真正成为培养"求真、向善、尚美、健体"的一代新人的整体育人活动。

一、美育与德育:寓美于德,德美双馨

2014年4月教育部下发的《教育部关于全面深化课程改革 落实立德树人根本任务的意见》(以下简称《意见》)提出:"立德树人是发展中国特色社会主义教育事业的核心所在,是培养德智体美全面发展的社会主义建设者和接班人的本质要求"。如何让美育为"立德树人"提供动力?这需要寻找美育与德育的契合点,并厘清美育与德育的关系。

德育是灵魂教育,是培育人的正确的世界观和价值观,通过"修己之身"来达到积极向上、向善的行为目的,是解决人的发展方向问题。德育的核心是将社会的主流价值观内化为人的精神追求,外化为人的自觉行动,正如习近平在北京大学师生座谈会上指出:"核心价值观承载着一个民族、一个国家的精神追求,体现着一个社会评判是非曲直的价值标准。核心价值观其实就是一种德,既是个人的德,也是一种大德,是国家的德、社会的德"。因此,

德育带有强烈的社会属性,是以一定的社会规范引导人们的行为,让受教育者成为一个有道德的人,培养人的社会人格,最终能够按照社会的主流价值观和规范立身行事。

美育重在陶冶和培养人的感情,让人拥有审美修养,拥有审美的眼光,拥有创造美的能力。美育的价值追求是欣赏和创造美好事物,丰富人的情感,无论是在学习中,还是工作中,亦或生活中,都能拥有品鉴美的能力,从而让自己拥有健全的人格。

道德是法律的准绳,法律是道德的保障。因此,从某种意义上来说,德育是一种倾向于理性的教育,通过以往的社会规范和人们传统的认知理念,采用"晓之以理"的行为劝导,来提高人们的品德修养,它具有一定的规范性和强制性;而美育则是通过对美的对象的直觉体验与情感打动,以美育人,寓教于美,让人在审美愉悦中陶冶情操,发展个性,升华情感。

目前,我国经济水平在不断提升,但人们的思想道德素养并没有同步提升;同时,伴随着西方文化及价值观念的导入,冲击着我国传统的思想道德观念和社会主义价值观。正因如此,才迫切需要美育的融入,来强化德育的培养。美育具有培养和巩固优良道德情感的作用,同时优良的道德感情和行为,也能帮助人们的审美情感的提高。故而,美育与德育的相互融合,必然带来二者的质的提升。

首先,美育赋予德育以美感。美育中的诸多艺术形式和艺术手段,不仅可以丰富人的审美情感,而且可以融入德育,让德育更具美感,更具艺术,更具实效。德育中存有丰富的审美内容,既包括仪容仪表、言谈举止的外在美,也包括情感、心灵的内在美;既有诚实守信、谦和礼让的人际关系之美,也有崇高气节、高尚品德的浩然正气之美;有中华传统美德教育中的伦理与道德标准之美,也有古圣先贤"温、良、恭、俭、让"的修养之美。通过美育的艺术表现手法,不断引导人们感悟这些美,不断提升自身素养,提高自身道德水准,从而让德育由"悦目赏心"到"入情入心"。[①]

其次,美育赋予德育情感体验。情感包括理智感、道德感与美感,美育作为情感教育,在发展美感的同时,也发展着人们的理智感和道德感。例如,对自然环境的保护,对优美景物的欣赏和陶醉,对人的真诚和蔼,对国家的热爱与责任感等。在德育工作中,不仅要"晓之以理",还要"动之以情",以理服人,以情动人,令人感动的教育才可谓是真正的教育;德、美互促,情、理交融,才能实现真正的教育目的。[②]

最后,美育与德育休戚共生。从教育性质上看,美育偏向于发展个性人格,注重创新;德育则偏向于对善的行为判断、培养社会人格,注重现实的规范教育。从实施方法上看,美育具有明显的情感性、形象性、艺术性,在一系列的艺术审美中,使受教育者的思想情感和审美能力得到表现与升华;德育则主要通过言明大义,以理服人,注重发展受教育者的意志约束力。从实践效果上看,美育重在培养人的丰富情感,提高审美能力,激发创造力;德育则重在磨炼人的意志,提高人的社会责任感与义务感。

综上所述,美育与德育二者互融互促、相辅相成。美育与德育都是关于人的思想情感和道德品质的教育,美育对德育的融入,使德育不仅是提升素质的教育,而且是颇具艺术的教育,通过美的陶冶,唤起和点燃人内心所有的美与善,这是一种令人愉悦、沁人心脾、无须强制的德育方式,也是美育对德育的价值所在。德育引进美育的艺术形式和情感体验,可以极

---

① 顾颉:《论美育与各育的关系与融合》,《理论视野》,2016年第10期。第5—7页。
② 冷庆丰:《美育在高校人才培养中的定位、功能及实现途径》,《艺术百家》,2014年第3期。

大地克服道德的枯燥和抽象说教的弊端,让德育更具艺术性和接纳性,从而让人们在不知不觉中接受良好的道德观念。

二、美育与智育:以美启智,智美和鸣

美育与智育相通相融,却又各自独具蹊径,只有不断挖掘不同学科所蕴含的丰富美育资源,充分发挥语文、历史等人文学科的美育功能;不断深入挖掘数学、物理等自然学科中的美育价值,让美育与智育不断深入融合,让美育成为开启智慧的密钥,让智育为美育提供不竭的发展动力,才能为智育与美育的发展指明方向。

从根本上讲,智育的主要作用是探索物质世界存在与发展的规律以及人类社会与自然的内在联系,从而为人类发展提供必要的精神和物质条件;美育是美学与教育相结合的产物,其主要作用是对受教育者进行美学理论和美学知识的教育,以此来提高人们的美学素养和审美能力,从而让美育从人文学科和自然学科中开发出更高、更深的智慧。美育与智育相互作用,相互影响,一方面智育是美育的基础,没有文化知识作为铺垫谈美育将是空中楼阁;另一方面,美育对智育又有着巨大的支持、促进和启迪作用,有人称美育为"智慧的风帆"。

首先,美育在"求美",智育在"求真"。"美"以"真"为基础,"真"以"美"为动力,不真则不美,不美则不求。将美育融入智育中,以美启智,才能让智育收获事半功倍之效。正因为审美者具备一定的美学知识和美学理论,才能够从美的欣赏中开创出智的能力。如从贝多芬的交响乐中领悟音符的智慧;从达·芬奇的《蒙娜丽莎》之美体悟西方艺术的智慧;从莎士比亚的戏剧美中寻找生活的智慧。当智育融入美育,那些蕴涵在科学理论中的"理性美"便能够在欢快、愉悦的气氛中被认知。

其次,美育重在"情",智育重在"知"。情、知相辅相成,情感和认知是人类的两大心理活动,积极的情感对认知具有启动、维持、促进的作用,相当于认知活动的"动力系统"。诚如苏霍姆林斯基所言:"我一千次地确信,没有一条富有诗意的、感情的和审美的清泉,就不可能有学生全面的智力发展。"[①]因此,美育给受教育者以强烈的情感体验,激发受教育者的求知欲望、学习兴趣,极大地促进了智育的效果。例如,"横看成岭侧成峰,远近高低各不同",是以美育的艺术描绘,展现出大自然的真实、奇妙;"问渠哪得清如许,为有源头活水来",是将生活的真谛以艺术之法轻松地加以阐释。

最后,美育强调"想象",智育强调"创造"。美育以其独特的形象性和情感性提升受教育者的想象力,并为其开启智慧之门;智育的一个重要目标是培养人的创造能力,但是创造力的培养单单依靠智育是无法完成的。伟大的发明家爱迪生曾经说:"美引起了我的想象。"爱因斯坦也曾说:"美照亮了我的道路"。想象力以发散性思维为依托,为创造力的培养提供了必须的思维条件和源源不断的动力基础;创造力借助对美的不懈追求,引发各种各样的想象和联想,提升创造的欲望。

从一定程度上来看,没有想象力就没有人的创造力,正是因为人的无限想象力才为创造力提供了源泉,激发人们对探索未知领域的兴趣和灵感,从这一点上来说,美育可谓是创造之父,是智育不可或缺的有力支撑。正因为看到蜻蜓展翅的美丽,才激发了人们对翱翔天空的想象,从而有了飞机的问世;看到鱼翔浅底的自由,便促使人们产生了探索海洋的无限兴

[①] [苏]苏霍姆林斯基:《给教师的建议》,肖勇译,长沙:湖南教育科学出版社,1983年版。第161页。

趣,从而有了航海工具的迭代更新。

人人都应怀着爱美之心和发现美的眼睛来看待生活,态度、情感和价值观不仅是美育的目标,同时也是智育的宗旨所在。将美育主动、自然地融入智育之中,这不仅是求知的过程,也是审美的过程;不仅需要丰富的想象,更需要脚踏实地的务实创造,二者有机结合,才能以美益智,完善自我。

综上所述,美育与智育相融相通,琴瑟和鸣。由于美的情感作用带来的人们对美的无限渴求与追寻,开启了智慧的闸门,不断指引着人们去探索未知的领域,寻找宇宙的奥秘,从而加深对世界的认知,促进智育的发展。由于认知的不断扩展,人们的潜能不断得到挖掘,从而创造出越来越多的物质文明,物质的丰盈引发更广阔的联想,从而也为美育提供了基本的物质条件。因此,美育与智慧二者密不可分,相互作用,共同发展。

三、美育与体育:美健双生,身心兼修

对美的追求是人类的天性,体育中蕴藏着丰富的审美因素,体育能给人带来美的享受。然而,现代体育却唯独缺少的就是"美",仅仅将体育的作用看成是强身健体或为了取得某种竞技比赛而对生理指标的严格控制,殊不知体育中的美令人陶醉和神往。

体育应该注重身与心的协调发展,如果将体育中的美剥离掉,只是一味地机械模仿和练习,忽视了人的身与心的统一性,这样的体育肯定是不受人们青睐的。因此,将美育融入体育,还体育本应有的丰富多样性,将体育中的美的享受带给人们,从而实现身心兼修的目的。

首先,美育与体育的融合,可以达到美健双生的目标。美育与体育的关系表现在,健康是美的基础,美是健康的体现,二者互为依托。体育不仅是锻炼身体的重要手段,也是人类美化自身的必要手段。我国古代东周时期提出的"六艺"教育,其中的"射""御"就属于今天的体育课程。

体育是人类全面发展的教育的重要组成部分,与德育、智育、美育相比较,体育更多的是强调身体的康健。而人类的一切活动的基础是首先拥有健康的身体。通过参加体育活动,让自己拥有一个健硕的体魄,在此基础上融入审美元素,形成健康且具审美的体形,从而让自己能够在一系列的社会活动中都能赢得他人的赞许。

通过体育活动和锻炼,一方面可以促进人的身体健康,另一方面可以使人与自然规律相契合,让人体机能符合自然规律的运动,从而达到人体健与美的协调统一。

其次,美育与体育的融合,可以实现身与心的统一。人的健康包括两方面内容,一是生理方面,即身体的健康;一是心理方面,即内在的心理的健康。长久以来,我国体育一直受到"身心二元论"以及"传统生物体育观"的影响,过分强调身体的锻炼,而忽视了内心的发展,从而割裂了身、心的统一。

然而,在教育的实践过程中,体育必然包含德育、智育和美育的因素,它们是有机结合的一体,不能决然地分开。日本体育心理学专家松井三雄说:"体育不是有别于精神的身体教育,它是包括身体在内的人的全面教育。"①我们在突出体育对身体发展的独特作用的同时,更应该重视身心发展的联系。

把促进人们的精神发展自觉地当作体育的功能,这是现代教育对体育的要求。正因如

---

① [日]松井三雄:《体育心理学》,杨宗义、张春等译。北京,人民体育出版社,1985年版。

此,将美育中的诸多美学因素融入现代体育活动中,在完成强身健体的目标同时,逐渐增强内心的审美情感,让心灵能够得到憩息和涤荡,从而达到身的康健和心的澄明,实现身与心的统一。

最后,美育与体育的融合,可以塑造完美之人。体育主要是以身体活动为主,促进人的全面发展;美育主要以情感活动为主,促进人的全面发展。随着社会的不断进步,体育与美育的结合越来越紧密,美育中的艺术表现手法为体育的多样性发展提供了动力源泉。像自由体操、艺术体操、花样滑冰、花样游泳、健美操等运动,这些寓美于体、寓艺于体的活动,已经使我们很难分清它们究竟是属于体育,还是艺术。

当艺术融入体育,当美育精神融入体育精神,不仅演绎出优美的运动形态、健美的体魄,更表现出一种外在与内在的统一,健、力、形、神的和谐,以及一种挑战自我,奋勇拼搏,永远追求"更快、更高、更强"的强者精神。[①]

健硕的身体可以促进人的心理健康发展,愉悦的心理活动更能保障人的身体健康发展。在追求美学艺术中,培养健美的体态,感受体育之美;在体育运动中感受美的陶冶,不断提升感受美、欣赏美和创造美的能力。当健美的体态和绝美的心灵集于一身,我们可以称之为完美。因此,美育与体育的结合,既可促进人的形体和心灵的共同发展,又能实现人的外在美和内在美的和谐统一,从而塑造完美之人。

综上所述,美育与体育相互交织、密不可分,体育与美育的融合形成了体育审美教育,这是一种多元的、综合的、全面的、发展的体育观。它强调在体育过程中,通过培养人们认识和体会体育运动中的美,从中体验到运动的乐趣,增强人们参与体育运动的动机,促进人们身心和谐发展,进而树立终身体育、终身健身的理念,养成坚持体育锻炼的习惯,将促进人们全面、自由、和谐的发展作为终极追求。

第二节　美育的特殊使命

美育与德育、智育、体育一起承担着促进人的人格完善、社会的和谐发展乃至国家和人类进步的重要作用。作为以"美"为核心的教育,美育承担着特殊的使命。

一、美育成为素质教育的保障

曾几何时,我们受国外教育思想、现实社会需求以及当时国内环境的影响,不得已而采取统一教材、统一教育方式、统一评定标准的教育模式,造就了一批思维模式相对固定、缺乏创新的学子。然而,随着社会经济的快速发展,尤其是进入新时期,信息技术的发展与带动,知识经济一跃成为新的经济发展的主流。同时,随着经济全球化的加剧,国与国之间进行综合国力的竞争,对人才、教育、知识、创新的要求也在加剧。正是在这样的形势下,时代要求必须实行素质教育,以此来培养更多优秀的、专业的、具有创新精神的时代精英。

素质教育是以提高人的内在素质为目的实施的多种教育实践活动。素质教育以人为主体,以培养适应社会生存、生活和发展需要的、具有较好的心理、生理特质、较高的能力与品格素养的人的教育。素质教育所强调的是德、智、体、美全面发展,实现人自身的全面解放和

---

① 顾颉:《论美育与各育的关系与融合》,《理论视野》2016年第10期,第5—7页。

精神的真正自由。

美育作为素质教育的重要组成部分,对素质教育的实施起着至关重要的作用。在本章第一节已经将美育与德育、智育、体育三者之间的关系进行了详细阐述,可以毫不夸张地说,美育是各育发展所必需的基础,也是实施素质教育的关键,因此必须强化美育的作用。

德育、智育、体育、美育是教育不可或缺的内容。鲁迅先生曾对美育有这样的评价:"美育可以辅翼道德。美术之目的虽与道德不尽符,然其力足以渊邃人之性情,崇高人之好尚,亦可辅道德以为治"。① 在鲁迅先生看来,美育可以培养人的良好性情,让人拥有高尚的道德情操,因此美育是可以统摄德育的。

美育既是审美教育,也是艺术教育。当代美学家李泽厚认为:"审美可以成为自由直观(认识)、自由意志(道德)的钥匙。"②在李泽厚先生看来,要用审美的眼光看待人的认识(智育)、人的道德(德育)。在当前,素质教育的呼声一浪高过一浪,在倡导素质教育的时代背景下美育的作用越来越为人们所认识。素质教育所讲的能力,除过去所讲的体力和智力外,还包括非智力因素,如情感力、意志力、理想力、信念力、道德力,以及想象力、洞察力等,其中很多内容都是美育的重要范畴。

然而,遗憾的是,在很长一段时间内,我国的教育所倡导的是德、智、体全面发展,将美育的作用抛出九霄云外,甚至把美育当作不健康的东西剔除出学校教育的视野,正是这些对美育作用的漠视,才造成了我国教育的畸形发展与尴尬境地。

值得庆幸的是,一些"情感教育论"者抓住了美育的重要特性,看到了美育区别于德育及智育的以美的形象性为手段唤起被教育者内在情感达到教育之目的的独特性,这一举动触及了美育的内质——情感教育。

情感教育旨在唤醒人类内心深处的情感,情感性是美育的另一个重要方面。我们知道,美是人类在社会实践中通过对自然和社会的改造,体悟到自身本质力量的伟大从而产生的令人心旷神怡的情感感受。美以真、善为基础,以自然、和谐为形式,唤醒的是人自身情感的深切体验与愉悦,给自身以莫大的精神慰藉与享受,因而美育的最大特性是情感性。

情感性是人类对美的认识的高度概括和凝练,是美的最高形式。美育必须以情感教育为根本,以提高受教育者的鉴赏力、审美力为目的,唤醒和强化受教育者的审美情感,形成和谐完善人格。

与此同时,在情感教育之外,美育还肩负有传授被教育对象审美知识与提高其审美能力的任务,同时,美育所特有的形象性等形式在教育手段上也应该成为素质教育的重要方面,即美育既在内容上也在形式上被现代教育赋予了神圣的使命。

素质教育剔除了应试教育的种种弊端,面对社会对人才需求的变化,面对实现伟大中国梦的理想,面对实现人的解放与自由,我们呼唤素质教育的回归。而素质教育中,美育与德育、智育、体育既相互影响,又相互依赖,从而形成密切而相互促进的关系,支撑着素质教育的大厦。

可以说,美育为素质教育的实施提供了别致而高效的利器,正如李泽厚先生在《美的历程》中写道:"美作为感性与理性,形式与内容,真与善,合规律性与合目的性的统一,与人性

---

① 鲁迅:《鲁迅全集(第七卷)》,北京,人民文学出版社,1963年版。第273页。
② 李泽厚:《李泽厚哲学美学文选》,长沙,湖南人民出版社,1985年版。第176页。

一样,是人类历史的伟大成果。"①美育能够得天独厚地融入德育、智育、体育,不仅极大地改变了"三育"的品质,也极大地提升了素质教育的成效,从而让教育真正成为培养"求真、向善、尚美、健体"的一代新人的整体育人活动。

二、美育肩负着完整人的塑造

美育是以铸造人的完美人格为核心目标,以人的全面能力发展和自主性、创造性能力培养为旨归,实现人与自然、社会的和谐发展和人类自身可持续发展为终极追求的教育实践活动。

人是万物之灵长,是世间最为宝贵的财富。人与动物的根本差异在于人的情感,对世间万物的审美与感知;人之所以为人,就在于人类能够获得让自身不断发展、进步的智慧,从而塑造完美的自我。由此可见,对人自身的重视是社会进步的重要表现。

实现自由而全面的发展,是人类社会不断发展演进的过程中始终如一追求的目标,是在不断的社会实践过程中坚持自我建设、自我发展、自我完善的过程。马克思主义人学理论揭示了人类社会发展的一般规律,把人的自由全面发展视为历史发展演进的过程,阐释了人自由而全面发展的内涵规律。

人类通过接受教育和自我实践的认知,来获得自身发展所需的一切,从而不断地塑造自我,完善自我。然而,随着社会经济的发展,社会竞争的加剧,使得人们普遍存在生活压力大,心理承受力低的现象,从而产生情绪焦躁、忧虑、苦闷等心理失衡现象,严重阻碍人的自由和发展。正因如此,需要借助美育的力量,以情感丰富人的心灵,以艺术启迪人的智慧,以审美培养人的情操。

美育作为教育的重要组成部分,自然要肩负起人的全面发展的教育目的或培养目标。人的全面发展包含完善的人格、健康的心理、健全的智力及能力、健康的体魄等,从这一意义上说,美育又承担着塑造完整人的使命。

1. 美育以情感丰富人的心灵

美育的核心是"情感",同时美育作为一种教育的特殊内容和形式,"它通过借助美的形象的教育手段(包括自然美、社会美和艺术美)达到培养人的崇高情感的目的"②。古希腊哲学家柏拉图说:"拿美来浸润心灵,并很快地把它们吸收到心灵里,作为滋养,因此自己性格也变得高尚优美。"③借助于情感体验,可以使人从内心真诚地、自发地实践道德的善,从这个意义讲,美是一种内在的道德、自觉的规范。

美育正是按照"美"的标准来培养人的情感,美的特质是和谐、有序、愉悦,情感的培养既能丰富人的心灵,又能帮助人们拓宽胸襟,舒展精神,以饱含深情的眼光对待身边的人和事,会给人一种平和的心境,愉悦的心情,在处理问题上则会更加周全、豁达与明智。同时,美还会带给人们一种超越时空限制、超越自我束缚,追求生命永恒与精神自由之无限魅力的愉快。

2. 美育以艺术启迪人的智慧

---

① 李泽厚:《美的历程》,北京,中国社会科学出版社,1989年版。第139页。
② 曾繁仁:《走向21世纪的审美教育》,西安,陕西师范大学出版社,2002年版。第10页。
③ [古希腊]柏拉图:《理想国》,北京,商务印书馆,1986年版。第318页。

艺术教育是美育的一个重要范畴,用艺术的形式或手法传递美育的理念,将美育与智育、德育、体育等融合,让人们以一种非常唯美的、颇具艺术的表现接受教育,从而获得更多智慧,这就是美育的魅力之所在。

人从低级需要的满足到高级境界的建立就是人自身不断完善的过程。通过艺术欣赏活动,可以激发和陶冶情感,培养对美的感受能力、观察能力和想象创造能力。通过对艺术的鉴赏、品读和琢磨,体悟能力提高了,眼界解放了,内心澄澈了,智慧自然就有了。

当用一双寻美的眼光看待生活,会发现人生世相的丰富华严,会发觉生活的美好,也会觉得人生有意义、有价值、有趣味,使人们不断地充满对待生活的信心和热爱生命的爱心。强化美育的艺术表现形式,不断培养完善人格,在人的自我发展中增长智慧、开阔视野,才是真美育的重要标志。

3. 美育以审美培养人的情操

美育是以一定的审美观念为标准,通过提升人的审美能力来培养人的高尚道德情操。对美的追求是人类活动的永恒话题,只有具备一定的审美能力,才能获得对美的把控,也才能获得美带来的愉悦。只有审美的高级需求的满足,人才有一种超脱生命束缚的快慰,生命才有了不同凡响的价值意义,而对美的追求的过程,既是审美的过程,也是培养人的高尚情操的过程。

高尚的道德情操是塑造完整人的必要条件之一,培养人的审美能力是美育的重要任务。在知识经济已成为发展主流的今天,自然科学固然被给予了更多关注与投入,然而,人文科学在社会经济发展中的作用却不容小觑,人文理念与人文精神需要借助美育的平台改变其不受重视的状况,将审美理念付诸大胆的现实实践,以高尚的情操去体味人文精神与美学理想的创造力,以及其在经济时代独具的价值意义。

近代美学家、思想家王国维在其 1906 年发表的《论教育之宗旨》一文中提出了教育的目的在于培养身体与精神之能力相统一的"完全之人物",倡导人的全面发展,开启了中国近代美育的先河。实现伟大的中国梦需要人文科学,需要实现人的全面发展,需要美育。美育是实现人的创造精神的源泉,是培养更多创新天才的动力,更是实现人的自由发展的良药。

三、美育决定着人类生活的品质

如果说实施素质教育是为了获得人的全面发展,那么塑造"完全之人"归根结底是为了生活品质的全面提升。人是社会的人,人的生存需要基本的物质条件,人的发展则需要有足够的精神动力做支撑。美育本身所蕴含的情感性、艺术性和审美性,将人们的生活由简单地追求物质提升到对生活艺术、生活品位的追求,能极大地促进人类生活品质的提高。

应该说,美育的实施在一定程度上打破了艺术与生活的界限,以艺术的精神与风格来改造和美化生活,使得现代社会华丽光鲜的外表、琳琅满目的商品,以及优美的工作、居住、消费环境成为日常生活中实实在在可以看到、听到和触碰到的现实。尤其是知识经济时代的到来,文化产业蓬勃发展,艺术创意与艺术设计向工业、服务业等产业广泛渗透,这一切正是由于美育的发展对现实生活所产生的积极影响。

美育的审美观念和艺术表现影响着人们的衣、食、住、行以及生活的诸多方面,这主要体现在:美育对物质产品的审美、美育对生活空间的营造、美育对商品文化及其美学价值的解读以及美育对生活环境的审视。

1. 美育对物质产品的审美

人们的生存和发展需要物质层面的支撑和维系,没有物质的生活便不能称之为生活。对物质产品的审美,贯穿着人们生产、生活的始终,只是在物质产品较为匮乏的时期,尤为注重产品的实用功能,而降低了对产品的审美,生活的艺术化只存在于特权阶层的少数群体中。例如,服饰本应是使用功能与审美功能的统一,对于贫穷的人来说衣服只是用来遮体御寒,而对于较为富有的贵族而言,衣服不仅要具备保暖御寒的功能,而且要具有欣赏的美的价值。

进入新时期,社会经济的快速发展使得人们的物质生活条件得到极大的改善,物质文明的高度发达与精神文明的相对滞后成为现阶段的主要矛盾。与此同时,人们对物质的需求已由单一的使用功能转向产品的审美功能,从而获得审美带来的精神的愉悦,在此过程中,美育恰好为器物的审美提供了理论基础。因此可以说,美育引导着人们对物质产品的审美。

2. 美育对生活空间的营造

生活空间是人类日常生活最重要的组成部分,从一定意义上讲,对生活空间的审美也是对生活的审美。

家是私密的生活空间,也是放松身心的港湾;公园、广场、购物中心等是公共生活的空间。舒适惬意的生活空间成为人们向往的生活乐园,因此无论是私密生活空间,还是公共生活空间,美育都承载着营造美好生活空间的使命,这既是社会经济发展的结果,也是人自身发展的需要。

温馨、雅致且富有诗意的生活空间,不仅可以让身体得到最大限度的解脱,更可以让心灵得以酣畅淋漓的憩息。身心的愉悦,不仅可以让人以积极的心态面对工作、学习和生活的压力,更可以让人充分感受生活的美好,体会人生的乐趣,领悟生命的意义。

3. 美育对商品文化及其美学价值的解读

随着商品经济的深入发展和市场竞争的不断升温,美这个原本在一般人头脑中只是一个难以触摸的概念性的词,悄然地作为商品的内涵和外显一跃成了经济发展的重要组织部分。

一种商品的背后必然带有一定的文化符号和价值观念,正是这种符号和观念引导着人们的消费理念。随着人们审美意识的提升和对美的不懈追求,人们由最开始对商品实用价值的关注延伸到对商品文化内涵及其美学价值的青睐。

知识经济时代要求赋予商品更多的文化价值和美学价值,在此理念的推动下,商品文化与商品的美学价值已大有超越商品使用价值的趋势。人们对品牌的认可从一个侧面反映了人们审美观念和消费理念的变化,不可否认,名牌产品价格与价值的难以平衡正是美的价值意义的展现的必然结果。

通过赋予商品文化价值和美学价值,使商品价值高出其使用价值,既是经济发展的要求,也是美育在人们生活中作用意义提升的一个极好的阐释……

4. 美育对生活环境的审视

美的环境不仅可以让人心情舒畅,而且还能陶冶人的情操。现如今,环境对人类生产生活发挥着越来越重要的作用,良好的环境可以营造良好的生活氛围,而生活环境直接影响着人们的生活品质。

美育视角下的生活环境的构建,让人们的生活焕然一新。习近平总书记提出的"绿水青山就是金山银山"①,更道出了环境的重要作用。我们经历过以牺牲环境换取纯粹的经济增长,现在正在承受被雾霾笼罩的生活环境带来的痛苦;以往城市规划与建筑设计对美的忽视现受到了来自社会各方的责难,人们都开始关心起周围市容市貌的和谐与优美;屡禁不止的食品安全事件严重威胁人们的健康,人们开始反思商道的意义所在。

洁净的空气令人心爽,优美的风景让人心怡,安全的饮食令人心安。用艺术的手法改造环境,用深邃的情感呵护环境,用审美的眼光享受环境,这正是美育对生活环境审视的意义所在。

四、美育促进和谐社会的构建

人是社会的人,是社会的组成单位,每个人都不可能脱离社会而独立存在,每个人都是一定的社会、时代、历史与文化的产物。

人生活在社会中,需要按照一定的社会规则开展活动,社会规则不以个人意志为转移,具有强制性和不可抗拒性,这就是"法"的作用;社会的和谐则需要每个人按照一定的"序"建立起人与人之间的关系,这种"序"是每个人源自内心的顺从,这就是"德"的作用。

美育正是架构起法与德的桥梁,从而让社会能够按照一定的秩序健康、和谐地发展。一方面,美育对道德具有催化的作用能够充分发挥道德的约束性,维护社会的稳定与和谐;另一方面,美育与法律的融汇可以让感性与理性有机结合,保障社会健康、有序地发展。此外,美育还能够促进人与自然的和谐,推动人与自然共同发展,从而实现可持续发展。

首先,美育有对道德的催化作用。这从占据中华民族正统地位、为中华民族数千年的文明传承与发展和较为和谐的社会环境的建立打下了坚实基础的儒家道德思想可以看出。儒家在思想道德规范的建立上创造性地发展和挖掘了美育的育化作用,"乐"是其实现道德育化,培育好的道德人格的利器。

其次,美育与法律的融汇让感性与理性有机结合。席勒在其《美育书简》中提出"人类的和谐必须使人类所具有的感性与理性有机结合:感性脱离理性使人变成动物;理性脱离感性使人变得僵死。"②

物质世界的发展与物质财富支配人的思想、观念、地位以来,尤其随着经济发展的高速运行和社会竞争的加剧,道德规范受到了来自物质利益世界的巨大挑战,物本位的膨胀与人本位的丢失是一段时期以来国家、社会在美育上的忽视与人们审美情感贫乏的必然结果。

历史的实践证明,物、欲、道德之间的衔接需要美育加以疏导,需要美的情感在人们的精神中不断深入地发挥缓释、化育的作用,由个体人格完善为基础达到稳定、完善社会秩序的目的,"诗可以群",即审美可以培养人的群体意识。因而,在人的成长中,在和谐社会的建构中不可忽视美育的作用。

最后,美育促进人与自然和谐相处。人类社会要发展,既要有人与人、人与社会的和谐,更要有人与自然的和谐,这是人类社会可持续发展的圭臬。

大自然本身的存在就蕴含着内在美的规定性与进化的合理性,有着存在与持续发展的

---

① 2005年8月,时任浙江省委书记的习近平同志在浙江湖州安吉考察时提出。
② [德]席勒:《美育书简》,见《缪灵珠美学译文集(第二卷)》,北京,中国人民大学出版社,1998年版。第116页。

内在规定,在人与自然的和谐相处中,人必须积极了解、发现、适应和促进自然的本质,用美的眼光欣赏、赞美、营造和谐的人与自然的环境。因人类眼前利益无止境地破坏人与自然的和谐共存,是无知者的愚蠢行径,终将为人类过早地掘下坟墓。

因此,为了人与自然的和谐相处,为了重建我国上千年追求的"天人合一"的理想境界,强化全社会的审美能力与审美意识是一条极为重要的途径,这个伟大的使命也只能由美育来完成。

第三节　美育的具体任务

美育的具体任务不同于德育、智育、体育的任务,前人阐述中的"培养起对于美的爱好"(柏拉图)、"培养我们感性和精神力量的整体达到尽可能和谐"(席勒)、"以陶养感情为目的"(蔡元培)都是对美育的独特目标与作用的强调。它包括三个主要方面:一是树立正确的审美观,二是塑造高尚人格,三是提高审美能力。

一、树立正确的审美观

美是客观事物在人们心目中引起的令人心情舒畅的愉悦感受;审美观是审美主体对美的总体看法,就是从审美的角度看待周围的一切,是世界观的重要组成部分。正确的审美观不仅有助于人们树立正确的世界观、人生观和价值观,同时有助于我们培养美的习惯,发现美的眼睛。

1. 美育引导人们树立正确的世界观、人生观和价值观

正确的世界观、人生观、价值观是人立足社会、开展活动的关键。用怎样的眼光认识世界?用怎样的态度看待人生?用怎样的方式对待价值?美育的关键就在这一列的问题中发挥作用。

在美育中,以审美的目光感悟世界之美,热爱自然,热爱人生,热爱我们身边的人、事、物,以此引导人们树立正确的世界观;以积极的心态体味美的魅力,努力向上、追求卓越、开拓进取,帮助人们树立正确的人生观;以赠人玫瑰手有余香的豁达去追求美的和谐,奉献自我、服务社会、享受快乐,帮助人们树立正确的价值观。

2. 美育可以培养审美的习惯

法国雕塑大师罗丹说过:"美是到处都有的。不是缺少美,而是缺少发现美的眼睛。"这句话可谓一语中的,现实生活中真的能发现美的人少之又少,与其说是审美素养低下的必然表现,不如说是审美习惯的缺失,缺少审美的习惯也就让我们失去了对待生活所应有的态度,从而导致我们常说的"熟悉的地方没有风景"。

美育旨在通过感受美、鉴赏美、传递美、创造美等方面的审美体验,提升人们的审美素养,培养人们的审美习惯,从而使人们成长为"审美的人",拥有审美的习惯,拥有发现美的眼睛,拥有热爱美的生活。

3. 审美观与社会主义核心价值观的契合

美育所追求的理想境界是与社会政治理想密切联系在一起的。我们知道,审美观是在人类的社会实践中形成的,和政治、道德等其他意识形态有密切的关系,其时代性、民族性和阶级性的特征,要求我们必须树立与时代、民族和当代社会价值观相契合的审美观。

习近平总书记《在文艺工作座谈会上的讲话》中指出:"追求真善美是文艺的永恒价值。艺术的最高境界就是让人动心,让人们的灵魂经受洗礼,让人们发现自然的美、生活的美、心灵的美。我们要通过文艺作品传递真善美,传递向上、向善的价值观,引导人们增强道德判断力和道德荣誉感,向往和追求讲道德、尊道德、守道德的生活。只要中华民族一代接着一代追求真善美的道德境界,我们的民族就永远健康向上、永远充满希望。"①

由此可见,社会主义核心价值观对审美观的树立起着一定的导向作用,这是时代发展的必然结果。美育不仅可以引导人们树立正确的价值取向,而且能够引导人们养成在学校、家庭、社会生活中注重追求真善美的思想境界,形成积极向上的生活态度,在不断努力拼搏、积极奉献中实现自身的价值。

二、塑造高尚的品格

品格的力量是无穷的,高尚的品格是一个人难能可贵的精神,它扎根于人的心灵,深刻影响着人的行为活动。"富贵不能淫,贫贱不能移,威武不能屈。"(《孟子·滕文公》)是我国古代一种高尚的道德品格,这是古代儒家美育思想的不朽功绩。

以形象为手段是美育的特质,这一特质决定了其能潜移默化地培养人们形成高尚的道德情操和道德品质。"人们的任何道德行为,均需发源于内心的指令,一切法律规范,只有当其成为人们内心的信仰和要求之后,才能在实践中付诸行动。"②高尚的品格是一种重要的精神力量,它对人的道德行为起着支撑作用,并产生积极的影响。

著名教育家苏霍姆林斯基曾指出:"美能磨砺人生,一个人如果从童年时期就受到美的教育,特别是读过一些好书,如果他善于感受并高度赞赏一切美好的事物,那么,很难设想,他会变成一个冷酷无情、卑鄙庸俗、贪淫好色之徒。"③这一观点强化了美育的功能——培育道德情操,塑造高尚品格。

用艺术的手法和审美的标准不断发现生活中的美好事物,以此来打动人的心灵,引起人的共鸣,激发人们向美的动力,并提升分辨美丑的能力和鉴赏美好事物的能力,实现思想的飞跃和道德的升华,从而实现塑造高尚品格、塑造完整之人的目的。

美育的理论向世人揭示美的秘密,给人平凡的内心赋予了超越庸常琐碎生活的无限启迪。

社会的进步是人类不断对真、善、美的探索过程。随着社会经济的发展和科技的日新月异,物质文明将会达到一定高度,而人类真正面临的艰巨任务便是如何运用美的规律和美的标准去改造自己的主观世界。

置身于物欲横流的大千世界,面对嘈嘈杂杂的人和事,唯有坚守内心的澄明,保持对美的追求和憧憬,才能在面对现实挤压时摆脱无聊和怠惰,才能拥有心灵的依托和平静。人类对真善的信仰和对美的尊崇必将解救人性于自私狭隘及功利的泥淖,实现人格的自由解放和精神完整。

进入新时代,人们必将在更高层次上、更广泛领域里追求美;更科学地按照美的规律来

---

① 习近平:《在文艺工作座谈会上的讲话》,人民日报,2014-10-15。
② 刘紫千:《浅谈美育与德育的关系》,《艺术教育》,2008年第3期。
③ 蔡汀、王义高、祖晶主编:《苏霍姆林斯基选集(五卷本)》,北京,教育科学出版社,2001年版。第887页。

改造客观世界和主观世界；更迫切地要求提高自己的精神境界和审美能力；更深入地认识、把握和有效地运用美的规律来完善自我。借着美育的东风，伴随着道德品格的提升和道德情操的升华，人类必将实现社会的和谐完善，实现物质文明和精神文明的高度发展。

总之，积极发挥美育的育人功能，积极引导人们在当今普遍浮躁的社会大背景下，能够怀着感恩、博爱、宽容、诚信的心态，为实现伟大的中国梦贡献自己的力量，争做脱离低级趣味，摆脱功利主义的，成为品格高尚、思想境界不断提升的人，从而实现全面发展的目标。

三、提升审美能力

美育的中心任务就是培养人们对美好事物的感知，从而提升审美能力。审美能力是人们在进行审美活动中所形成的对美的感知、体会和鉴赏的能力，是人类在审美活动中接受教育和训练的结果。

通过美的教育提升审美能力，不断拓展人们的思维能力，不断开阔人们的眼界和知识视野，不断启迪人的智慧，从而使人的潜能不断得到激发，不断为社会创造更多的物质财富和精神财富。

首先，提升审美感受能力。

审美的前提是对美的感受，因此，审美感受能力便成为审美能力的基础，只有先学会感受事物的美，才能逐步懂得鉴赏事物的美，进而体味事物的美，最终才能创造美的事物。

审美兴趣是提升审美感受力的关键，只有当美的事物引发人的兴趣后方有进一步了解、感受的欲望。如果一个人对任何事情都没有兴趣，也就缺少了最基本的感受力，那么再动听的音乐，再美妙的舞蹈，再浓郁的芬芳，再宜人的景色，对他来说都没有任何意义。因此，提升审美能力的关键在提升审美兴趣，根本在提升审美感受力。

审美感受力的提升主要通过两种途径获得。一方面，在日常审美实践活动中，提高捕捉美的能力，即审美观察力。任何事物都有两面性——好与坏、美与丑。只有善于发现身边的美，才能捕捉生活中的美，才能逐步懂得欣赏事物的美。另一方面，在美育活动中要端正审美态度。作为审美的主体，在进行审美活动时，不仅要充分调动自己的主观能动性去感受审美对象的美，而且还应能够随时将审美的情感从审美对象中抽离，用客观冷静的态度，分析看待审美对象。

其次，提升审美鉴赏能力。

懂得了感受事物的美是远远不够的，还应懂得欣赏和解读审美对象的美，即审美鉴赏力。审美鉴赏力是审美能力最重要的组成部分，判断一个人审美能力的高低、审美素养的强弱往往从审美鉴赏力入手。

一个人的审美鉴赏力水平代表着其在审美能力、审美素养、审美兴趣等方面的水平，也昭示着一个人在思维高度、文化底蕴、知识背景等方面的综合能力。审美鉴赏力的提升离不开美育实践活动，通过对名著、名画、名曲及名山大川的感受和体悟，深入了解其中的内涵，掌握其中的精髓，不断使自己的审美方式、审美兴趣和审美素养得到提升，才能使审美鉴赏力和审美境界以及思想境界得到提高。

同时，在审美实践活动中，建立全方位、立体化的评价体系，通过严格的标准来判断和衡量人们的审美能力，对于提高审美感受力、审美鉴赏力有着重要的意义。

最后，提升审美思维能力。

审美感受力和审美鉴赏力固然是审美能力的重要方面,但审美思维才是决定审美能力提升的重中之重,而提升审美思维能力,首先要开拓知识领域,鬼斧神工的自然景观、历史厚重的人文景观、琳琅满目的手工作品,这些都有助于开阔视野,丰富知识储备。

美无处不在,美无处不有。提升审美思维需要在审美的过程中引导人们掌握科学文化知识,习得社会生活经验,了解中华传统文化等。充分利用工作、学习、生活中的多种多样的教育内容,提升审美体验,拓展审美思维,才能提升审美能力。

在审美实践活动中,要潜移默化地激发人们主动学习的积极性,培养审美素养,树立审美理想,积极引导人们按照"美的规律"去建构审美方式和审美习惯,提升审美能力,促进自身的全面发展。

达尔文晚年回首自己的一生时曾感慨,由于30岁以后忽视了对绘画、音乐、诗歌等方面内容的关注,使得自己的思想变得禁锢,思维能力也有明显的减弱。达尔文的切身经历告诫我们"单一的、僵化的工作与生活会在一定程度上限制人的潜能的挖掘,制约了人的均衡发展"。[1]

总而言之,如果人们囿于传统的思维,只专注于专业知识的学习,而忽视审美能力的提升,可能会导致人们的审美素养、审美兴趣等方面的降低,还有可能影响专业理论知识的学习,甚至可能会制约智力的发展,无益于社会的发展,更无益于人类自身的全面发展。

四、培养创造力

美育的最终目的是培养人的审美创造能力,美育在人们追求科学真理、探索科学奥秘的过程中起着重要的推动作用,可以说人类社会的每一次进步都离不开人类对美的执着追求。

美育对中国特色社会主义事业的建设贡献着不朽的力量,同时也对人们智力的开发、创新能力的促进以及创造能力的培养等方面发挥着不可替代的重要作用。

1. 美育对智力的开发作用

在我们的生活实践中,美育总是以一种"润物细无声"的方式养育着人的情感,启发着人的智慧。通过树立正确的审美观,塑造高尚的品格,来提升审美能力,并以熏陶渐染的美育方式,使得人们在日常生活中逐渐培养具有审美的、智慧的、积极的情感,从而逐步成长为一个对社会有正向推动作用的、全面发展的人。

与此同时,通过培养人的审美兴趣和审美素养,让人具备发现美、鉴赏美的能力,从而让人在审美的愉悦中,懂得陶冶情操,懂得相互协助,懂得彼此欣赏,懂得分享喜悦。

美育正是以这种愉悦的、审美的方式拓展人们的视野,激发人们的想象力,开发人们的智力,从而推动人类社会的发展。

2. 美育对创造能力的培养

审美创造力是人类独具的能力,是审美主体在具备了一定的美育知识,掌握了一定的审美经验后,尝试遵循"美的规律"创造新的审美对象的能力。

人类的终极目标在于通过提升自身的能力,创造美好的未来,实现美好的人生理想。因此,美育的育人目标,必须坚持审美感受力-审美鉴赏力-审美创造力三位一体的审美培育思路。

---

[1] 范藻:《叩问意义之门:生命美学论纲》,成都,四川文艺出版社,2002年版。第78页。

从一定程度上来看,审美创造力需要具备一定的抽象思维和无限的想象力,借助艺术的审美,创造伟大的事业。达·芬奇将绘画与科学结合,创造出不朽的传奇;毛主席将诗歌与军事相结合,开创出中国的新局面;爱因斯坦十分推崇美育,他曾指出,相对论的诞生要感谢音乐为他提供了想象的空间和创造的激情。这毫无疑问地印证了美育对创造力的诱导、激励和启发的作用。

正是对美的憧憬使得人类不断地推动着科技的进步,探索着未知的世界,坚持着对真理的追求,不断地促进人类社会的大发展和大繁荣。在实现人的德、智、体、美全面发展的基础上,以美的形象培养人创造能力,以美的追求提升人的创造欲望,以美的心智开发人的创造潜能,以美的想象启迪人的创造智慧,不断创造出丰富的物质文明和精神文明,为实现伟大中国梦和建设社会主义现代化的国家贡献力量。

3. 美育对创新能力的促进

创新是推动人类社会向前发展的决定力量,一个没有创新能力的民族必将被世界所淘汰;一个没有创新能力的企业必将被时代所湮没,同样的,一个没有创新能力的人终究被社会所抛弃。

创新才能生存,创新才能发展,创新才能超越。新时代下,培养具有创新能力、创新思维的人才成为我国教育的首要任务。美育对教育的贡献,就在于通过培养人的善于发现美的思维和引发人的各种美的联想,从而引导人们对美的不懈追求,最终实现创新能力的提升和创新思维的拓展。

美育活动为人们提供了发挥主观能动性,敞开想象的翅膀,激发潜在的创新能力的机会。无数科学家和发明家用亲身实例向我们证明,丰富的想象力、大胆的联想力是推动科技进步的主要原因。

综上我们可以看出,一个人的创新能力是在理性思维和感性思维相互作用中,在逻辑思维和抽象思维的相互影响中提升的。

思 考 题

1. 简述美育与德育、智育、体育的关系。
2. 简述美育的特殊任务。
3. 简述美育的具体任务。

第四章 美育的范围

蔡元培先生在其《三十五年来中国之新文化》一书中提到："中国人是富于美感的民族"[①]。无论是在物质匮乏的古代，还是物资充盈的现代，人们从未放弃追寻美的脚步。可以说，人的一生是不断地学习美、探寻美、享受美的过程。自呱呱坠地，便开始了不断地学习，由跌跌撞撞的学步，到呢呢喃喃的说话；由天真烂漫，到成熟稳重；由懵懂无知，到满腹经纶。所谓"十年树木，百年树人"，正是基于此，我们一路走，一路学，并一路成长，这一切都离不开我们所受的教育，尤其是美育。

在塑造"完整之人"的过程中，环境对受教育者的影响是在不知不觉中产生的，而家庭、学校和社会三位一体构成了人的生存、生活和发展的环境，所以要充分发挥三者之间的联动机制，促进人的全面发展。同时，家庭、学校和社会，在为人们营造良好的美育文化环境中占据着重要的地位。

综上所述，实施美育必然要在家庭、学校和社会中进行，这三者可谓缺一不可。

第一节 家庭美育

人类的一切活动首先是从家庭开始的，家庭是一个人来到世界所接触的第一个场所，也是受影响最为深刻的地方。教育亦首先从家庭开始，即"家庭教育"，就是家长有意识地通过言传身教的方式和家庭生活的实践活动，向子女进行的具有教育意义的教育活动。家庭教育是一切教育的基础，家庭教育对一个人的思想观念、行为规范、道德水平的形成与发展有着不可替代的作用。良好的家庭环境和家庭氛围有利于人的思想道德素质、身心素质等方面的协调发展，有利于树立正确的审美理想，培养正确的审美价值观。正因如此，美育首先也是从家庭开始，即家庭美育。

家庭美育以培育家庭成员的仪表美、行为美、语言美和心灵美为主要内容，以家庭中的情感因素为媒介，通过家庭日常行为习惯的培养、家庭生活环境的打造和家庭成员审美兴趣的提升，使得家庭成员具备发现美、欣赏美和创造美的能力，进而塑造家庭成员高尚的品格，最终形成良好的家风、家教，实现人生价值，促进社会健康发展。

一、家庭美育的特征

家庭美育的教育场所是家庭，教育对象是家庭成员，他们之间是以血缘关系为纽带而凝

---

① 桂琴：《蔡元培学术文化随笔（第三册）》，北京，中国青年出版社，1996年版。第107页。

结成的亲情团体。同时,家庭成员之间进行彼此学习、借鉴,彼此影响,从而使家庭美育形成鲜明的特点:

1. 以情动人

家庭是美育的摇篮,因此家庭美育的最大特点就是"以情动人"。这是因为情感要素也是美育的要素,而情感是联结家庭成员之间的纽带,父母、兄弟、姐妹是人所接触的第一个群体,他们之间所特有的无法割裂的情感往往对其审美价值观产生积极的影响。

一方面父母通过对子女的关心、关爱,逐步升华了父母与子女之间的感情;另一方面,人们通过体味亲情的美好以及亲情所带来的愉悦感,为进一步塑造完美人格奠定了坚实的基础。

美育究其实质是一种情感的涤净升华,家庭美育对人的审美情感的形成影响最为深刻,正是充分利用家庭中固有的情感条件,特别是家庭生活中人性美、人情美、人格美的范例,对家庭成员施加最为深刻的审美影响,从而在情感的升华中培养审美情操,提升审美素养。

人区别于其他动物的根本标志是人具有感情,"以情动人"就是要培养人们丰富的思想感情。血缘的纽带将家庭成员牢牢牵扯在一起,形成特有的感情,在长年累月的磨合中升华彼此之间的情感,从而构成了人世间最为美妙的情感——亲情。与此同时,家庭成员之间的相互影响以及剪不断理还乱的人情关系,代代延续,代代传承,感动着一代又一代的人。

2. 以身正人

我们常说"上梁不正下梁歪",这句话道出了家庭美育中的榜样示范作用对塑造人格的重要性。"以身正人"就是要求在家庭中,作为父母的长辈一定要以身作则、率先垂范,以得体的行为、良好的心态、高尚的品格以及大度谦和的处事原则为晚辈子女树立正确的榜样,以准确的言行影响子女,让其在耳濡目染中培养起做人、做事的能力。

古语云:"其身正,不令而行,其身不正,虽令而不从"①。由此可见,以身正人首先要有正确的榜样,上行下效才能达到最佳教育效果。家庭是人生的起点,在一般情况下也是人生的终点,家庭教育可谓贯穿了人生的始终,家庭对人的影响也最为深刻。因此,父母正确的言传身教对孩子的健康成长和高尚情操的培养起着非常重要的作用。

以身正人重点强调了父母是子女的"榜样的力量",榜样是一面旗帜,能够指引人们前进的方向;榜样是一只号角,能够激励人们不断追求;榜样是一面镜子,能够映照出差距和不足。

这一方面要求家长必须具备较高的文化修养和优秀的人格品质,这样才能为子女树立学习的"榜样";另一方面家长又要让子女在与"榜样"的对照中发现自身的不足和缺陷,进而帮助其完善自我,获得进步,最终实现塑造完美人格的目的。

3. 以德树人

随着社会的不断进步,社会竞争愈演愈烈,人才之间的竞争越来越倾向于综合实力的竞争,人才的培养以及用人标准更是要求德才兼备,以德为先。孟子有云:"是以唯仁者宜在高位,不仁而在高位,是播其恶于众也。"②由此可见"德"的重要性。

美育与德育有着密切的联系,因此家庭美育必然与家庭德育有着不可分割的关系。塑

---

① 《论语·子路》
② 《孟子·仁政》

造高尚的思想品德,是人才成长和发展的关键,也是家庭美育的突出特点。父母是家庭美育的实施主体,父母的能力素养和观念意识对家庭教育的影响力不容小觑,从某种程度上来看,父母的道德水准决定了家庭的道德水平,同时影响着子女的思想道德建设。

因此,家庭美育要格外重视"德"的培养,坚持以德树人。好的品德不仅可以塑造美的品质,而且可以让人一生受用无穷,它就像一粒有生命的种子,终会让你品尝到成功的果实。

二、家庭美育的内容

家庭美育的主要内容就是通过对家庭成员在思想、品德、情操、性格、习惯、风度、语言、行为、体魄等方面的教育和培养,让其不仅拥有外在的形象美,更具有内在的心灵美,概括起来就是仪表美、行为美、语言美和心灵美。

第一,仪表美。家庭美育首先表现在仪表美,仪表美就是家庭成员通过一定的审美方式,在衣着服饰等个人外在形象方面符合美的标准,留给他人美的形象,带给他人愉悦的感受。

人的形象是内在气质和外在形象的结合,人的完美形象首先应该包括美好的外表,仪表则是一个人的外在美,对人们的形象起到自我标识、修饰弥补和包装外表的作用。仪表美从一定程度上反映出人的精神面貌和生活姿态,反映出一个人的内心世界,甚至可以映照出一个人对待生活、对待人生的态度。

仪表美对人们参与社会活动的作用尤为重要,它在很大程度上影响着一个人的社交活动的效果。心理学研究表明,人们比较重视与不相识的人第一次见面后所形成的直观感觉,而这种感觉的效果的优劣直接影响到交往的继续进行。

因此,家庭美育要重视仪表的培养,拥有端庄、整洁、美好的仪表,不仅可以给他人留下深刻而美好的第一印象,让人产生好感,而且可以为自己的社会活动打下良好而坚实的基础。

第二,行为美。家庭美育的另一重要方面就是行为美,通过对家庭成员在行为举止等方面的教育和培养,让其在一系列的社会实践活动中的所作所为符合社会道德要求,符合美的标准。

人的行为习惯受家庭环境的影响较为深刻,因此家庭美育要注重良好行为习惯的培养,通过言传身教和学习借鉴的方式,让家庭成员在为人处世过程中能够养成良好的行为习惯,这不仅有助于培养健康的生活方式,而且有益身心健康的发展,更有助于建立良好的社会人际关系。

如果说仪表美关注的是人的外在形象美,那么行为美注重的是人在社会活动以及人际关系交往中所体现出的合乎伦理道德的内容。行为美要求人的行为既是美的又是善的,人的行为多种多样,大体可分为及人、及己、及物、及事四类,但无论是哪种,凡是有益于社会、有益于人民的,积极的、正能量的且有助于历史发展,充分体现社会向前发展的行为,都可称之为行为美。

行为美的培养需要通过提高个人思想道德水平和完善个人品格修养来实现,我们有理由相信,一个心地善良、心存善念的人很难做出违背道德、违背伦理的事情。由此可见,行为美是心灵美的体现。

第三,语言美。语言是人类进行社会活动的媒介,是人际交往、沟通的关键,也是完成各项实践活动所必须借助的工具,不同时代、不同民族的人,其语言有不同的表现形式和表现形态,但都具有美的特质。

语言美是心灵美在言语上的表现,人在交往过程中,通过交流内容、交流方式开展一系列活动,而语言对人的活动有着莫大的影响。俗话说:"良言一句三冬暖,恶语伤人六月寒",语言的鲜明、准确、生动以及和气、文雅、谦虚能够带给人听觉上的美的享受,听觉美引起感觉美乃至心灵美,从而有助于人们完成各项实践活动。

可见,语言美是交际的必要手段,直接影响语言交际的效率和人际关系的协调,也影响着人的生活和发展。因此,家庭美育必须加强语言修养,提升语言艺术魅力。

第四,心灵美。心灵美是人的精神世界的美,包括思想意识、道德情操、精神意志、智慧才能的美,集中体现了社会文明对人的要求。

家庭美育最重要任务就是塑造美的心灵,心灵美是真、善、美的统一,是知、意、情的统一,是仪表美、行为美、语言美的内在依据,并通过具体的感性形态被人们所感知。只有心灵美才能让我们拥有审美的眼光和审美的情趣,从而才能培养审美的思想、审美的意识,最终实现塑造完美人格的目的。

心灵美是人的本质力量的集中体现,是人类长期社会实践的产物,在教育、学习、磨炼以及同假、恶、丑的斗争中形成和发展。它潜藏于人的内心,体现了人的教养、涵养与气度,是一个人立足社会、为人处世所不可或缺的修养。

综上所述,家庭美育不仅要培养人的外在形象美,即拥有大方的仪容仪表,合规的行为习惯,得体的言谈举止;更要重视人的心灵美,即拥有丰富的精神世界、高尚的道德情操、健全的人格品质。

三、家庭美育的方法

家庭情境对家庭美育有着深刻的影响,蔡元培先生在其《中学修身教科书》中明确指出,"家庭者,人生最初之学校"。又言,"幼儿受于家庭之教训,虽薄物细故,往往终其生而不忘。故幼儿之于长者,如枝干之于根本然。"人的"一生之事业,多决于婴孩。甚矣,家庭教育之不可忽也。"[①]如此切中肯綮的叮嘱,说明家庭情境对家庭美育何其重要。

人格的发育和塑造受到家庭点点滴滴的渗透和影响,正因如此,需要打造适宜的家庭情境以保障家庭美育的顺利开展。家庭情境既包括家庭生活环境(自然环境和空间环境),也包括家庭生活氛围以及家庭成员之间的人际关系。

1. 打造美的家庭生活环境

人的性格形成与家庭生活环境有着莫大的关系,优良的家庭生活环境不仅有助于塑造孩子完美的性格,而且有利于培养孩子高尚的情操。可见,家庭环境对家庭美育有着非常重要的作用。

家庭生活环境一方面是家庭的自然生活环境,另一方面是家居空间环境。

所谓家庭自然环境,就是指家庭所处的周围环境,即开展实践活动所处的场所。怡人的自然环境对提高人的审美能力、培养人的审美兴趣大有裨益。处在江南,可以体会浓浓的水乡情怀;处在山林,可以仰观山的雄伟,俯瞰林的静谧;处在草原,可以纵马驰骋,无拘无束;

---

① 刘梦溪:《中国现代学术经典:蔡元培卷》,石家庄,河北教育出版社,1996年版。第155页。

处在大漠,可以品味"大漠孤烟直,长河落日圆"的意境。

所谓家居空间环境,就是人的日常生活所处的室内空间。家居空间的布置与美有着千丝万缕的联系,因此家居空间一定要体现审美的要求。实践证明,若在家居空间种花、养鱼,那么人便会对生机盎然的生命充满兴趣和爱心;如果家居空间用书法、国画等艺术品装饰,就会对艺术产生雅兴,艺术的家居空间即是一幅优美画卷的展现。

可见,颇具艺术气息的空间环境,对培养人的艺术审美有着积极的影响。事实上,渗透着审美要求的空间环境正是人的审美素养的映照和体现,有利于美的教育,也有利于陶冶人的情操,有助于健全人的思想品格。

2. 营造良好的家庭生活氛围

家庭生活氛围对人的情感、行为、道德和性格有着深深的影响,人们是在潜移默化中接受着家庭氛围的熏陶。可见,良好的家庭氛围是实现家庭美育的重要途径。

健康、优良的家庭生活氛围,是人们身心健康发展的关键因素之一,营造和谐、温馨的家庭生活氛围,有利于培养坚定的生活意志,有利于塑造健全的精神人格,更有利于实现人生理想。

良好的家庭生活氛围理应充满爱、温存、体贴、关怀和欢乐,家长应自觉地运用家庭生活温馨、亲切的特点,加强孩子的审美教育,提升其审美思想,培养审美兴趣,健全审美品质,这样孩子就能向良好的方向发展。

3. 构建融洽的家庭人际关系

融洽的家庭人际关系是维系一个家庭全面发展的关键,家庭成员之间形成你中有我、我中有你的亲密无间的情感,有助于彼此身心健康的发展,让人感到家庭生活的轻松、自在和快乐,体味生活的愉悦与美好。

家庭成员的素养影响着家庭人际关系的构建,因此要在生活中不断提升家庭成员的道德修养,让家庭美育以"润物细无声"的姿态在家庭成员中发挥潜移默化的作用,不断促进人的心灵发育和成长。

实践证明,"和谐的家庭人际关系能够对家庭成员的心理及情绪产生积极的影响,关系和谐心情就会舒畅,精神得到解放,就会感受家的温暖,就能感受到人格的尊重,也就会得到他人的信任、鼓励和支持。"[1]这样便能够在快乐的生活中完成人格修养,实现人生价值和理想。

四、家庭美育的宗旨

曾几何时,家庭美育的目标总是围绕着做人、光宗耀祖等展开。然而,随着社会经济的发展和时代的变迁,家庭美育的价值取向也随之发生变化,开始注重审美,注重陶冶情感,提升审美兴趣,注重身心发展,实现健全人格的目的。同时,通过家庭美育,人们开始注重家教、家风的培养和传承。

1. 陶冶情操,提升审美兴趣

家庭美育的主要任务就是陶冶人的情操,提高人的审美兴趣,帮助人们树立正确的审美价值观,从而增强人的审美能力和创造能力。家庭美育的主要内容不应是对智慧或技能的

---

[1] 南钢:《上海家庭教育的近代转型研究》,华东师范大学博士论文,2004年。

培养,而是如何提升人的审美兴趣和审美能力,从而教会人们去进行审美实践活动。

家庭美育强调"情感"的作用,强调如何在轻松愉快的氛围中培养人的审美能力,通过家庭美育来启迪人的审美感,从而发展和培养人的欣赏力和创造力。通过情感抒发来提升人的审美境界,使人的思想情感受到美的熏陶,引发人的兴趣,充分发挥人性中美好善良的本质。

因此,注重情感的抒发,充分地表达自己的情感,积极营造充满爱和充满温情的家庭气氛,有助于人们情操的培养和陶冶,有助于提升人的审美兴趣,增强人们发现美、鉴赏美和创造美的能力。同时,在培养高尚的道德情操过程中,人的心灵和性情便可以得到陶冶、净化,人的行为自然也更加高尚,这是家庭美育的作用也是家庭美育的目的。

2. 健全人格,注重身心发展

人的全面发展就是塑造身心健康的人,家庭美育要更加关注人的身心健康和情感体验,更加重视美育的心育功能,强调人的外在美与内在美的和谐统一,把培养人的健全人格看作是美育的最终目的。

丰子恺曾明确提出"'涵养美感''陶冶身心''养成人格'是正当的、堂堂的艺术教育的目标。"[①]可见,塑造健康的心灵,丰富生活的趣味,培养健全的人格,实现身、心、精神的全面和谐发展是家庭美育的核心目标。

我们知道,家庭美育的重心不在于培养人们具体的观赏技能和审美知识,而在于情感的调动和美好心灵的建设。就是让人们在保持生存之外,还能够有足够的心性去发现生活之美,享受美的生活。只有健全的人格,才能拥有健康的身心,才能实现人的全面发展。

3. 传承好家风,实现人生理想

好家风造就好家庭,好家庭成就好人生。好家风的塑造和形成得益于家庭美育,家庭美育的旨归就是通过传承好的家风家训,一方面陶冶情操,一方面健全人格,最终实现人生理想。

众所周知,德育是一切教育之基础,注重道德教育一直是我国家庭教育的优良传统,也是我国家教的一大特色。好的家风离不开高尚的思想道德,家庭美育是进行家庭德育的必要基础,没有家庭美育便缺乏"真善美"的价值意识,追求道德的高尚更无从谈起。

因此,家庭美育与家庭德育相辅相成,对陶冶人的情操和人格健全发展有着不谋而合的作用。正是由于家庭美育的德育功能,使得好家风、好家训层出不穷,好家风的强大感染力在潜移默化中对人的道德情操、人格品质的构建产生积极的影响,从而对实现人生理想发挥着不可替代的作用。

第二节 学校美育

学校美育就是通过学校的途径对莘莘学子实施并让其认知美、感受美、鉴赏美和创造美的教育。"百年大计,教育为本",学校是实施教育的专业机构,也是人们接受正规、科学、系统教育的场所,可以说,学校是一个人一生当中知识积累最为丰富的时期,对人的世界观、人生观和价值观的形成具有指导作用。

---

① 丰子恺:《丰子恺文集·艺术卷(二)》,杭州,浙江文艺出版社,1990年版。第224页。

学校以培养并造就德、智、体、美全面发展的人才为根本宗旨,通过教授专业的理论知识和开展实践活动,对学生进行"传道、授业、解惑",最终实现培育人才的目的。因此,学校美育作为学校教育的重要组成部分,对学校实施素质教育、培养综合型人才发挥着重要作用。

一、学校美育的特征

第一,计划性。学校教育的突出特点就是具有计划性,学校美育活动的开展,是根据培养人才的要求,按照教育规律,有目的、有计划地组织实施,引导学生进行学习,接受训练,从而保证培养人才的规格。

第二,循序渐进性。教育是按照从小学到中学再到大学的步骤一步步进行,美育的要求和内容是分层次有计划来安排的,因此学校美育要按照科学的逻辑系统和学生认识能力发展的顺序有序进行。即使是每一门课、每一个专题、每一项审美实践活动,也都应遵守循序渐进的原则进行,以求做到连贯、完整、系统。

第三,科学性。科学性是学校教育的基本要求,也是学校美育的基本要求。教师是人类灵魂的工程师,承担着教书育人的神圣使命。因此,教师的讲授必须严格地符合科学的结论,所谓"传道者首先要明道",教师作为"传道者"不能随心所欲、我行我素。什么美,什么不美,为什么不美,都应做出科学的解释。同时,教师还要教育学生树立进步的、健康的审美理想,掌握正确的审美标准,使学生准确地发现美、感受美、创造美。

第四,集中性。由于学校是专门培养人才的场所,具有集中的美育环境,不仅可以为学生提供更多的接受美育的机会,而且能推动学生情感活动的自由扩展,使之在审美感受中引起强烈的情感体验。

第五,系统性。系统的理论知识、系统的教学方法、系统的结构体系让学校成为一个连贯的科学系统。在学校美育过程中,实施主体(教师)采用循序渐进的方法,通过传授系统的知识,使学生能够获得全面的进步和成长。

二、学校美育的内容

"康德将美分为自然美和艺术美两大类。"[①]山川河流、大漠孤烟是自然美;水墨丹青、琴声舞韵是艺术美。无论是自然之美还是艺术之美,都能够给予人美的享受。它们以触觉、视觉、听觉等感官刺激让人们体会美感、产生情感的涟漪。学校美育亦主要从自然美和艺术美两方面入手,由自然之景,入艺术之情,并对学生开展一系列感知美、欣赏美和创造美的教育活动。

1. 以自然之美陶冶学生性情

自然美是指自然物本身所呈现出来的美的形态,大自然是学生审美情感体验最丰富的源泉,巍巍高山、涓涓细流、莽莽荒漠、青青草色,这些别致的自然景观总能给人美的享受。

首先,通过自然美的鉴赏,学生可以了解自然美的特征,增强审美感知和理解能力。大自然中蕴藏着丰富的美,而这些美又各具特色,各具韵味,随着时间的变化又将呈现出不同的形态。在了解自然美的变幻过程中,学生领略大自然的神奇,感受大自然的美妙。

其次,通过自然美的欣赏开阔视野,增加知识,陶冶性情。人的实践活动是对自然不断

---

① 朱志荣:《康德美学思想研究》,合肥,安徽人民出版社,1997年版。第72页。

认识、改造的过程。探索自然之美,不仅能够拓展学生们的视野,而且能够在大自然中积累知识,同时还能够在领会自然奥妙时陶冶学生性情。

最后,通过自然美的欣赏,尤其是一些人化的自然美的欣赏,不仅可以增强学生热爱自然环境、热爱祖国美好河山的情感,而且能够增强学生的民族自豪感。

2. 以艺术之美提升学生修养

艺术美是学校美育的核心内容,无论是学校的艺术赏析课程,还是生活中的琴棋书画活动,抑或是自然风光及名胜古迹的观赏,这些具体的艺术活动为学生提供了审美的情趣,带给学生精神的愉悦,让学生在美的感受中提升修养。

首先,通过艺术之美,激发学生的情感体验,引导学生理解美的本质、得到美的陶冶。"无论是音乐绘画,还是文艺运动,从具体的艺术中获得美,产生美感,不由得会产生近善向美的心态"[1],精神由此得到陶冶,心性由此获得升华,健康人格的塑造也渐次由此而产生,在艺术的熏陶中提升学生修养,为健康人格的塑造提供依靠的基础和场所。

其次,通过艺术美育,让学生掌握不同艺术形式的不同表现方式、不同艺术体裁的不同风格特点,从而提高艺术鉴赏能力。不同的艺术形式有不同的艺术魅力,不断学习、掌握这些来自于具体情境、来源于生活的艺术,从而获得艺术之美的熏陶,涵养性情,提升修为。

最后,通过艺术的审美和艺术技能的训练,使得学生具有一定的艺术表现或创造能力,使学生获得情绪感染、引起感情共鸣,提高学生在艺术实践方面的修养,从而在美的实践中追求高尚的人生。

总之,通过引导学生对自然美和艺术美的感受,启发学生认识美、体验美、感受美,学会对美的欣赏与创造,以美唤起心灵的愉悦,以美启爱,以美启情,将他们对自然美、艺术美之热爱,上升为对祖国、对人民之热爱,上升为对民族国家之责任,从而自觉地接纳美的事物美的人,摒弃丑与恶,提高分辨是非的能力,铸就健全的人格,将美育精神内化为学生们自身的内在追求,真正达到育人的目的。

三、学校美育的现状

学校美育作为学习教育的重要组成部分,在实施素质教育和培养全面发展人才方面发挥着重要作用,但是学校美育在当前教育状况下,依然存在着这样那样的问题。

1. 学生审美能力缺失

学生对审美、对艺术有着天生的喜爱,学生渴望走近艺术,渴望走近审美的领域。然而,虽然学校一直在倡导美育,但在实际的教育过程中对美育的涉猎并不多。

研究发现,"学生如果从小接受美育,参加艺术学习,有较好的艺术功底和一定审美基础,自然地成了校园各类活动中最活跃的分子,对未来的成长亦大有益处。但是,在应试教育的背景下,绝大多数学生根本无暇顾及考试之外的所谓文体活动、阅读活动,基本上没有接受任何艺术教育和审美教育。"[2]在艺术上的饥渴,在知识面上的差异使很多学生产生自卑心理,也严重影响校园活动的广泛性与水平提升。

学生因审美能力的欠缺,在专业培养上可塑性相对较差,往往给人一种潜能用尽的印

---

[1] 丁永祥:《论美育在学生想象力培养中的作用》,河南师范大学学报(哲学社会科学版),1999年第5期。
[2] 王岗峰:《美育对德育和智育的促进作用》,福建师范大学学报(哲学社会科学版),1999年第2期。

象,这样就很难实现学生在德智体美方面的发展,培养综合型全面人才也就无从谈起。

2. 学校美育师资的匮乏

在学校师资队伍中,具有专业审美理论知识者可谓寥寥无几,学校要实施美育,从师资上就存有极大的困难。同时,教师及教育管理者本身审美能力的欠缺,更加大了实施学校美育的难度。

"师者,范也",没有教师的引导和审美方法的培养,没有教师的以身示范,学生的审美兴趣就无法产生,审美能力就无法得到提升,也就缺乏创新精神,也不可能培养出德智体美全面发展的优秀学子。所谓上行下效,按传统方式只能育出旧时的果子。

3. 校园文化活动单调

丰富的校园文化活动是学校教育的一个重要内容,也是学校美育的重要园地,校园文化活动有益于人的美感的培养,有利于人的道德感的提升,有益于知识视野的开拓。

学生普遍认可校园文化的作用,并希望在校园文化活动中来提高自身的综合素质、展示才华,加强实践能力的培养与锻炼。然而,虽然各级学校都在提倡素质教育,对开展学校美育也积极响应,但是真正实施的却并不多见,依然过分重视智育,将本应有的美育活动替换成其他内容,最终导致学校文化活动越来越贫乏、单调。

究其原因,还是在于学校不能够通过丰富的校园文化活动激发学生的审美兴趣,尤其难以在学生的学习与品德培养方面提供更积极的帮助,最终使得美育没有吸引学生的兴趣、没有启发学生的心智。虽然自然、社会、人生到处充满美,充满韵律和色彩,但没有审美的感官与能力,任何色彩和韵律都会失去诱人的魅力。

四、学校美育的实施

教育是由低到高、循序渐进的过程,学生在不同的阶段接受不同的教育内容,完成不同的审美活动。在小学阶段,引导学生树立正确的审美观;到中学阶段,逐渐培养学生的审美意识和审美兴趣;步入大学,要着重提升学生审美能力和审美创造力,为即将踏入社会奠定基础。因此,小学美育、中学美育和大学美育构成了学校美育的三部曲。

1. 小学美育,引导学生树立正确审美观

我国教育家叶圣陶说:"教育——就是养成良好习惯"。少年时期是人的行为习惯初步形成的时期,也是引导学生树立正确审美观的最佳时期。此时,学生尚不具备对美的判断力,不知道什么是真正的美,怎样才能使自己变美,外在美与内在美尚未统一。因此,需要老师引导学生从小养成良好的行为习惯——仪表朴实端庄,语言文雅得体,举止文明礼貌,待人友好热情,构建外在美;同时,将美的标准和美的含义以科学的方式告诉学生,引导小学生逐步了解什么是真正的美。

首先,培养学生认识美、感受美的能力。小学美育的实施,首先应指引学生如何去认识美、感受美、欣赏美。小学美育的最大特点就是通过视觉、听觉、身体动作等对美好事物的感受来发掘、认同外部世界和内心世界的深刻内涵。

"对小学生的审美教育,不能够按照成人的方式注重审美技能的培养,而应该让学生在实践活动中、在日常生活中去感受美"[①]。例如,欣赏一幅优美的画卷,聆听一曲美妙的音

---

① 赵忠心:《家庭教育学》,哈尔滨,黑龙江少年儿童出版社,1988年版。第82页。

乐,看一场动人的电影,跳一段美妙的舞蹈,来培养小学生对美的感受,充分调动小学生的审美想象力。

其次,重视小学美育的育人功能和化心功能,使学生心性得以提升,是目前小学美育工作中不可或缺的重要内容。

"爱美之心,人皆有之",对于处在小学时期的孩子而言,虽然有爱美之心,但却不知道什么是美,更不具备辨别美丑的能力。此时,他们在不断地效仿他们所认为的美,难免会追求一些不健康的东西。因此,要强化美育的"育人"功能,更要重视美育的"化心"功能,自觉从内心摒弃丑陋与恶俗,培养学生正确的审美观。

最后,强化小学美育的美感功能。要用引导的方法让学生感受知识的神奇与美妙,强化美感功能,调动起学生强烈的感情,唤醒学生内在的潜能,努力使教育者所传授的内容和采取的教育方法,构成一种美感的动力系统,以美的特有魅力和感染力,有效地作用于小学生们,使他们的心灵得到净化,精神获得满足和升华。

2. 中学美育,培养学生审美兴趣

进入中学后,学生对美有自己喜好和观点主张,因此,更应注重对这个时期的学生审美兴趣的培养,结合自身的优点和特长,确定哪些是美的是应该去追求的,哪些不是美的是不该去追求的。

首先,追求高尚的道德情操。美学宗师宗白华先生说过:"世界是美的,生活是美的。它和真和善是人类社会努力的目标。"①在中学美育的过程中,纠正学生的审美误区,帮助学生找寻美、感受美、创造美,通过审美教育让学生对道德规范、行为准则实现内心的认同,达到较高的审美境界,不断引导中学生们追求高雅情趣,成为情操高尚的人。

其次,增强审美领悟能力。审美是一种精神活动,追求的是一种精神上的愉悦与满足。"只有在精神愉悦,情感澎湃的审美感受中,受教育者才能深刻领略,经久不忘。"②比如,让孩子欣赏国画,提高他们的欣赏能力,就会帮助孩子领略到绘画的无穷奥妙。

通过美育,培养学生的欣赏能力、对美的事物的领悟能力和评价能力,通过这方面能力的培养,不但可以敏感地捕捉到美的外在形式,而且善于透过有限的形式领悟其中深含的意蕴,从而达到回味无穷的、较高的审美境界。

最后,主动接受美的熏陶。一个人的健康成长离不开美的熏陶。因此,学校要注重培养学生对自然界、社会生活和艺术作品中的美好事物的理解能力和欣赏能力,通过文学作品欣赏以及音乐、美术、舞蹈等艺术门类的学习实施,能够启发学生对美的思考,唤醒学生对美的欲望,从而让学生主动接受美的熏陶。

众所周知,中学美育连接着小学美育和高校美育,承担着承上启下的作用。中学美育作为学校美育的重中之重,要积极为学生创造条件,使他们在长期的美的熏陶中,提升自身的审美兴趣。

3. 高校美育,提升学生审美力和创造力

大学是走向社会的前奏,对于大学生而言,提升审美能力、增强创造力应是高校美育的主旨。而事实上,高校普遍存在着大学生知识面狭窄、文明修养不够、创造力不足、实践能力

---

① 宗白华:《美学散步》,上海,上海人民出版社,1981年版。第214页。
② 姚全兴:《审美教育的历程》,上海,上海社会科学院出版社,1992年版。第89页。

薄弱等问题,也就是所谓的大学生高学历、低能力现象。正因如此,高校美育就显得尤为重要。

首先,培养大学生的审美理解力。高校是培养德、智、体、美全面人才的摇篮,高校教育的核心是培养德才兼备的综合型人才。拥有健全的人格和专业的知识结构是综合性人才的关键所在,而健全人格的培养依赖于良好的审美兴趣和审美理解力。一个具备良好审美兴趣和审美创造力的大学生,才能在大学生活中逐渐完善自己的能力,提升自己的审美理想,并培养自己的审美创造力,也才能形成自己的健全人格。

其次,构建校园美育环境。大学校园是学生生活和学习的主要活动区域,校园文化环境对大学生的思想观念、行为规范、道德水平等方面有着重要的作用。校园文化环境是大学生美育最重要的外部环境,因此构建具有积极育人导向的、蕴含丰富文化内涵的校园文化美育环境,有助于学生审美能力的提升。一方面,优美的校园环境,在陶冶大学生身心的同时,有利于培养其审美素养、审美兴趣;另一方面,大学生通过参加丰富多彩的校园文化活动,不仅可以在活动中培养大学生吃苦耐劳的品质、团结协作的精神,而且可以丰富审美体验,提升审美能力。

最后,增强时代责任和历史使命感。积极引导学生能够正确认识世界和中国发展大势,全面客观认识当代中国,增强时代责任和历史使命感。高校美育要用中国梦激扬青春梦,为高校学生点亮理想的灯、照亮前行的路,激励学生自觉把个人的理想追求融入国家和民族的事业中,做走在时代前列的奋进者、开拓者。

第三节 社会美育

社会美育是通过社会的审美机构和社会美化活动来达到提高人们审美能力的目的,最终促进社会和谐进步的一种潜移默化的教育。

人是构成社会的细胞单位,每个人都是社会的一分子,社会美育促进社会成员间和谐相处,互敬互爱,使整个社会处于民主文明和谐的状态,有助于提升社会成员的素养,进而实现人的全面发展。

正如美学家席勒所言:"需求使人进入社会,理性在他们中树立起社交的原则,而只有美能赋予他们社交的性格。只有审美的趣味能够给社会带来和谐,因为它把和谐建立在个人心中。只有美的交流才使社会统一起来,因为它涉及大家共同的东西。"[1]由此可见,社会美育对个人和社会的发展有着重要的作用。

社会美育与家庭美育、学校美育共同构成了美育的全部内容,三者之间科学合理的联动机制,不仅能够更好地实现完美人格的养成,而且有助于培养全面发展的人,更有利于促进社会的健康、和谐、有序发展。

一、社会美育的特性

人是社会的人,人的一切活动都与社会有着密切的联系,因此也就无时无刻不接受社会的审美教育。与家庭美育、学校美育相比较而言,社会美育有着明显的特点:即广泛性、多样

---

① [德]席勒:《美育书简》,徐恒醇译,北京,中国文联出版公司,1984年版。第219页。

性、民族性和传承性。

1. 广泛性

社会美育的对象是生活在社会中的每一位独立个体,这是一个庞大的群体。他们的文化层次高低不一,生活习惯各有差异,思想观念先后有别,知识水平参差不齐,虽然他们都有追求美、接受美的权力,但是这一系列的问题必然导致社会美育不能像学校美育那样从整体上进行有目的、有计划、有组织的教育,这就要求社会美育必须具备广泛性,能够根据每个对象的不同情况实施不同的审美教育。

正是由于社会美育的广泛性,其所产生的效果也很大,这集中表现在社会美育可以激发起社会成员的审美导向,并通过社会成员的传播而最终形成流行的风潮。

2. 多样性

正是由于社会美育广泛而复杂的对象群体,导致其必然具有多样性。家庭美育的内容主要由父母所选择的审美素材决定,学校美育的内容是通过学校科学系统的课程来完成,而社会美育没有固定的审美载体,没有固定的审美内容,也没有固定的审美形式。

正因如此,才成就了社会美育的多样性。美充斥在社会生活的方方面面,内容多姿多彩,形式多种多样,只要用心去观察,用心去感受,就会发现生活处处都是美的。

3. 民族性

审美总是按照一个国家、一个民族的风俗习惯和文化特性进行,因此社会审美教育必然带有强烈的民族印记。我们知道社会美育的对象是所有社会成员,社会美育的目的是提升社会成员的审美素养,促进人的全面发展,进而推动社会和谐健康的发展。社会成员的审美素养和审美价值观必然受到民族文化的影响,凡是与本民族文化相契合的就被认为是"美"的,就容易被接受。社会美育就是按照本国、本民族的审美标准进行审美教育,必然具备民族性。

4. 传承性

社会美育的民族性决定了它的传承性,传承民族审美、传承民族文化。社会美育必须承载其社会文化所追求的信念,信念又是一个国家或一个民族精神的体现。因此,社会美育就是按照一定的审美标准,不断地将优秀的民族文化传承和发展下去。

综上所述,社会美育的广泛性决定了它的多样性,社会美育的民族性又决定它的传承性。随着时代的进步和发展,社会美育对人的影响和对社会的影响将更为广泛、持久,这就需要我们强化对社会美育的重视。

二、社会美育的内容

对美的追求伴随着人类活动的始终,因而美育不应仅仅局限在家庭和学校里,而应有更广泛、更普遍的社会性。当人们步入社会后,就需要接受社会的审美教育,并且一生都要受其影响。

由于社会美育具有广泛性和多样性的特点,决定了社会美育的内容包罗万象。自然景观和人文景观对人们进行着潜移默化的陶冶;美好的社会道德、社会风尚无时无刻不在对人们进行着美的教育;震撼心灵的文学艺术,可以给人们以美的感染并唤起人们对美的追求。尽管社会美育的内容千姿百态,但概括来讲主要包括三方面内容:以专业机构为依托开展的社会艺术教育;以社会团体为平台举办的各项社会审美教育活动;以政府为主导打造的社会生活环境。

1. 开展社会艺术教育

我们知道,社会美育是以社会大众为对象的审美教育,其目的是提升社会成员的审美素养,虽然学校实施了一定的艺术审美教育,但毕竟有一定的局限性,而社会美育庞大的群体也决定了社会美育必须依托专业的艺术审美机构开展广泛的艺术教育。

当今社会,艺术教育是全面提升个体素质与能力的重要路径,艺术教育有助于培养人的认知能力与创造能力;有助于提高人的审美能力与心理调适能力;有助于培养人的社会交往能力人格形成。如果一个人丧失了内心的艺术本能,人性意义上的"死神"就会降临。

一般而言,艺术总是站立在时代的前沿,引领着社会潮流和时代风向。通过艺术教育,我们可以了解社会的文化思潮,紧跟时代的步伐,借助于艺术思维的方式和艺术作品特有的阐释范式,冲击陈腐老旧的社会观念,在更深远的层面上综合把握事物的本质,从而更新观念,革新思想,用新的眼光和新的方式,重新发现并改造世界,推动社会进步。

美国学者艾伯利斯明确指出:"艺术教育有利于形成一个有内聚力的社会。"[1]艺术教育使人不仅仅了解艺术本身,而且更多地认知和理解艺术背后的社会文化、精神和价值,如此附着于艺术之上的文化、精神、价值更易于得到生动的传播与广泛的认可,必然会促使人们产生共同的社会文化和精神,价值和话语,从而形成强大的社会内聚力。

总而言之,艺术教育在人的发展、社会进步的进程中具有不可替代的重要作用,因此必须加强对艺术教育的重视,充分发挥专业的艺术教育机构在社会美育中的作用,提升全民审美素养,提升全民的想象力和创造力。

2. 举办社会审美活动

审美活动是不同于人类的物质生产活动、生存活动、认识活动与社会交往活动的一种精神享受活动。

社会审美活动是社会美育的重要组成部分,它通过各社会团体(音乐协会、美术协会、书法协会、戏曲协会等)开展形式多样的审美活动;借助美术协会平台举办各种美术展览活动,借助音乐协会平台开展各类音乐赏析活动,借助书法协会平台举办多种形式的书法比赛活动等;通过开展丰富多彩的社会审美活动,如参观艺术品展览、欣赏音乐会等,对社会成员进行审美教育,从而培养社会成员的审美能力和审美创造力。

随着社会经济的不断发展,人们生活品位的不断提升,社会美育对人的生产、生活产生越来越重要的影响,人人都希望通过社会审美活动来培养自己的审美兴趣,提升自己的审美素养。但值得注意的是,如果出于功利性目的而将社会审美活动变成一种纯粹的商业行为,非但不能提升社会成员的审美能力,反而有可能助长社会的功利倾向,不利于个人和社会的发展。

这就提醒我们,社会审美活动的开展必须要以提升人们的审美能力和完善人们的人格品质为根本目的,不能背离社会美育的宗旨。

3. 打造审美生活环境

社会美育视角下的生活环境打造包括两方面内容,一是对人们所处的公共生活空间环

---

[1] 转引自:杨平:《多维视野中的美育》,合肥,安徽教育出版社,2000年版。第83页。

境的构建;二是对社会风气、社会公德以及时代风尚的改善。

一方面,优美的环境不仅能够让人们感到舒适和愉悦,而且还能净化人们的心灵,促进人的身心健康发展。人们在进行社会实践活动过程中,如果可以随时地进行美的欣赏,能够使精神得到彻底的放松,就能够以积极的心态面对生活。如宽敞的道路,艺术性的建筑,美丽的公园,漂亮的广场以及完善的健身设施。这些能够彰显时代气息的生活环境,不仅能够丰富人们的物质世界,而且能给人愉悦的精神享受。蔡元培先生所说的,通过各种美的场合所具备的社会美育功能实际上就是我们今天所说的日常生活审美化所具有的社会美育功能。因此,社会美育必须打造审美的公共生活环境。

另一方面,良好的社会风气体现出人们的精神面貌,也反映出人们的内心世界,更是人们社会审美观的集中表现。通过社会美育使每位社会成员都能够按照社会规律和"美"的规律从事社会实践活动,遵守社会公德,遵守公共秩序,社会成员之间相互尊重、相互帮助、相互理解,人与人之间充满真情爱意,建立起和谐的人际关系,创造良好的社会关系氛围。可以说,这样的生活环境,是社会美育的全部意义所在。

综上所述,不论是人的本性,还是美的本质,都不是自然而然地形成的,而是在现实的环境中,根据人类社会发展的要求和目标逐步建立起来的。优美的社会环境不仅有助于人们养成良好的行为习惯,而且通过对人们潜移默化的影响,最终形成良好的社会道德风尚,促进人与社会的健康发展。

三、社会美育的宗旨

社会美育的宗旨就是通过培养社会成员的审美能力和审美素养,最终实现社会的稳定、健康、和谐发展。主要体现在:引导人们树立正确的社会审美观;引导人们对于人格美的向往与追求,实现心灵美与形体美的统一;引导人们发现生活之美,并努力创造社会美;最后,引导社会向着更加美好的方向发展。

1. 树立社会审美观

社会美育面向社会大众,是社会文明进步的体现,其首要目的就是引导人们树立正确的社会审美观。社会审美观是按照社会"美"的标准来规范人的行为,包括良好的社会风尚、社会公德和社会秩序。

人是社会的人,人的实践活动在社会中进行,正确的社会审美观指导着人们按照一定的社会秩序和社会规律开展生产、生活活动,帮助人们建立起人与社会和谐相处的桥梁,让人们更好地融入社会。

随着科技的进步和知识经济的发展,世界大融合的趋势也逐渐加快,来自各方的文化和价值观念相互碰撞,各种思想交织一起,人们在享受时代进步带来的成果同时,也在经受着审美观念、审美文化的冲击和影响。正因如此,倡导一种健康、正确的审美风尚,不仅有利于自身素质和修养的提高,而且对社会的健康发展有着十分重要的作用。

与此同时,也应看到审美低俗化的现象对整个社会的文化与审美氛围产生了极消极的影响,甚至直接影响到了"美"对人们情感的培养与陶冶。有鉴于此,我们更应大力提倡社会美育,树立正确的社会审美观,以"美"的社会环境培养人们积极的、崇高的情感。

2. 实现外在美与内在美的统一

美育要遵循人的身心发展规律。"社会美育的主要功能就在于使人的情感得到陶冶,心灵得到净化,精神境界得到提升"①。社会美育的主要目的就是提升人们审美素养,完善人格品质,实现人的外在美与内在美的统一。

随着时代的发展,社会美育越来越成为社会的主流,通过开展丰富多样的文化活动,不仅可以锻炼人的体魄,而且可以培养人们拥有美好而善良的心灵,进而以美的心态对待生活中的人、事、物。

此外,通过激发人的文化艺术兴趣,发展艺术想象力和创新意识,帮助人们形成积极健康的审美趣味、审美格调、审美理想,达到净化心灵、提升境界的目的,人们的心灵与艺术产生共鸣,情感获得了安慰,精神空虚得以添补,最终获得生命的力量。

3. 发现生活美,创造社会美

日常生活与审美的结合催生了生活美学,高尔基认为:"人,按其本性讲,就是艺术家。他无论如何处处力求给自己的生活带来美。"②美与生活是内在的统一,日常生活的审美对生活各个方面产生深刻影响。

社会美育使得人们的审美能力和审美素养得以提升,从而引导着人们怀着审美的心态去发现生活中的美。众所周知,审美不是自然现象,而是社会现象,人们对美的感受能力也不是天生的,而是后天获得的,生活中无处不存在美,这就需要人们去感受、去体验、去发现、去实践、去创造。

人创造了社会的美和自身的美,人们认识世界是为了改造世界。同样,人们发现美、感受美和鉴赏美的目的是为了创造美,为了创造更加美好的社会生活。当我们从现实生活的各个方面(家庭、学校、社会)接受美的教育,并且按照美的规律去改造客观世界和主观世界,归根结底是为了创造更多的、具有更高质量的物质文明和精神文明,从而满足对美好生活的向往。

社会美育就是要让人们认识到人与世界的这种价值关系,然后用自己的方式去发现美、体会美、创造美,从而全面地提高自己,为实现这种价值贡献自己的力量。

4. 提升综合国力,构建和谐社会

时代的快速发展与科技的日新月异,导致国与国之间综合国力竞争的加剧,而一个国家的国民素质是衡量一个国家综合国力的重要标准。国民素质的提升有赖于教育,而文化教育目标的实现有赖于社会美育。从一定意义上看,社会美育的实施,对一个国家综合国力的提升发挥着重要作用。

社会美育的最终目的是通过提升人们的审美能力,引导人们不断去发现美、创造美,最终实现社会的大发展。一方面,通过有目的地进行社会审美教育,极大地开拓了审美教育活动的天地,有利于整个民族素质的提高;另一方面,通过提升全民审美素养,促进人与人之间团结友爱,营造良好的社会氛围,从而实现和谐社会的构建。

因此可以说,社会美育关乎着一国的综合实力提升,也对一个国家的社会健康、有序发展产生深刻影响。

---

① 蒋梦麟:《个人之价值与教育之关系》,《教育》,2010年第7期。
② 陈育德:《西方美育思想简史》,合肥,安徽教育出版社,1998年版。第82页。

思 考 题

1. 简述家庭美育的内容与特征。
2. 简述学校美育的内容与特征。
3. 简述社会美育的内容与特征。

第五章　美育的途径

美育的实施途径,是指以什么样的方式来进行美育。一般认为美育的途径有审美理论学习和审美赏析两大类,审美赏析包括了对自然美、社会美和艺术美的赏析。

第一节　审美理论学习

审美理论学习是懂美的关键。审美理论主要包括三方面的内容,即美学基础理论、艺术理论与艺术史以及其他审美常识。

一、美学基础理论

美学基础理论是对人类审美现象的整体分析,展现了美的世界的全部内容。它使人懂得美的原则和各类审美范畴,懂得美的存在形态以及人类审美活动的过程,懂得人类为什么需要审美活动和美。掌握美学的基本知识,从理论上引起对美学的重视,是自觉地接受美育的基础。

二、艺术理论与艺术史

艺术理论与艺术史是对艺术的介绍和分析。艺术活动是人类审美活动的最重要的组成部分,人们经常把这两种活动混为一谈,甚至认为艺术活动可以代表全部的审美活动。尽管这并不正确,但也可以看出艺术与审美的密切关系。艺术欣赏需要一定的知识积累,各类艺术的特征、作者、作品的背景、时代、风格以及象征意义等,都对欣赏起着积极的"向导"作用。比如毕加索的画作《格尔尼卡》,那上面的变形的、零碎的图形,勉强能使人看出有公牛、剖腹的马、举灯的人、呼号的人和支离破碎的人体、物体等,如果没有一定的历史和艺术知识,是很难"欣赏"它的,尽管它会给人的感官与心灵以强烈的震撼,会使人感到恐惧。因为这是毕加索针对1937年4月28日德国空袭西班牙小城格尔尼卡的事件为题材创作的。他画中的公牛象征着残暴与黑暗,马代表着善良的人民,破碎的人体与物体象征着破坏与毁灭,而画面上的灯与眼睛(眼睛也被画成了灯!)提醒后人看清法西斯的暴行!只有对这件震惊世界的残暴事件和艺术的象征手法有所了解,才能对毕加索的画有所理解。因此,艺术理论与艺术史的知识,也是接受美育的必要条件。

三、审美常识

其他审美常识是指人们的衣食住行中所涉及的审美常识,它们常常是文化史记载的内容。人类文化,无论是物质文化还是精神文化,都有审美的层面。在长期的实践中,人们对美形成一种模糊的但确又存在着共识的审美标准。人们生活中服饰的变化,色彩的流行,饮食的讲究,室内装饰的格调等,都遵循着一种看不见的流行趋势,其实这就是审美标准。审美标准由两个方面组成,一是相对稳定的形式美法则,由于不与内容直接相关,具有相对的独立性;一是具有地域性、时效性和阶层性的审美理想,这是一种社会群体的审美标准,是变化的,在一定的地域、时代和阶层中又有一致性,因此也是一种审美常识。我们对于这两种审美常识都要掌握并能具体运用。比如色彩,浅色的膨胀感与深色的收缩感是不会改变的,各种形体的服装的色彩选择就要以这种原则为基础。而色彩的特殊的象征意义在各个民族中是大不相同的,是与历史文化习俗相连的。法国人厌恶墨绿色,这种颜色使他们想起纳粹军服。他们还忌用绿色的地毯,因为法国人在举行丧礼时有铺撒绿树叶的风俗。墨西哥的各种装饰广泛使用红、白、绿三色,这是他们国家的代表色。这些对色彩喜厌的心理深处,都有各种各样的民族文化、历史方面的原因。掌握这些审美常识,对于我们的审美活动是很有帮助的。

审美理论学习奠定审美的基础,提高审美修养,是美育的主要途径之一。

第二节 自然美赏析

自然美是指自然界中的美,用美学的专门术语来讲,是指作为人的审美对象的自然,对人来说具有审美价值的自然。"自然"(Nature)一词有多种的含义,如自然界、世界、宇宙万物、自然状态、本性、天性、种类、物质世界及其现象等,其最主要的含义之一,是指与人力不相关的自然的存在形态,自然美首先就是指这一类自然中的美,然而,自然现在已经与人有了密切的关系。因为人类产生之后,借助于在不断变化的过程中越来越强的创造力,作用于自然,使地球上的一切发生了很大的变化,形成了"人化的自然"。在人化自然的基础上,又有一部分自然物成了人的创造物,形成了艺术化的自然。毫无疑问,这里的"自然"概念的外延扩大了,内涵丰富了,但因为保留着自然的样貌,仍然被认为是具有审美价值的自然,即自然美。因而,自然美包含了自然景象、人化自然与艺术化自然三大部分。对自然美的赏析是美育的重要途径,它会使人明白什么是自然美,能够从自然美中获得审美能力与人生导向。

一、自然景象赏析与美育

自然景象是由地球的气候和天气、地质和地貌、水文和水域、植物和动物、岩石和土壤等因素构成的。这些因素在地球上各个区域分布、组合各不同,就出现了千差万别的自然景象、自然风光。日月星辰、风雪雨露、花草树木、鸟兽鱼虫、江河湖海、山石峰谷,展示出大自然的无穷魅力。自然景象具体又可分为万千气象、山水胜景、可爱生物与形式因素四大类型,是纯粹的自然美。

天地间的万千气象,从日月星辰到云雪雨露,都是人们的审美对象。

晨升夕落的太阳,似乎是文人墨客永远的赞颂对象。且不说太阳对人类的意义,"日出江花红胜火,春来江水绿如蓝"[①],"大漠孤烟直,长河落日圆"[②],那旭日东升的绚丽与夕阳

---

① [唐]白居易:《忆江南》
② [唐]王维:《使至塞上》

西下的壮观就世世代代令人传颂。月亮没有刺目的光芒,更容易让人们细细地观赏,因此写月的名篇更是不胜枚举。李白的"小时不识月,呼作白玉盘。又疑瑶台镜,飞在青云端"①,直白地写出了月亮的形状:晶莹、润泽、浑圆,如同白玉制成的大盘;张若虚的"江天一色无纤尘,皎皎空中孤月轮"②,不仅写出了高雅的月亮,更写出了月夜的皎洁、澄明;而弯弯的月牙儿,则被人比作银钩、小船,小巧可爱。与月相伴的星星被人们看作是一种遥远的美丽、纯洁的存在物。而星空的广袤、深邃、神秘,又给予人们无限的遐想。

雪在北方是常见的。唐代诗人岑参的《白雪送武判官归京》:"北风卷地白草折,胡天八月即飞雪。忽如一夜春风来,千树万树梨花开。"描写了多么奇妙的北国雪景!即使是雨,也是常常入诗入画的。杜甫咏雨的千古名句:"好雨知时节,当春乃发生。随风潜入夜,润物细无声"③,写出了伴着春风的细雨在夜里是怎样悄悄地降临,必然地,雨后清晨的大地将是格外的清新滋润。这些说不尽道不完的春夏秋冬、昼夜晨昏,汇成了自然的万千气象,成为人们天天可见、处处都有的审美对象。

地质地貌的变化所形成的山山水水,各有各的风姿。在我国辽阔的大地上,有着众多的山水胜景,也是著名的审美对象。那千差万别、多姿多彩的自然景象,构成了自然美。

有的自然景象是秀雅、幽静的。"日出江花红胜火,春来江水绿如蓝"的江南风光,"江作青罗带,山如碧玉簪"的漓江秀色,蜿蜒流淌的潺潺小溪,色彩明丽,线条柔美,秀丽雅致。有的自然景色是宏伟、壮阔、粗犷的。遍地砾石的戈壁滩静寂而粗犷,茫茫的绿色草原明朗而坦荡,金黄沙丘起伏的大沙漠辽阔壮丽,一望无边的大海宽广浩渺。有的自然景色是奇特、险峻的。黄山七十二峰千姿百态,怪松奇石鬼斧神工,云海翻腾变幻莫测,谓之"天下奇"。云南石林怪峰似林,奇石嶙峋,形状各异,不胜妙趣,称之"天下第一奇观"。浙江"瑶林仙境",巨大的地下溶洞中,钟乳石构成一个富丽奇瑰的世界。新疆吐鲁番的"火焰山",绵延百里,山体赤红,远望如整个山体正在燃烧,蔚为奇观。而华山却如一方天柱,突起于秦岭山前诸峰之中,四壁陡立,山脊高窄,称为"天下险"。

天地山水之间,有着五彩缤纷的植物与姿态各异的动物,使得大自然充满着生机与活力。那花草树木,都有一种自然的形态,或因其绚丽,或因其青绿,或因其美姿,受到人们的赞赏。而姿态各异、活泼可爱的鸟兽鱼虫,则各有个性与特色,展示着生命的精彩。

各种形式因素也是一种自然形态,它们是感性的存在,能直接作用于人的各种感觉器官,引起人们不同的心理反应。这些形式因素主要包括了色、线、质、声音、味道和气味等。

色是为眼睛所接受的波长不同的光。从生理学上讲,色彩是由光的刺激在大脑皮质区所引起的一种感觉。因此,"色是光之子,光是色之母"。色彩会引发各种各样的心理效应。人类天生就有对某种色彩的敏感和爱好,如对红色,对那些会闪光的东西有一种本能的追求。在对色彩的长期感受中,人们还总结出了色彩与人的情感的一般联系:红——热情、激昂、愤怒、兴奋;黄——明朗、欢乐、温暖、柔和、智慧、尊贵;蓝——平稳、优雅、深沉、真诚、凉爽、开朗;绿——平静、和平、健康、宁静、生机、清新、朴实;白——洁净、单纯、明快、朴实、纯真、清淡;黑——严肃、稳健、庄重、沉默、静寂、悲哀;橙——温暖、活泼、欢乐、兴奋、积极;

---

① [唐]李白:《古朗月行》
② [唐]张若虚:《春江花月夜》
③ [唐]杜甫:《春夜喜雨》

灰——温和、坚实、舒适、中庸、平凡；紫——富贵、壮丽、神秘、抑郁等。色彩与情感的联系及其象征意义与人们长期的生活实践和环境的影响有密切的关系。"红色与太阳、火、血相联系,因此使人产生温暖、热情、革命、危险等感觉。绿色是欣欣向荣的树叶、草原的颜色,因而使人有健康、生机、清新、宁静的感觉。蓝色是天空、海洋的颜色,因而使人感到开阔、凉爽、深远等。"[①]

线是点移动的轨迹。人们从实物的轮廓、不同面的折线中抽象出线来,成为造型的重要语汇。线主要分为直线、曲线和折线三大类,它们产生不同的心理效应。一般来说,直线表示力量、稳定、生气,有刚强感；曲线显现优美、柔和,有运动感；折线表示转折、突然,有断续感；折线构成的角度则给人以上升、下降、前进等方向感。线的特征引起人不同的心理反应,也能决定人们的好恶。当年英国艺术家荷伽兹认为蛇形曲线最美,就表达了他对线的一种看法。后来实验心理学的研究同样表明人们对曲线有着一种天然的喜爱。

线的移动构成面,面移动的轨迹构成体或形。形具有占据空间的作用。线所构成的形仍体现着线的特点,曲线构成的圆柔和完美,直线构成的方形刚劲理性,折线构成的正三角形有稳定感,倒三角形有倾危感,这些都是正常的人能感受到的。

质或材质,是指材料表面的组织形态特征,如粗糙、细腻、柔软、坚硬、厚实、轻薄、凹凸、起伏、纹理、光泽等。除了纹理、光泽作用于视觉器官以外,其他直接作用于触觉器官的材质都能引起不同的生理与心理感受。象牙的细腻,玉石的滋润,毛皮的温暖,丝绸的轻柔等感觉都会引起快乐的心理效应。这种快乐的心理效应汇入视觉引起的心理快感,加深了美感的程度。

声是一种物理波。声音是作用于人的听觉器官的形式因素。声音的大小强弱及其在时间中的延续变化,与人的生理心理机制之间有一定的对应关系。嘈杂与尖厉的强音会令人头昏,轻柔与单纯的声音却使人感到悦耳动听,后者就可以是人们独立的审美对象。人类的音乐是有组织的乐音,乐音就是比较和谐悦耳的声音。乐器的声音都是模仿乐音而形成的。

味道与气味是作用于人的味觉器官与嗅觉器官的形式因素。味道主要是人的舌头上的味蕾对物体的感受。生理学研究表明,味蕾所接受的刺激有咸酸甜苦等各种不同的味道。在人的舌头上,不同部位味蕾的受味体是不同的：舌尖对甜味最敏感,舌尖两侧及舌外侧缘后部对咸味最敏感,舌外侧缘中部对酸味最敏感,舌根对苦味最敏感等。这各种各样的味道,对于习惯并喜爱它的人来说是具有审美意义的,它们虽是生理上的快感,却是美感的基础。气味是由嗅觉接收的物体的气息。人们把不好闻的气味称"臭气",好闻的称"香气"。臭气使人难受,香气令人愉快,这是普通的常识。令人愉快的气味会使人产生美的感觉。所以,美的创造也包括香气的创造。香水就是人们模仿大自然的香而创造的。香水师们认为香水不是简单的美容品,它像一段音乐、一幅画,能给人以嗅觉上的艺术享受。

自然景象是纯粹的自然美,因为这是一种自然本真的存在。与艺术相比,它是非虚构的对象；与人类改造过的对象相比,它是非人力的创造物,自然景象是自然的作品。这是这一类自然美的首要特征。自然造化的神功赋予其变化无穷的形式。它在空间中展开为各种各样的静态形象；而在时间中的展开,无论是四季交替,昼夜变化,风蚀浪淘,生命变换,都使自然呈现出变化无穷的形式与形象。自然美以其最丰富的色彩、声音与形象,培养着人的审美

[①] ［日］伊吹卓：《色彩销售学(中译本)》,北京,科学普及出版社,1989年版。第25页。

观与审美能力。

自然景象还有神秘深远的意蕴。它并非只是以形式示人,而是真正蕴含着宇宙感、历史感、规律感、生命感等。那广袤的太空,无边的戈壁,浩渺的大海,展示着无垠的空间;大江大河,日夜奔流,永不停息,表现着一去不复返的时间;那冰封的极地、莽莽苍苍的原始森林,传达着一阵阵既无始又无终的远古的气息;那变幻的天象,神秘的大地,昭示着深不可测的宇宙真谛!那挺拔向上、四季常青的松树,表现出不畏严寒,不惧酷暑的气节;亭亭玉立、"出淤泥而不染,濯清涟而不妖"的莲花,象征着纯洁与正直;青翠潇洒、"虚心有节"的竹子,代表着谦虚和贞节;雪骨琼枝、"已是悬崖百丈冰,犹有花枝俏"的梅,传达出高洁与无私;稳步向前、气宇轩宏的牛,诠释着踏实与勤劳;气质优雅、双双相伴的天鹅,表征着爱情的坚毅……

自然美的意蕴不是人类完全了解的,或者说人类也许永远不能完全了解的,深远的意蕴使自然美有着一种神秘感。

因而,在自然中游历与赏析,会生成对大自然的感激与敬畏。感激自然赐予我们这么奇异瑰丽的自然景象,更对强大的自然力生出敬畏之心;一切只从人自己出发,不管自然规律,对自然无节制地索取与破坏,必然会使人类自食苦果!人必须遵从自然规律,与自然和谐共存!

二、人化自然赏析与美育

人类的进步与发展离不开对自然的制约与改造,自然也因此发生了巨大的变化,形成了人化自然。人化自然的审美价值除了外在形式之外,还在于它们的感性形式中所显示的人的力量。人化自然包括人类控制与改造的自然和人文景观两大主要类型,艺术化自然是人化自然的进一步发展。

人类控制的自然是指一些具有强大的力量而对人会构成伤害的自然现象与自然物。它们本来是不能成为审美客体的,但经过控制和约束消除危害性,从而使它们的审美价值得以实现。

钱塘江位于我国浙江省,最终注入东海。在它入海口的海潮,天下闻名。每年到农历八月中旬,涌潮最大,潮头可达数米。潮来时,只见天边闪现出一条横贯江面的白练,由远而近,飞驰而来,伴之以隆隆的声响,好似天边滚滚闷雷,有排山倒海之势;犹如万马奔腾,蔚为壮观。古书记载:江潮"声如雷霆,震撼激射,吞天沃日,势极雄豪。"钱塘潮是自然形成的。因钱塘江口外宽内窄,形似喇叭。当由外海来的大量潮水涌进狭窄的河道时,湾内水面就会迅速地增高,钱塘江流出的水受到阻挡,难于外泄,反过来又促进水位增高。并且,当潮水进入钱塘江时,由于有一道高9米、长650米的"丁字坝"直插江心——它宛如一只力挽狂澜的巨臂,阻挡了潮水前进的部分力量,所以潮水冲到丁字坝头,虽仍如万头雄狮惊吼跃起,激浪千重,但已有惊无险。因而,人们可以观潮,甚至弄潮。

长江三峡位于四川奉节白帝城和湖北宜昌南津关之间,全长204千米,全是由长江深切巫山坚硬的石灰岩而形成的险峻峡谷。自西而东有瞿塘峡、巫峡和西陵峡,统称长江三峡。整个三峡,两岸奇峰突起,层峦叠嶂,气势雄伟。而滚滚长江,浪飞波涌,水急滩险,只有被人开辟疏浚河道,受到控制与约束之后,才能享受李白《早发白帝城》中所描述的场景:"朝辞白帝彩云间,千里江陵一日还。两岸猿声啼不住,轻舟已过万重山。"

被人类直接改造过的自然更是全面体现着人的力量。平展展的层层梯田,绿葱葱的座座山岭,碧波荡漾的水库,花团锦簇的平原,人们在观赏时都会深深地赞叹人的伟大。这些是经人的劳动加工改造后的自然,不仅更能为人类提供物质的回报,也是赏心悦目的审美对象。

人文景观是指融入了历史文化内容的自然景物,它是人类的文化历史活动和自然景物的和谐统一。

安徽省马鞍山市的"采石矶",是牛渚山突出江流的矶头。江河中的石滩随处可见,但"采石矶"却似乎散发出更美的光辉,总是吸引着大批的游人。原来,传说唐代诗仙李白喜爱这江流矶头,于一月明之夜,在此畅饮,喝得大醉,跃身江水揽月而淹死在长江之中。"采石矶"因此出名。可见,采石矶美的光辉有一部分是来自它与诗仙的联系,来自它所具有的历史文化意义。

史书记载着著名的"赤壁大战"。那是东汉建安十三年冬,曹操亲率20万大军进攻东吴。孙权与刘备联合作战,在诸葛亮的策划下,利用曹军不善水战之短,在赤壁用火攻大破曹水军。此次战役孙刘联军以少胜多,以弱克强,奠定了魏、蜀、吴三国鼎立的基础。于是,古战场赤壁就成了人们吟咏感怀的对象。斗转星移,赤壁的具体位置随着岁月的流逝已模糊不清,但无论是被认为是"文赤壁"的四面石乱山高、岩壁陡峭、江涛汹涌、地势险要的黄冈(古黄州)城外的赤鼻矶,还是不断发掘出与赤壁大战有关的文物,如东汉时期的铜马镫、陶瓷器和箭镞,沉船上的铁环、铁钉等而被称为"武赤壁"的湖北蒲圻县西北赤壁,人们都会联想到那场著名的战役。赤壁,以其与历史事件的联系而成为一大人文景观。

桃花源则代表着由文学作品所创造的人文景观。"晋太元中,武陵人捕鱼为业。缘溪行,忘路之远近,忽逢桃花林,夹岸数百步。……"晋代陶渊明以他的生花妙笔,描绘了一个美好、宁静、平和、淳朴的世外桃源。后人心向往之,四处寻觅;于是出现了许多的桃花源:湖南省沅江边上的桃源县境内有桃花源,四川酉阳土家族苗族自治县大酉洞有桃花源,江西九江县境内的武夷山中也有桃花源,素有"桃花源里人家"之称的安徽黟县,虽对桃花源之争不置一喙,却有人认为这里是陶渊明笔下的桃花源,因为黟县旧时山水形胜,风情掌故,与"世外桃源"无一不似。而学者认定的桃花源是庐山康王谷,它全长10余千米,山谷里处处都是野生的樱桃花,并有溪流、田畴和房舍,地理环境与《桃花源记》中描绘的景象相符。有关楚王子康王的传说也与陶渊明所写《桃花源记》的素材相吻合,所以学者认为这里是真正的桃花源。其实,桃花源又何止以上所述的几处。在许多名山大川中,不时出现的以桃花源、桃花洞、桃源洞、小桃源等命名的景点,都是以陶渊明的千古名篇为蓝本的。"世外桃源"已成为自由、恬静、美好的生活图景,被人们所追寻。

人文景观也是人化的自然,在这类自然中,人们时时处处都能捕捉到这些景观中体现的人类历史活动的印记,感受到这些景观后面蕴含的深厚历史文化意蕴和巨大的历史文化价值,唤起人们对于自然历史美好的回忆和对于现实无尽的联想,产生美的享受。

艺术化的自然是人化自然的重要组成部分,其特殊性在于这是人按照艺术的标准去改造与建构的自然。虽然这些创造物还是自然的山石草木、溪河湖瀑、飞禽游鱼,却因外观形式的改变与雕琢而具有艺术的性质,从而成为人们的审美对象。我国的金鱼和洛阳牡丹是典型的人工培育的观赏物,而世界各地的园林,都是以人工的方法或种植花木,或叠石堆山,或引水开池,或综合运用各种手段组景造景而形成艺术化的景观的,其中凝聚着人的创造。

由野生鲫鱼到美丽的金鱼，是人们培育了一二千年的结果，由此可以体会到美的创造的不易。现在，经人驯养与培育出来供人观赏乃至作为宠物的动物不仅有金鱼，还有热带鱼、巴西龟，不仅有飞鸟，还有小狗、小猫、小兔、小金丝熊……给人的生活增添了无穷的乐趣。艺术化的植物不仅有牡丹，还有菊花、梅花、郁金香、虞美人、仙人球……凡此种种，不可胜数，那都是人类在漫长的岁月中雕琢出来的活的艺术品，给人们的生活增添了亮丽的色彩。

艺术化的山水主要是指园林。园林中的山石草木、溪河湖瀑虽是自然物，但都是以人工的方法或种植花木，或叠石堆山，或引水开池，或综合运用各种手段组景造景，形成了艺术化的山水景观。

苏州地处江南特有的"水乡泽国"之中，有"人间天堂"与"东方威尼斯"之美誉。而"江南园林甲天下，苏州园林甲江南"更是突出强调了苏州园林为中国之最。所以1997年苏州园林就被列入了世界文化遗产名录，列名世界文化宝库。

始建于宋代的沧浪亭，原为五代时吴越中吴军节度使孙承祐的别墅，北宋时诗人苏舜卿买下后临水筑亭，因其对屈原的《楚辞·渔夫》中的"沧浪之水"感触颇深，因此冠名"沧浪亭"。南宋时，此园为抗金名将韩世忠的住宅。以后的年代里屡毁屡建，清同治十二年（1873年）再次重建，保留至今。有人说"水令人远，石令人幽"，沧浪亭的水与石与一般园林都不同。它是个面水之园，园内却以山为主，山和水截然分开。未入园时，水光潋滟，渡平桥入园则山林肃肃，转瞬之间感觉大变，对比的妙用为园林增添情趣。园中堆山的太湖石不求露、透、瘦、皱，而是体形浑圆，气质古朴，汇集成的山壑分布集中，气魄豪壮。

江南园林中，有"扬州以名园胜，名园以叠石胜"之说。分峰造石为扬州叠石的一大特色。所谓分峰造石即根据不同的石材，堆叠成不同的山峰，辅以花木，形成一个个迥然不同的山景，便得"片山有致，寸石生情"。而这诸多山景又要汇于一园，相互映衬，相互比照，和谐一致。扬州的个园代表了这种造园艺术。

个园建于清嘉庆二十三年（公元1818年），为两淮盐总黄至筠于明寿芝园旧址重建。主人极爱竹子，自号"个园"，并以号作为园名。该园据说出自清代著名画家石涛的手笔。他一生尽游名山大川，"搜尽奇峰打草稿"，使得个园设计得精妙绝伦。个园的分峰造石构成了四季假山，游园一圈，似过一年，构思可谓奇绝。更可贵的是，这春夏秋冬都不是截然分开的孤立造景，而是浑然天成，和谐统一的，人们在游园中可以体会到四季的转换。

北方的园林主要是皇家园林。北京的颐和园是我国现存规模宏大又最为瑰丽的皇家园林，主要由万寿山和昆明湖组成。昆明湖本是一个半天然、半人工的湖泊，自金代皇帝看中这块沼泽低地不断引水使之成为金水河后，到元代又引昌平县白浮村和玉泉山的泉水入泊，改名瓮山泊。清代乾隆时凿深瓮山泊并加以扩充，借汉武帝在长安都城外凿有大型池沼昆明池的典故，把瓮山泊改称昆明湖，沿用至今。颐和园的面积为三四平方千米，有三分之一是山地，即万寿山。建筑东部是朝廷部分，布局规整气派，建筑体量不像紫禁城那样宏大，不大量使用琉璃瓦，有更多的生活亲切感。从昆明湖岸边的"云辉玉宇"牌楼向北，经过排云门、二宫门、排云殿，通往万寿山腰的德辉殿、佛香阁，直至山顶的智慧海，形成一条层层上升的中轴线。这条前山中轴线上的建筑金碧辉煌，显示着皇家气派。各种亭阁楼台错落层叠于坡上林间，自由中带有统一，富丽中又含轻巧。后山中轴线上有附会"四大部洲"的喇嘛教建筑和江南水乡式的买卖街。藏式的塔、台和殿堂隐在丛林之中，小巧的店铺排列在清水绿草之间。昆明湖与万寿山组成了富丽气派的颐和园。在这一片湖光山色之间，不仅建筑富丽精美,而且从花木的配置到假山的堆造,从地形的运用到景色的安排,都匠心独运,构成了山外有山、景外有景的壮丽画卷。

人化自然的美,让人们感受到的不仅是纯粹的自然美,更有人的力量与创造,而这改造与创造,都与大自然和谐地结合在一起,构成了人类生活的美好环境。

自然景象与人化自然构成了整体的自然界,提供了整体的自然美。在自然中游历与赏析,就是在接受自然的美育:

优美的自然引起人和谐、平静、松弛、舒畅的感受,使人感到纯净的愉快和美好。自然风光之美激发起人们对大自然深深的爱恋之情,这种感情还会很自然地扩展为对生活、对家乡、对祖国、对地球的深深的热爱。

壮美的自然引起人舒畅、豪放的壮美感。壮美感的心理活动过程并不如优美感那样自始至终赏心悦目,而是有着一个从惊惧感中提升的阶段。这个阶段的存在激发人达到对自身的更深的理解与把握,因而能使人摆脱平庸琐细的境界,上升到豪放之情,精神上感到无比的畅快。

新奇的自然引起人超越日常审美经验的情感震撼。奇异、奇特、奇怪、奇幻、奇妙的自然现象具有不可替代的独特性,让人获得一种从未体验过的情感冲击与审美享受,激发人的求新愿望,使人不断追求新的事物,也使人类社会得以不断发展。

第三节 社会美赏析

社会美是指社会生活中的美。社会是由人构成的,人自身与人的活动及活动的成果构成了社会生活。社会生活中有许许多多可以作为人的审美对象的、对人来说具有审美价值的现象与场景,那就是我们所说的社会美。社会美主要包括了人的形象、人类活动场景与人类活动成果三大类型。对社会美的赏析,同样是美育的重要途径,它会使人明白什么是社会美,怎样去创造社会美。

一、人的形象赏析与美育

人对自身的欣赏早就存在,自古以来,有无数"美人"载入史册,被人们所传颂。人作为审美对象,是以人的形象出现的。而人的形象,简单地说,就是人的外形。但这个外形不是简单的体貌,而是包涵着人的所有内容的整体信息,是别人可以感受到的一个人的全部:既有外在的形体容貌、表情姿态,也有由内发出的气质风度、人格精神,汇聚而成整体的人的形象。因此,对人的美的理解,既有天生丽质的美女帅哥,也有风度翩翩的气质美人,更有内蕴深厚的人格美人。

人的自然体貌在美学研究中一度被认定为是大难题,原因在于美的本质研究中对社会性的强调,对思想性的强调。在最极端的时期,如"文革"时期,自然体貌的美甚至是有罪的。当社会和人们的思想观念恢复到正常,自然体貌的美才真正受到重视。

人的自然体貌指人的形体、容貌,这是"爹妈给的"、不由个人选择的外在形象,因此人们常常把自然体貌的美好称为"天生丽质"。如西施、王昭君、貂蝉、杨玉环被誉为有"沉鱼落雁之容,闭月羞花之貌",是我国历史上四位著名的美女。

当然,对人体的赞美和欣赏在历史进程的各个时期因种种复杂的社会和文化原因会有所变化,但我们不能否认人的形体、容貌是最直接的审美对象,是人的美的一个重要组成部分。

被认为美的自然形体是以人体各器官的全部形态和协调比例为基础的。文艺复兴时期意大利绘画大师达·芬奇认为,美感完全建立在各部分之间神圣的比例关系上,并对人体能引起美感的他所称的"神圣的比例关系"做了一定探索,提出各部分和身高要成简单的整数比。符合这种比例关系的形体是协调和谐的美的形体。这个标准至今仍有意义。所以,美的形体一般具有人们公认的协调、匀称特征,所谓"增之一分则太长,减之一分则太短"[1],以及各部分之间具有达·芬奇所说的"神圣的比例关系"。

人的体貌是人不能自己选择的一个部分,但是人可以通过装扮改变自己的体貌,这也是人的力量的一种体现。化妆与美容是人对容貌的改变的主要方式。很久以前,人类就在"涂脂抹粉",装扮自己。到现代,化妆作为人美化自己的一种重要手段,日益引起人们的重视、注意和运用。同时,它作为一种社会文化,需要科学知识和特定技巧。

与容貌一样,人的形体的高矮胖瘦比例等也基本是由先天遗传所决定的,但也是可以改变的。自古以来,人们就在努力使自己的形体理想化。在现代社会中,形体的塑造有了更科学的依据与手段。注意饮食营养,养成良好的生活习惯,是培养美的形体的一般条件。现代美容术甚至可以借助科技的力量完全改变人的形体,"制造"出一副全新的体貌。但对于一般人来说,体育锻炼对形体的塑造起着最重要的作用,做健美操、跑步、打球、游泳、爬山、舞剑等各种各样的活动都非常有益于达到健美的目的。如果能有意识地进行专门的形体训练,还能获得像体操运动员与舞蹈演员那样的赏心悦目的形体呢!

人是有生命的、活生生的人。人的容貌的美固然是人们所赞赏的,但容貌如果不能表现出人的生命、生机与活力,也不能称之为美的容貌。人的生机、生命与活力在容貌上反映出来就是表情。我国《诗经·硕人》中咏庄姜之美,在写了她的静态外貌之后,有一神来之笔,即"巧笑倩兮,美目盼兮",生动的表情描写顿时使一位美人活灵活现地展现在人们眼前。

人的表情主要是面部表情,最普通的一般有两种:一种是封闭式表情,一种是开放式表情。封闭式表情是人除了内心感情的真实流露外固有的表情,是脸部肌肉和器官的松弛状态,眉毛下垂,眼光无神,嘴角往下挂。这是一种封闭内心,不想关注外在世界,拒绝与人打交道的表情,实际上就是"面无表情",因而这种表情是没有活力与生气的表情。开放式表情与封闭式表情正好相反,是扬起眉毛,使眼部周围的肌肉自然地伸展开,眼睛相对地睁大,亮丽有神,双颊往上动,嘴角上扬。这是一种生动活泼、愉快自信、愿意敞开心胸与人交往的表情。这种表情需要内心有真正关注外界的愿望,但有时有这种愿望时也不一定能有这种表情,因为它不是人的固有表情,需要通过有意识的训练使之成为自身的一种基本表情。生动的表情给人以美好的印象,"笑模笑样"的人在人群里总是受欢迎的。

人的生命、生机与活力在形体上反映出来就是姿态动作,姿态动作也有着美与不美的区分。车尔尼雪夫斯基说得好:"动作敏捷、从容,这在人的身上是令人陶醉的,因为这只有在生得好而且端正的条件下才有可能;生得不好的人既不可能有良好的步伐,也不可能有优美的动作,因此,动作的敏捷与优美,是人体的端正和匀称的发展的标志,它们无论在什么地方

---

[1] 宋玉:《登徒子好色赋》

都是令人喜爱的。"①我国古人讲究"站有站相,坐有坐相,吃有吃相",就是强调注意行为姿态。具体地说,人们认为"立如松,坐如钟,卧如弓,行如风"是美的姿态。美的姿态是可以经过一定的训练而达到的。美的姿态动作使人充满着朝气和活力,内含生命活动的特点和要求。

人的体貌美与人的服饰有着最直接的关系。这是因为进入文明社会以后,人都是着装的,人体形态是通过服饰才完整地呈现在他人眼前。人体在他人面前的展示,是服饰的色彩与轮廓映衬下的展示,服饰对于提高人的体貌美有着极为重要的作用,服饰也是人们用来使自己达到理想的外形的一种最有效的工具。服饰自产生的那一天起就不仅具有实用价值,更具有审美价值。然而,服装再漂亮,再美,也要穿在人身上,只有与人的形体相结合的服装,才能真正为人的形象增加美。

服饰的首要功能是增加人的体貌美,那就要按人本身的形体状况来选择服饰。使服饰既能为人的形体的自然美锦上添花,又能遮掩与调整人的形体的不足,使人的形体更美好。在服饰的选择中,只看漂亮时髦而不管适合不适合自己的身体条件是不行的,有时会使自己变"丑"。

服饰更重要的作用是显示自己的内涵,塑造自己的形象。因为服饰是人类文化的重要组成部分,是人类物质文明与精神文明发展的一个重要标志,从服饰上可以获得一个国家和社会的政治、经济、科学技术、文化修养等多种信息。对于个体来说,服饰是整体形象的最重要的组成部分。人对自己的修饰装扮,从某种意义上讲是一种艺术设计,就如艺术品是作者的心灵的表现一样,服饰也展示着人的文化修养、审美趣味、志向情感,展示着人的内心世界。所以美学总结的服饰的第一要义是得体、合适,或和谐,即按自己的年龄、环境、职业、性别等去选择,就如戏装的原则一样,"宁穿破,不穿错",使服饰与自己的个性特点和谐一致,从而创造出美的形象。因为真正美的服饰,是既能塑造人的外在美形象,又能显示人的内在美的服饰。

人的风度是人在长期的生活实践中形成的,通过人的神态表情、举止行为、语言服饰等表现出来的内在的精神状态、个性气质、品性情趣、文化修养、生活习俗的总体特征,它比人的体貌的美更含蓄、更深刻、更与人的内在的精神世界相联系。它是使人的形象透明发亮的光芒,是只可意会而不可言传的人的风采。

风度的美首先来自人的良好的精神状态。神采奕奕,精力充沛,感情丰富,会具有一种引人注意的神态。因为这种神态表情表明了一个人的自信、自尊和对世界对他人的热爱与关注。风度还来自机智高雅的谈吐。高雅的谈吐用词优美得体,内容丰富广博,具有巨大的吸引力,往往使人听得入迷,油然而生赞美之词:"听君一席话,胜读十年书"。高雅机智的谈吐是博学多识和智慧敏捷的表现,"腹有诗书气自华"说的就是这个意思。当然,风度也来自仪表、举止与礼仪。礼仪是文化的一个组成部分,也是社会文明的标志。我国素以礼仪之邦著称于世。人的举止言谈能否合乎礼仪,显示出内在的文化修养的高低。所以礼仪是组成风度的一束光芒。礼节使用得当能显示出人的修养,使人看上去很有风度。

人的风度并不完全是可以靠改变外在形象而获得的,也不是能走捷径在短时间内便具有的。"学者风度"是在长期的读书学习中陶冶出来的,"领袖风度"是在长期的领导实践中

---

① [俄]车尔尼雪夫斯基:《美学论文选》,北京,人民出版社,1957年版。第61页。

锤炼出来的,"艺术家风度"是在长期的艺术创作中熏陶出来的,"军人风度"是在长期的戎马生涯中培养出来的……正因如此,从事各种职业的人都可以有各种独特的风度,而具有不同个性气质和情趣品性的人往往有着更具个性的风度。无论是活泼纯真、淡雅婉约、清丽自然、高贵典雅,还是豪放粗犷、率直明朗、洒脱自由、威武果敢,只要是个性的自然流露,都会给人以美好的印象。

人的形象,与人的内在的精神世界有着直接的关联,内在的精神在形象上的表现,便是人的精神风貌。通常所说的"人的美",更多地与人的精神风貌相关。黑格尔在一篇文章中写过一个小故事:有个凶手被押往刑场,路边看热闹的人群中有位太太说:"他是一个强壮的、漂亮的、惹人喜欢的男子。"另一个观众便指责她:"怎么?凶手还漂亮?怎么能说凶手漂亮呢?怎么能有这么丑恶的想法呢?"接着就上了纲:"大概你自己也好不了多少!"又一位观众补充说:"说凶手漂亮,就是社会道德败坏的表现!"①在这个小故事中,出现了两种对人的美的评价标准:那位太太说这位男子是"漂亮的、惹人喜欢的",是个美男子,是从外貌上来评价的;另外两个观众对这种看法十分愤怒,认为这个男子既然是凶手,就不能是漂亮的,或美的,是从内质上来评价的。这个故事也说明,在对人的审美评价上,人们更注重的是人的社会本质。人们对凶手的初步理解便是"没有人性",没有人性的人,怎么能美呢?人的美更与人的社会性内容、与人的价值、人的精神和人的本质力量相联系。那个"强壮的、漂亮的"男子,由于是凶手,是社会的罪人,人们对他必然是全盘否定,那两个观众的看法正体现了人们对于人的美的首要标准,那就是通常所指的"心灵美""内在美",它是人的美的最重要的组成部分,如善良、正直、谦虚、诚实的品质,无私、无着、执着、向上的精神等。因此,人的美不等同于人的体貌的美,人的美包含着更深刻更复杂的内容,是与人的生命意义相联系的。人的美在最高的层次上会得到社会的普遍承认,它是超越国界和阶层的。

人的美,从某种意义上说,是人生的美。一个人不一定具有体貌的美,但是却可以创造人生的美。所谓人的"化丑为美",只有在这个意义上才是可能的。"化丑为美"是指人的内在的善与智慧等使别人不以他们体貌的一般或丑陋为意,不自觉地愿意与他们交往。对体貌美的人的追求是人的一种自动的追求,与美的人待在一起往往能使人感到很愉快。当体貌丑的人因其内在的善与智慧等使人们与他们的交往同样感到愉快,甚至超过了与体貌美的人待在一起的效果时,便是真正的"化丑为美"了。因此,我国历史上不仅有对四大美女的传颂,也有对丑女的赞美。有记载说中华民族的始祖黄帝所娶之嫫母,容貌丑陋,"倭傀,善誉者不能掩其丑"。但她为人贤惠,据说黄帝败炎帝、杀蚩尤,皆因嫫母内助有功。所以屈原在《九章·惜往日》中赞道:"嫫母姣而自好。"又如战国时代齐国的丑女钟离春,据说她"四十未嫁""极丑无双""凹头深目,长肚大节,昂鼻结喉,肥顶少发",皮肤如同烤漆。但她关心国家大事,曾谒见齐宣王,当面指责他的奢淫腐败,后来被齐宣王立为王后。还有东汉贤士梁鸿的妻子孟光、诸葛孔明的妻子黄小姐等,都是因才高德美而被史上文人墨客所传颂赞美。她们的容貌虽丑,但却具有内在的美。这是需要经过非常自觉的艰苦的努力才能达到的美,用时下最流行的话来说,就是"人格美人",而人格的美,是人生追求的最高境界。

美育,就是要通过对人的形象之美的赏析,明确自己的奋斗目标,塑造自己美的形象。

---

① 参见黑格尔:《谁在抽象地思维》,见[苏]古留加:《黑格尔小传》,北京,商务印书馆,1978。第65页。

二、人类活动场景、活动成果赏析与美育

在人们的日常生活中,工作、学习、生活、体育锻炼等是每天都在进行着的活动。那气吞山河的垦荒场面、焊花四溅的建筑工地、银梭飞舞的织布车间、气势宏大的人造卫星发射基地、紧张有序的实验室、安静整洁的图书馆、龙腾虎跃的体育场,那活泼游戏的儿童身影、晨曦中刻苦攻读的学生、柳荫下相互依偎的情侣、小巷边悠闲自得的老人……只要注意,就会发现人类活动的场景处处有美。

在现实生活中,我们喜爱艺术表演,演员高超的演技给人以美的享受。在青年厨师技术大赛上,厨师把一整块面团一拉一甩一绕,反复数次就变成一把柔长细软的银丝面的表演令人赞叹不已!人的技能技巧在其精绝之时,就如同艺术家的表演一样引人入胜,无怪乎"艺术"一词的古代词义就包含着"技艺""技术"呢!由此我们可以理解,人们为什么喜爱观看体育比赛,为什么能从体育比赛中获得美的享受。那是因为任何体育项目都是力量与技巧的结合。艺术体操、花样滑冰、花样游泳等固然有着更多的艺术因素,似芭蕾,像舞蹈,那么举重、跳跃、跑步呢?当运动员举起比自己更重的杠铃,当他们腾起在半空,当他们在跑道上飞奔时,我们不是会觉得极其兴奋吗?球类运动,尤其是足球,更拥有大量的球迷。每到世界杯足球赛比赛日,许多人宁愿放弃其他娱乐和休息,也要等候在电视机前观看现场直播,为球员巧妙的球技呐喊叫好,尽管球员并不能听见。在运动员的比赛过程中,人们能够最真切、最充分地直接"观看"到我们人的力量、技巧,从中生发出无限的自豪感与美感。体坛明星的光芒绝不会比影坛明星的光芒暗淡,同样受到千百万人的崇敬与爱戴。

人类生活场景中处处有美,处处可以作为审美对象来看。艺术加工只不过是把人类活动的审美价值加以突出罢了。

与日常生活中的活动相对应,精神性的人类活动同样具有审美的性质,精神性活动的场景也是人们直接的审美对象。人类最早的精神活动是与物质活动交织在一起的。因为劳动使人特有的感觉和心理发展起来,使人类在解决人与客观世界的对峙时,可以从物质和精神两个方面进行,在物质活动方面受到的限制,可以从精神活动来超越。这是人类特有的、在劳动中发展起来的特性,是人类具有文化的标志。原始巫术、图腾崇拜、禁忌、文身、神话传说等就是人类最早的精神活动。

原始人的精神活动主要有两个方面的目的,一是为了达到劳动的目的,一是为了保护自己和族类。如狩猎民族的野牛舞,它是狩猎活动的组成部分,用意是为了召唤野牛,因此他们称这种舞蹈为"工作"。这种舞蹈有时要连续跳上好几天甚至更多,直到野牛出现为止。又如我国连云港将军岩之西北侧崖上的原始社会的石刻画,它的内容是祝祀性的,表达进入农业社会的人们对风调雨顺、作物生长兴旺的愿望。这种祝祀仪式在相关季节开始时举行。这些精神性的活动与物质活动的密切联系表现在它们的共同的功利目的上,但却有着独立的精神活动的形式。而图腾崇拜、巫术仪式及文身、禁忌等在本质上就是一种以对待人的方式来影响神灵鬼怪的做法,请它们息怒、改善关系、和解、剥夺权力,使它们服从命令等,因为原始人相信万物有灵,能作用于人类。当人们把物质活动的成功——如在跳了两三星期的野牛舞后,野牛真的出现并被捕获了;在祝祀活动之后,种植真的很顺利并获得了丰收——与自己的精神活动相联系的时候,他们会认为是精神活动起了作用,因而对这种活动形式产生出极大的信任与满足感。而当人们在用图腾崇拜、巫术仪式、文身、禁忌来讨好神灵鬼怪

时,内心的恐惧得到了克服,心灵变得宁静并充满快乐。久而久之,人们只要看到这种活动的样式就能感到愉快。然后,人们会出于审美需要去进行这些精神活动,此时,它们就是审美活动了,这些活动样式也就成为人们的审美对象。

我国目前所留存的许多民俗活动,往往是对中国传统文化的直接展示,其含义深邃,令人回味,充满了魅力。因此,许多民俗已因其审美价值而被列入世界非物质文化遗产名录。

在人类活动中产生的各类产品,由于是人按照"美的规律"建造的,因此都含有审美因素;它们遍布人类的衣、食、住、行、用等生活的各个领域,更有展现人类精神性活动成果的象征物,受到人们的喜爱并成为人的审美对象。

"民以食为天",饮食是为了满足人的最基本的生存需要的。但自从人类学会用火以后,饮食就逐步具有了文化的内涵,体现出人的审美要求,在满足人们果腹需求的同时,也满足着人们的审美需要,因而也成为人们的审美对象。有人把中国烹饪文化的技术理论归结为:水最为始,火为之纪,味为之本,刀为之要,料为之博,配为之当,器为之美,名为之雅,肴为之新九个要点。每一种都包括了美的要求。选好水,掌握火候与调味似乎是直接为了食物的味觉或食用,但也有保持食物的色泽、形态的美观,使之能引起人的食欲的要求在内。刀工、用料、配菜有营养学和加热熟化方面的讲究与需求,但也有造型美化观赏的需要。对食器与名的要求几乎完全是从审美的角度出发的。器为之美,一指食器本身的美,二指器肴配合之美。名之为雅,讲究在饮食的名称中突出审美文化与审美兴趣,要求既美妙动听,富有特色,又含意隽永,富有情趣。肴为之新,要求烹饪不断发展,创造出新的烹饪原料、技术和肴馔品种,自然内含着饮食中审美文化的创新与发展。

服饰的审美特点更为明显,可以说,服饰自产生的那一天起就具有审美功能,因而把服饰作为审美对象是毫无疑问的。服装的审美特点,使服装设计在某种意义上讲也是一种艺术创造。德国19世纪的哲学家费尔巴哈说过:"难道裁缝不是具有真正的审美感吗?难道衣服不是同样也要在艺术的论坛前受裁判吗?"①他认为服装师的作品与艺术作品一样,是人们欣赏的对象,是审美对象中的一类。

但凡人工产品都具有一定的造型、色彩和材质,并从整体形象上体现出特定的韵味。它们物化着人改造客观世界使之适应自身的本质力量,受到人们的喜爱并成为人的审美对象。美器多指人们的日常生活实用品,饮食中提到的食器就是其中重要的一种。这些生活日用品随着审美价值的增加会演变成工艺品,装点着人类的生活。

工业艺术设计由于是与现代工业生产相关的产品艺术设计,涉及的范围非常广,主要有生活日用品,公共性的商业、服务业用品,工业机械及设备,交通运输用品,服饰用品等。因此,在现代人的生活中,会有越来越多的美器相伴。

生活环境一般是指人的生存空间,特别是城市人的生存空间,包围着人并给人以影响的外部物质世界。应该说,这里的环境已是一个人工环境,人创造的"第二自然"。除了蓝天白云、阳光雨露,周围的一切都是人的创造物。因而,人类自身的生活环境集中地体现着人的本质力量,也是人们直接的审美对象。建筑造型、音乐喷泉、城市雕塑、墙面壁画、绿地花坛等,都表现着人类为改善自己的生活环境所做的努力。

至于更小的环境,即个人的居屋环境,更是人们所期盼其美丽而舒适的。住房装修热的

---

① [德]《费尔巴哈哲学著作选集(上卷)》,中译本,北京,三联书店,1959年版。第319页。

兴起,也是社会的一种进步。美丽的住所使人赏心悦目,人们不断地为自己创造审美对象,或者说,人们在不断地创造美。人类活动的成果是多方面的,只要是表现出或象征着人的精神、智慧、才能的直观的感性形象,都可以成为人的审美对象。从人类活动成果的象征物中,人们看到了人类自身的力量、智慧、才能、理想,它们具体化为了人的审美对象。

对人类活动场景、活动成果的赏析同样是一种美育,能激励人们在日常生活中发现美、创造美。

第四节 艺术美赏析

艺术美是指艺术作品的美,也就是艺术作品的审美价值。

艺术作品是艺术家创造性劳动的产物,是一种特殊的精神产品;它不仅仅是某种技巧的产物,也不仅仅是合乎人的感官审美要求的美的形式,而是传达了艺术家特有的审美经验的作品。所谓艺术家的审美经验,指的是艺术家的精神活动与心灵活动的成果,是人的精神性存在的集中体现。艺术活动是艺术家通过艺术传达方式,把自己的精神与心灵对象化或外化为可以直观的感性具体的艺术形象的过程。因而,艺术作品是人的思想、精神、心灵的最集中、最全面、最典型的反映,是人为自己创造的最重要的审美对象。对艺术美的赏析是美育的最主要的途径。

一、艺术作品与艺术价值

艺术作品是艺术家创造性劳动的产物,因此首先可以肯定的是,艺术品是一种人工制品。黄山很美,奇松怪石鬼斧神工,那是大自然的杰作;野花很美,万紫千红多姿多态,那是大自然的奉献。它们不同于画家笔下的黄山与野花,它们是一种自然存在,而不是艺术作品。艺术品必定是人类的创造物,而不是自然物,尽管有许多自然物被人作为艺术品来欣赏。

肯定艺术品首先是一种人工制品,体现出艺术的第一种含义,也是最广义的最古老的艺术的含义,指人类控制自然的技术、技巧。中国甲骨文的"艺"字是人栽培禾苗的形象,"艺"就是指种植等事。在古文中可以看到这种用法,如《甘薯疏序》中说:"每闻他方之产可以利济人者,往往欲得而艺之。"这里的"艺"字用作动词,意为"种植"。后来,"艺"演化为才能、技巧、灵活、制品等,技艺是指高度熟练的劳动技能。拉丁文 ars,英文 art,以及俄文、德文相应的词,都有同样的含义。古代希腊的艺术指的也是各种技艺或技艺生产,几乎所有需要规则和知识的活动都在艺术之列。按照他们的划分,高雅的或自由的艺术有语法、修辞、逻辑、算术、天文学等,需要心灵的努力;低级的或粗俗的艺术包括建筑、绘画、雕刻、木工、陶工、裁缝、战争等,需要体力上的付出。现代仍在一定程度上袭用着艺术一词的古代含义,常见的如"指挥艺术""领导艺术""教学艺术",以及"工艺""园艺"等,实际上都是指技巧和技艺。如果对艺术做这种理解,"艺术作品"就与一切人类制品等义。

当然,人工制品并不一定是艺术品。说景德镇烧制的瓷器"像艺术品",是指它不仅具有实用价值,而且还具有很高的审美价值。这里体现出的艺术的含义比上一种要窄,指不光是准确、熟练地控制与改造自然,还能"按照美的规律去建造"。如果对艺术做这种理解,那么,一切具有较高的审美价值的人类制品都可以算作是艺术品,像服装鞋帽、公用设施、家具、民用建筑、实用工艺品等。然而,人们不是只说"像"而不说"是"吗?"像"即"不是"。因为这许多物质产品,如漂亮的服装,精美的用具,宏伟的宫殿,庄严的庙堂等,人们在创造它们时的目的是明确的,即具有各种实用的或非审美的精神的功能。它们所具有的使人感到愉快的形式特征或审美功能,都是附着在实用的或非审美的精神的功能上的。因而,对艺术的这种理解,实质上是与前一种相同的。

西方艺术概念的转变是从文艺复兴时期开始的。当时,在人文主义者中有许多建筑师、画家、雕塑家、诗人,他们要求改变自己在传统的艺术分类中所处的低下的地位,要求把自己与匠人相区别,认为自己所从事的艺术应该是需要心灵的努力的自由艺术的代表,并称之为美的艺术。但直到18世纪,"美的艺术"(fine art)的概念才比较明确地被接受,并且以音乐、绘画、雕塑、舞蹈和诗歌组成了一个较完整的美的艺术的体系,从而与手工艺、科学等区分开来。再往后,人们就直接以艺术来指称美的艺术了。

所以,只有专门为满足人的审美需要而创造的人工制品,才是艺术品。它们是绘画、音乐、雕塑、舞蹈、戏剧、文学等,是艺术家的有意识的创造。这里体现着艺术的本质含义,即按照美的规律去创造符合人的心灵的审美需要的产品的精神生产。因此艺术品必然具备两个必要条件:其一,要提供符合审美需要的精神意象或精神内容,这种精神意象或精神内容必定是"为人的",能使欣赏者感到自身生命活动的自由,感到生命的乐趣。其二,这种精神内容或精神意象,是以感性的审美的形式传达出来的。单纯的心灵意象和心灵活动并不构成艺术作品,没有审美的感性形式也不构成艺术作品,因为精神性的内容也有各种存在方式,比如概念形式、理论形式等。所谓感性的审美的形式,是指艺术品必须有一个物质的载体,这个物质载体的形式本身就能使欣赏者得到审美的享受与愉快。从价值角度看,艺术品的主要价值必然是审美价值。因为对艺术家来说,他要传达的是自己的审美经验,并且要以艺术的方式或美的方式来传达;对欣赏者来说,欣赏主要是为了满足审美需要。因此艺术作品必然首先要具有审美价值,艺术的其他价值都是通过审美价值的实现才能实现的。

艺术价值是多样的,一般认为,艺术具有认识价值、宣传鼓动价值、教育价值、交际价值等。

说艺术有认识价值,是因为通过艺术的欣赏活动,人们可以从中深刻地认识社会、自然、历史、人生等。所以早在先秦时孔子就讲过,诗"可以兴,可以观,可以群,可以怨;迩之事父,远之事君;多识于鸟兽草木之名。"①这里的"可以观",即可以从中观察"风俗之盛衰",认识社会、历史,而"多识于鸟兽草木之名",就是还可以通过艺术认识自然现象,得到多方面的学识。艺术的认识功能来自于艺术的自身特征。艺术作品是形式与内容的统一,艺术中的内容都是来自于社会生活的实践,并且经过了艺术家的概括、提炼,往往能更深刻地揭示社会、生活、历史、人生的内涵,而其通过感性形象的表现,又更接近生活,使人们更容易理解和发现这些内涵和真理。

艺术的这种认识价值不能以其他学科如哲学、科学来代替,它往往反映和掌握着哲学、科学所难以达到的感性的世界。H_2O是水的化学分子式,这个分子式包含着这种现象的存在规律。但是,我们从这个分子式中既不能看出毛毛细雨的迷蒙、潺潺小溪的温柔,也不能看出长江三峡中的激流,汪洋大海中的波涛。水有数百个特性,但它具体丰富的存在远远超出了科学概括的界限。艺术却能为我们展示千姿百态的各种水,这使我们对世界的理解和

---

① 《论语·阳货》

掌握不是抽象的、干巴巴的，甚至是虚无的，而是具体、实在、生动、活泼的，便于我们在已知的事物中发现新的东西，在日常的熟悉的现象中发现不平凡的东西。

艺术在为我们分析世界的现状时既是生动的、具体的，又是深刻的、概括的。我国漫画家方成有一幅作品名为《武大郎开店》，画面上，一个比桌子还要矮的店伙计正仰着头向比他高出一倍以上的顾客说："我们掌柜的有个脾气，比他高的都不用。"画面中间有几张桌子，桌子缝中几个矮伙计的头和举起的手露了出来，他们忙着抹桌子、托盘子，十分费力。这幅漫画夸张却又入木三分地揭示了社会中压制人才、嫉妒贤能、墨守成规的现象。无疑，这对于人们认识世界、认识社会有着理论不可替代的作用。

艺术还有宣传鼓动价值。古希腊有这样的传说，斯巴达人经过长期的艰苦战争，已经精疲力竭，便向雅典人请求援助。雅典人却派出了瘦弱的瘸腿乐师吉尔捷依代替军队表示嘲弄。然而，吉尔捷依的歌声鼓舞了斯巴达人，成了最有效的援助，使斯巴达人战胜了敌手。这并不奇怪，在我国战争年代，文工团员打着竹板的"数来宝"不是鼓舞了疲劳的行军战士吗？歌剧《白毛女》曾激起人们对地主阶级的无比仇恨，推动了中国民主革命时期土地改革的进程。《义勇军进行曲》鼓舞着全国人民同仇敌忾，英勇抗战。不仅仅是音乐、歌曲，就连无声的建筑也有宣传作用。中国庙宇的大殿一般没有正面的窗户，光线阴暗，森严肃穆，香烟缭绕，烛光摇曳，高大的佛像顶天立地，呈现出佛的威严。欧洲的哥特式建筑教堂，高耸的尖顶，飞扬的线条，五彩玻璃窗户透进的斑斓变幻的色彩，把人引向天国，引向上帝，显现出一种超世的神秘。古埃及的金字塔，庞大的几何造型渲染着专制政权的威力和法老的超人力量。中国帝王的宫殿，建在高高的、逐层收缩的、被富丽的石栏杆所围绕的台基上，描金镂彩，富丽堂皇，显示了皇帝至高无上的权威和庞大的财富。这些都表现出了艺术的宣传价值。

艺术还具有教育价值，能对人的心灵施以综合的影响。它通过表现在正面或反面形象上的审美理想来影响人，使人形成道德标准、政治观点、世界观等，形成完整的个性。

艺术还具有交际价值，因为艺术可以传递信息、表达意义、交流感情。艺术语言比语言更具有人类的共通性。列宁曾经说过，一个无产阶级的战士，无论命运把你抛到何处，你都可以凭着国际歌熟悉的曲调，找到自己的同志和朋友。在古代，当两个不同语言的部落彼此实现了和平时，他们便跳起舞，用舞蹈动作把两个部落团结起来。在现代，艺术为各国人民相互理解继续起着作用，它不仅常常为不同制度的国家和平共处和相互交流作先导，甚至还被用来寻求与其他星球上的生命进行沟通联系。1977年美国发射"旅行者一号"太空船时，曾把中国的古曲《高山流水》和贝多芬的《欢乐颂》等名曲同时录入激光唱片，一起载入太空，希望通过音乐寻找到别的星球上的知音。

艺术在人类社会中所起的作用也许还不止这些，但不管怎样，艺术的各种价值的实现都要通过审美价值的实现才有可能。方成的漫画夸张有趣，人们在欣赏的同时能联想到某种社会现象。激昂、雄壮的乐曲只有在打动人心时才有鼓动作用，华美精巧的哥特式教堂在引起人们强烈的美感时才能使人感受到天国的神秘。《高山流水》优美的旋律表达着地球人和平友好的真挚的感情。

所以，审美价值是艺术品的固有价值和基本特征的体现。有的艺术品可以没有其他价值而只有审美价值，如静物画、根雕作品、抒情舞蹈等，但绝不能没有审美价值而只有其他价值。如果一幅画只有认识价值而没有审美价值，那一定是一幅教学用的挂图。西方人把精确意义上的艺术称为"美的艺术",是非常有道理的。因此,艺术品一定是具有审美价值的,这也就是艺术美。

二、艺术美与美育

普列汉诺夫曾经指出:"很美地画了一个老人"和"画了一个很美的老人"是截然不同的。"很美地画"出来的作品,是为了满足人的审美需要而创作的,具有很高的审美价值,因而是艺术作品。而画一个"很美的老人",却并不一定是创作了一件艺术作品,因为老人很美,但也许画得并不美。据此,我们可以理解,艺术作品的美并不在于你表现的是什么,不在于你画的是很美的老人还是很丑的老人,而在于"很美地画"。"很美地画"就是用合适的美的形式来传达艺术家想要传达的意思,如他的审美理想,他对人和生活的看法,他的情感,他的判断等。如果画的对象是一个很美的老人,却没有"很美地画",那么,即使是很美的老人也只是一个空洞的外壳,没有生命,没有意义,也没有艺术作品的美。

一般来说,艺术作品首先会具有外在形式的美。任何艺术家,在创作时都不会不考虑到给其作品以美的感性形式。在构图、造型、作曲、配器的创作过程中,他们灵活地运用对称、均衡、对比、调和、节奏、比例直至多样统一的形式美法则,使线条和色彩、造型和质地高度和谐、完美地结合在一起,构成了艺术作品美的外部形式,强烈地吸引着人们的审美注意力。这是"很美地画"的第一种含义。

各类艺术的艺术语言都具有自身独特的艺术魅力。欣赏法国19世纪著名印象派画家莫奈的代表作《青蛙塘》,首先引起人们美感的是它与众不同的线条、色彩。那水面上光的波纹富有节奏感,似乎在闪耀、在摇动,令人赏心悦目。而我国画家齐白石的《虾》,那运用淡墨所表现出的外硬内柔、透明如玉的虾体和虾在水中浮游的动势,同样令人赞赏不已。舞蹈的场面在瞬息万变中总是保持着对称的局面,俯瞰便是一幅运动着的画面。舞蹈的动作、结构安排、人数、服装都体现着整齐划一等形式美法则。柴可夫斯基的芭蕾舞《天鹅湖》第二场表演王子在湖畔与天鹅姑娘相遇的情景,有双人舞、男女独舞、四小天鹅舞、三大天鹅舞及各种队形的群鹅舞,交相映衬,组成了一幅"交响化"的舞蹈场面,富于变化又和谐优美。又如电影的镜头语言——蒙太奇语言,往往具有强大的审美魅力。影片《林则徐》中,林则徐在江边送别故人邓廷桢,大江茫茫,一叶扁舟,孤帆远影碧空尽,这种艺术语言本身就富有诗意与审美价值。因此,艺术家对艺术语言的探索是无穷尽的,艺术的创新往往首先是艺术语言的创新,使得艺术作品具有更高的审美价值。

所以,艺术作品的创作首先会注意外在形式的美,避免对人的感官刺激。京剧大师梅兰芳在长期的艺术实践中,曾悟出一条原则:"在舞台上,是处处要照顾到美的条件的"。因此,他的舞台形象处理给人以美感,让人倾倒。比如他演《贵妃醉酒》,就是处处照顾了"美的条件"。这出戏的情节非常简单,唐明皇与杨贵妃约好在百花亭摆宴,临时却爽约改去西宫。贵妃内心抑郁,举杯独饮,不觉酩酊大醉,说了许多醉话,做出许多醉态,最后由宫女搀扶回宫。在梅兰芳之前已有不少人演过这出戏,由于它重在做工,有人就在贵妃的醉话、醉态上下功夫。有的做过了头,不免走上了淫荡的路子。还有的忽视美的条件,为了表现醉态,让贵妃在台上大口大口地呕吐,让高力士用帽子去接污物等,引起人的生理反感。而梅兰芳却把戏演得丰富感人。尽管《贵妃醉酒》的"醉"是全剧的关键,但是他始终把握住一种分寸:这是宫廷里一个贵妇人感到生活上单调苦闷,因而饮酒而醉后失态,并不是荡妇淫娃的借酒发疯。他把贵妃醉酒演成了一出美化的古典歌舞剧,所以始终是能给人以审美愉悦的。

艺术作品的美与内形式也有很大的关系,内形式主要是指结构。一个作品的结构独特巧妙,不但能很好地传达作品的内容,而且本身具有审美价值。唐代画家张萱的《虢国夫人游春图》,在结构上采用了前面松散、后面紧凑的构图方式来突出画面的主人公虢国夫人和她的姐妹韩国夫人。这种构图方式不仅突出了主题,而且使画面呈现出一种疏密有致的节奏感,这也是这幅画的审美价值的重要组成部分。曹禺的话剧《雷雨》,以 20 世纪 20 年代初期中国社会生活为背景,深刻暴露了封建资产阶级家庭的虚伪和罪恶,是我国话剧史上的优秀作品。这出话剧的成功,与剧作结构的精美有很大的关系。曹禺在舞台上展现的是一天时间,但这一天中却要表现出 30 余年中发生的故事。作者采用回溯式的戏剧结构方法,运用直叙与倒叙把往事与现实结合,把 30 年前周朴园与侍萍的矛盾与眼前周朴园与繁漪的冲突交织在一起,呈现在舞台上。尽管全剧故事情节曲折,矛盾冲突纷繁,人物关系复杂,但由于采用了这样的结构方式,使得头绪清晰,显示了作者驾驭情节和组织冲突的能力。从戏剧结构类型来看,《雷雨》属于"锁闭式戏剧结构",严格遵守了欧洲古典主义戏剧"三一律"的创作法则,即单一的情节,单一的地点,一天的时间。可以说,结构不仅影响内容的表达,而且是使作品能否具有魅力的最重要的因素。因此,结构被视作一种艺术审美规律,绘画中对构图的重视,音乐中对声音的组织的重视,建筑对构架的重视等,都可以看出结构与作品的美的联系。由于结构的这种地位,各个门类的艺术家都十分注意对结构形式的探索与创新。绘画从开始时的密实的构图(参见汉代画像石)到逐渐的疏密有致,到讲究空灵、飞白,再到现代某些作品的厚重、拼贴,构图形式一直是艺术形式探索的一个方面。

然而,艺术家的创作是为了表现他们想要表现的内容,如情感、经验、体会、理解等。当艺术家发现、捕捉到了现实世界中值得表现的某些特殊因素,并为它们所触动时,便会产生要表现它们的冲动和欲望。这是"很美地画"的第二个含义,也是本质性的含义。"很美地画",不仅是指采用美的外在形式,更是指采用艺术的方式来表现艺术家要想表现的内容,塑造艺术形象。艺术作品的内容是与形式结合在一起的内容,是以艺术形象出现的内容。当艺术形象生成了深刻的意义时,也就具有了审美价值。而艺术形象的生成,就是给内容以形式的过程。因此,凡是能充分地、恰当地表现出内容的形式,塑造了典型的艺术形象的形式,都会使艺术作品产生深邃的意义,从而使作品具有审美价值。

文艺复兴时期意大利著名画家达·芬奇的《蒙娜丽莎》是一幅世界名画。画中的少妇神情优雅,清秀端庄。如云的卷发,明亮的眼睛,轻抿的嘴唇,自然交搭的双手,都有着说不尽的韵味,说不清的美。然而,最美的是她脸上那摄人心魄的谜一样的微笑。这微笑,甜润、幸福、温婉、圣洁、神秘、含蓄,无论从哪个角度去看这幅画,你都会感到蒙娜丽莎凝眸向你微笑,似乎要告诉你一个鲜为人知的秘密。于是,这微笑被称为"永恒的微笑",这微笑倾倒了全世界,也引起了人们探究的兴趣。有人说,达·芬奇在画这位佛罗伦萨商人的美丽而忧郁的妻子时请了乐队在旁边演奏音乐,用美妙的音乐驱散她的忧郁,引起她发自内心的微笑,因此这微笑是动人的。然而,达·芬奇为什么觉得这微笑是动人的与美的呢?他为什么要呕心沥血用 4 年的时间费尽心机表现这微笑呢?这只能从达·芬奇自身去找原因。他生活在文艺复兴的鼎盛时期,本人就是一位伟大的人文主义斗士,他用自己的画笔,反抗中世纪神对人性的束缚和扼杀,宣扬人的崇高和自由。当他看到人们已开始摆脱中世纪黑暗的神的统治,人性已开始复苏,美好的人的生活蓝图已经展现,心中必然充满喜悦与勃勃生气。这种美好的感受是达·芬奇创作的冲动。当他看到蒙娜丽莎的微笑时,他觉得这微笑充满着对前途的欢乐和自信,能表达他的全部的美好感受,于是他调动自己的艺术才能把这微笑充分地展现了出来。这微笑是画家心灵的微笑,是画家的审美理想、审美情感的感性展示。于是,这微笑有了深蕴的意味和巨大的魅力。不仅如此,在这幅画里,画家还创造性地在背景上描绘了自然景色:起伏的远山,蜿蜒的小溪,淡淡的烟雾笼罩的大地分外宁静。这背景与蒙娜丽莎的精神世界是那么和谐,同样强烈地展现出画家的人文主义思想和追求人与自然和谐一致的审美理想。

法国画家大卫的著名油画《马拉之死》表现的是法国大革命时期革命英雄马拉被反革命的吉伦特派收买的特务刺死在浴盆中的情形。这里有一定的背景,马拉因患皮肤病只能泡在浴缸中工作,此时有人敲门进来,是个年轻的妇女,把他杀死在浴缸中,马拉是在没有防卫和反击能力的情况下死的。但画家没有渲染鲜血淋漓的恐怖场面,也没有表现人物垂死挣扎时的痛苦神情,画面上马拉的胸前只有一个很小的伤口,少量的几滴血顺着浴巾滴下来。马拉的面容安详而坦然,像基督从十字架上放下来时的形象,构图采用了新古典派的结构,平稳安静。这种形式充分地、恰当地表现了内容,使画面庄严肃穆,传达出对这位深受人民爱戴的英雄人物的敬意。

正因如此,有的艺术作品只是好看悦目,却没有动人的魅力。有的艺术作品,看上去并不让人感到赏心悦目,但是却因其隽永的意味放射出美的光芒。19世纪俄罗斯风景画家列维坦的画作《弗拉基米尔之路》就是这样的作品。这幅画取材于一条荒野上的土路。铅色的天空沉闷压抑,一条刻满车辙和足迹的泥泞小路,在空寂广漠的荒原上延伸。这画面使人感到悲凉与沉重,同时又感到力量与坚韧。铅色的天空中浓重的云层似乎酝酿着暴风骤雨、电闪雷鸣,绵长的土路负载着坚韧的毅力、不屈的意志。"弗拉基米尔之路"点明了这条土路的背景,你的眼前会出现无数戴着沉重的镣铐的"政治犯",为了正义的事业,他们抛妻别子,昂首挺胸,沿着这条土路被流放到寒冷荒僻的西伯利亚。看着这幅画,耳边仿佛能听到托尔斯泰的《带足枷的囚犯》中的诗句:"草原上夕阳西沉/远处的羽茅草闪着金光/囚徒的脚镣/扬起道路的灰尘……"这幅画让人感受到悲壮和崇高,让人思索人生的使命和意义。

还有的作品使人觉得可怕和丑恶,但也因其蕴含的意义而成为传世之作。罗丹的作品《老妓》是根据17世纪德国人维龙的诗"美丽的欧米埃尔"雕成的。但罗丹塑造的却是一个衰老丑陋到不堪入目的老年妓女形象:满脸皱纹,骨瘦如柴的身体,松弛的皮肤,青筋暴露的手脚像枯枝般垂在体侧,她坐在那里,佝偻着腰,毫无生气,连头也无力地低垂着,深陷的眼眶里是一双失去光彩的眼睛。据说这座雕像在展出时,有些妇女不敢正视,匆匆掩面而过。但艺术家却称赞它"丑得如此精美"。因为在这座雕像前,人们会想到很多很多:社会的罪恶,命运的残酷,青春的消逝,人生的价值。罗丹对社会人生的丰富深刻的理解,通过这座雕像淋漓尽致地展示了出来,丑的艺术形象蕴含着无限的意义。《老妓》也体现了罗丹对艺术作品的美的理解,他认为在艺术中有性格的作品,才算是美的。"丑得如此精美"的赞语也许费解,却是理解艺术作品的美的一把钥匙。在我看来,这丑是指艺术所表现的人物形象是丑陋的,这精美则是对创造了这一形象的艺术形式的高度认可。正是这种艺术形式,使这件作品具有了无穷的意味,有了极高的艺术价值。这也就是"很美地画"的意思。

　　由此可见,艺术作品要是只靠表现内容的伟大与美好,而在艺术形式上却违背创作规律,以公式化、概念化的符号和干巴巴的道德说教组成,那么,这种艺术作品是要打引号的。因为从根本上说,审美价值与单纯的内容是没有关系的,因为艺术作品的内容是指作品所要传达的思想、情感、精神等,这些都只有真假、善恶之分,而无美丑之分。一部以伟大的杰出人物为题材的艺术品,绝不能只因人物本身的伟大和杰出而成为不朽的作品。如果作品中充满了公式化的抽象和道德说教,欣赏者就会加以彻底的否定。有的作品以最卑劣、最低下的人物为题材,却可以在艺术上大为成功,具有很高的艺术价值。巴尔扎克的话说得更直接和生动。他说:如果雕塑家照女人的样子做一个石膏模型,便可以完成自己的工作了。那么,就这样试一试吧,照自己心爱的手做一个石膏模型,把它放在自己面前——你不会看到丝毫相像之处,这将是一只死人的手,而你只得向雕塑家去请教。他不作精确摹写,却能表达出动态和生命。巴尔扎克强调艺术创作应该抓住事物的灵魂、底蕴和性格特征。因此,艺术作品的美,既在于艺术家对现实、对生活、对人、以社会的一种独特的审美感受,也在于艺术所使用的合适的美的形式。艺术作品的美比其他审美对象的美更加集中、精粹、典型、鲜明、隽永,从这个角度讲,艺术确实是美的集中体现。因此,对艺术作品的赏析也是对人进行全方位的美育:一是可以训练感官、感知能力和想象力,提高审美能力;二是可以激发受教育者的情感活动,并通过情感的体验作用于他们的心灵,促进人类超感性情感的塑造,使人的情感趋于丰富与纯洁,完善人格,并使人获得对人生与事业的巨大激情与动力。

　　除了上述美育的途径,我们还可以发现更多的美育途径:审美创造是更深入的审美活动,是美的产生过程的深切体验。艺术创作是审美创造的主要形式之一。在现代条件下,人们只要愿意,选择自己喜爱并能参加的文学艺术创造活动不是难事,如写诗作文,唱歌跳舞,谱曲演奏,绘画书法,等等,择其一深入进去,必定能增加自己的艺术修养与才能。生活中也处处有着审美创造活动。各种活动,包括体育活动、游戏活动甚至军训、劳动,由于是一种生命的体验,从某种角度讲,都具有审美创造的意味。只要用心去参与、体验,都能获得审美的愉快,理解美的意义。读过三毛的短篇《白手起家》的人对那座三毛与荷西在撒哈拉沙漠建起的"全沙漠最美丽的家"应该有深深的印象。这个家,里里外外粉刷得洁白,屋里有色彩鲜艳浓烈的"长沙发",有中国书法,有汽车外胎做成的圆椅垫,有插着怒放的荆棘的大水瓶,有涂上了印第安人的图案和色彩的汽水瓶,有各种沙哈拉威老人的手工艺品,还有绿色的植物。这些都是三毛和荷西用自己的双手,通过艰苦的劳动创造的。这是一座真正艺术的宫殿,是"美丽的罗马"。在我们的生活中,像这样的审美创造的机会是处处都能碰到的,关键在于我们能不能参与进去了。

　　从某种意义上讲,美育只能是一种自我美育,也就是说,无论社会、环境、群体、家庭等提供了什么样的美育条件,都要经过自己的自觉的审美活动获得对美的理解。每一次审美实践都能获得审美经验,而这审美经验在不断加深着审美修养的层积,加强着审美的愿望和需要,使我们爱美、能美,做一个"审美的人"。

思 考 题

1. 为什么要学习审美理论?审美理论包括哪些内容?

2. 什么是自然美？试析自然美的范围与特征。
3. 什么是社会美？社会美赏析要达到什么样的美育目的？
4. 什么是艺术美？试分析艺术价值。
5. 试论艺术美的美育作用。

第六章　儿童的审美发展

美育的对象是各级各类学校的学生,但美育工作的重心是义务教育阶段的学生。我国《义务教育法》规定"凡年满六周岁的儿童,其父母或者其他法定监护人应当送其入学接受并完成义务教育;条件不具备的地区的儿童,可以推迟到七周岁。"①结合本书的任务,我们主要研究义务教育小学阶段及以下年龄的儿童②的心理与审美发展。因为在小学美育实践层面,儿童是美育工作者面对面的对象;在小学美育目的层面,儿童是美育要成就的主体。

第一节　儿童观

何谓儿童?这个问题是儿童观的核心问题。每一个人都曾经是儿童,所以,在日常生活中,许多人乐于回答这个问题,致力于描绘儿童的形象。对于一些人来说,童年的岁月已经沉淀为奇妙的美好的回忆,甚至在很多时候,我们倾向于把童年生活描述为无忧无虑的生活,把童年生活标举为美的生活。对于另一些人来说,童年是未来生活的预备期,是生命活力最为充盈和耀眼的时期。但对于一些生命早期遭遇不幸的人而言,童年这个字眼则往往会唤起晦暗的、阴冷的印象,童年的色彩是灰色的、暗淡的而非阳光的、金色的。如果说,在文学鉴赏领域,一百个读者就有一百个哈姆雷特,那么在儿童观问题上,也是这样。对美育工作来说,需要一个具有普遍性、社会性和文化性的儿童观。

一、历史上的儿童观

追溯历史上的人们如何看待儿童,无论中国还是西方,有效的信息和资料都不多。好在我们不需要详细地确知每个时代、每个民族、每种文化对儿童的看法,只需要了解重要的阶段里人们的儿童观。

在西方,17 世纪之前,无论在习俗中,还是在法理上,儿童都不是独立的权利主体,儿童只是会说话的人而已。如,在古罗马,儿童是父亲的合法财产,父亲拥有对孩子的绝对控制权,由于国家没有权力介入到儿童的成长之中,甚至没有权力监管成年人对儿童的教育,所以,虐待儿童的现象非常常见,甚至性虐待都非常普遍。更严峻的问题是,哪怕父亲处死孩子,也是父亲权力范围内的私事。在早期的基督教中,人们认为儿童是带着原罪来到世间的,儿童容易受到魔鬼的诱惑,在魔鬼的驱使下,儿童犯下各种错误,因此,有必要通过严苛的体罚和宗教仪式来拯救儿童。到公元 17 世纪时,西方社会中幼童的生存权仍旧不受保

---

① 《中华人民共和国义务教育法(主席令第五十二号)》,http://www.gov.cn/flfg/2006-06/30/content_323302.htm。
② 儿童的年龄段限定目前还没有统一的结论,一般认为儿童的年龄段为 0—14 岁,小学阶段的孩子属于儿童。

护,新生儿、女婴、有生理缺陷的婴儿被杀死的事件也常常发生。在中世纪,儿童被看作缩小的成人,并往往由于其力量和智慧的弱小,被视为成人的附属品。如,在中世纪的绘画作品中,现代绘画习以为常的儿童身体比例和成人身体比例不同的观念在那个时候还没有出现,儿童的形象就是缩小版的成人,他们的服装也是成人服装的缩小版。在生活中,人们期望儿童尽早地参与到成人的工作和劳动中,以便改善家庭的生存和生活质量。

在中国传统文化中,人们对儿童的看法受儒家三纲五常的影响最大,儿童处在君君臣臣父父子子这套价值等级体系的最底层,在社会权利上从属于父亲,在社会地位上依附于父亲,虽然有父慈子孝的情感伦理学的要求,但在专门为儿童设计的孝道规范中,儿童在行为上和思想上唯一的权利就是服从,儿童的其他权利处于被抑制状态。在生活中,儿童要么同欧洲传统社会中的儿童一样,参与到成人的劳动生活之中,缓解家庭的经济压力,改善家庭的生活质量;要么就是在科举文化的影响下,成为光宗耀祖的工具。儿童自身的心智、情感特点和儿童自身的权利诉求几乎不会被成人考虑到,也几乎不会出现在社会文化的主流视野中。偶尔进入历史或者人们的口传文学的儿童形象,也是以早慧的天才为主,展示他们远超平常的儿童,甚至成年人的智慧与才能。

综合以上内容,我们发现,无论是中国还是西方,在进入现代社会之前,儿童都不是独立的权利主体。儿童在体力、智慧、思想、情感各方面的待发展状态,使他们在以成年人为价值中心的社会生活中处于依附状态。

二、现代儿童观

到了16、17世纪,儿童是具有独立价值的人这样的观念开始出现在西方的上层社会,从18世纪开始,系统的儿童价值观念产生并慢慢向社会的各个阶层渗透。

18世纪是现代儿童观形成的非常重要的时间节点。那时候,在西方的学校教育中,无视儿童的独立价值,无视儿童的权益,对儿童实施虐待式的处罚仍旧很常见。如,一位18世纪的德国校长曾经公开夸耀他处罚学生的记录:911 527次杖责,124 000次鞭打,13 675次掌击,1 115 800记耳光。[①] 但同一时期,现代的儿童观念在法国启蒙思想家卢梭的《爱弥儿》中得到了完整的、饱含热情的呈现。他毫无保留地肯定儿童是完整的、独立的个体,呼吁成人爱护和尊重儿童的天性,理解并顺应儿童的成长发育规律,培养自然的人。他说:"偏见、权威、需要、先例以及压在我们身上的一切社会制度都将扼杀他的天性,而不会给他添加什么东西。他的天性将像一株偶然生长在大路上的树苗,让行人碰来撞去,东弯西扭,不久就弄死了。……你要培育这棵幼苗,给它浇浇水,使它不至于死亡;它的果实将有一天会使你感到喜悦"[②]卢梭把人的天性看成人的最宝贵的生命本质,看作人的幸福和愉快的前提。卢梭的观点在18世纪的欧洲显得十分超前,即便在现在的中国,认同天性的价值的人不少,但把培养天性作为教育工作的重心的情况仍然不多见。

19世纪末20世纪初,伴随着新文化运动的萌生与发展,西方的现代儿童观传播到中国,并逐步成为中国现代文化观念的重要部分。"以前的人对于儿童多不能正当理解,不是

---

① DeMause,L.(ed.).The History of Childhood.New York:Psychohistory Press,1974.转引自[英]H.鲁道夫·谢弗《儿童心理学》,王莉译,北京,电子工业出版社,2016年版。第19页。

② [法]卢梭:《爱弥儿》,李平沤译,北京,商务印书馆,1978年版。第5—6页。

将他当作缩小的成人,拿'圣经贤传'尽量地灌下去,便将他看作不完全的小人,说小孩懂得什么,一笔抹杀,不去理他。近来才知道儿童在生理心理上,虽然和大人有点不同,但他仍是完全的个人,有他自己内外两面的生活。儿童期的二十几年的生活,一面固然是成人生活的预备,但一面也自有独立的意义与价值。"①周作人的话,一是指出儿童的生理心理与成人不同,二是确认儿童生活的独立意义与价值。鲁迅在承认儿童与成人不同的基础上提出了"儿童本位"观念,相对于周作人的儿童生活的独立价值论而言,儿童本位观在表述上更加鲜明,也更加激进。"往昔的欧人对于儿童的误解,是以为成人的预备;中国人的误解,是以为缩小的成人。直到近来,才知道孩子的世界,与成人截然不同;倘不先行理解,一味蛮做,便大碍于孩子的发达。所以一切设施,都应该以孩子为本位。"②儿童本位论是中国新文化运动先驱提出来的极具革命性和前瞻性的儿童观,是中国儿童艺术和儿童教育的重要理论基础。

20世纪下半叶,现代儿童观在联合国层面获得了具有法律约束力的表述,其文本成果是《儿童权利公约》(*Convention on the Rights of the Child*,以下简称《公约》)。这是儿童观念发展史上的一次里程碑式的事件,是现代儿童观的成熟表达。联合国儿童基金会在自己的官方网站详细解释了《公约》的基本精神和基本原则,认为《公约》中所阐述的每项权利是每个儿童的人性尊严与和谐发展所固有的。儿童的人性的和谐发展和儿童的尊严是儿童各项权利的理论基石。"任何地方的儿童都拥有的基本人权:生存权,充分发展权,免受有害影响、虐待和剥削权,充分参与家庭、文化和社会生活权。《公约》的四项核心原则是不歧视,致力于实现儿童的最大利益,生命、生存和发展权利,尊重儿童观点。"③可以看出,《公约》的基本精神就是鲁迅先生所说的儿童本位,但与作为学者的鲁迅先生的言辞相比,《公约》更加细致,覆盖了儿童成长所需的方方面面,而且,最重要的是,对于缔约国来说,《公约》具有法律效力,在一定程度上具有强制性。

到目前为止,联合国《儿童权利公约》的理想性仍大于其现实性。但《公约》贯彻始终的四项核心原则,承认儿童的需求与作为抚养者的成人的需求不一致,认为儿童是独立存在的人,强调儿童拥有自己的基本人权等内容,已经成为现代社会、现代文明中儿童观的基本共识和基本内容。现代儿童观是现代与儿童相关的各项事业,包括美育,应当自觉追求与遵循的基本共识。

第二节 儿童的心理发展

"孩子的世界,与成人截然不同。"④所谓不同,就是说儿童的心理世界从发展程度到呈现出的特点都与成人大相径庭。下面我们从情绪、感知、思维三个方面理解儿童心理发展的特点。

---

① 周作人:《周作人论儿童文学》,刘绪源辑笺,北京,海豚出版社,2012年版。第122页。
② 鲁迅:《鲁迅论儿童文学》,徐妍辑笺,北京,海豚出版社,2012年版。第22页。
③ 《儿童权利公约》导言,https://www.unicef.org/chinese/crc/index_30160.html。
④ 鲁迅:《鲁迅论儿童文学》,徐妍辑笺,北京,海豚出版社,2012年版。第22页。

一、儿童的情绪

情绪是每一个人都很熟悉的心理现象，是我们日常经验的一部分。从经验的内容看，经验总是饱含情绪的经验，没有情绪的信息会被我们迅速遗忘。在这个意义上，我们可以不严格地说，情绪就是我们的经验。但是熟悉的东西不一定是理论上容易理解、容易研究的东西，在心理科学中，人们很晚才开始研究情绪。现在，儿童情绪的发展已经成为一个活跃的学术领域，人们对情绪的性质、功能、内容等也有了较为深入的了解。

情绪是儿童的自然禀赋的一部分。儿童不需要教就会发怒、害怕和高兴，但这并不意味着儿童是带着所有的情绪出生的。心理学家在观察中发现，似乎有一种基因控制程序确保不同的情绪在不同的年龄出现，不受社会、文化、种族等因素的影响。

研究人的情绪发展是一件困难的事情，最开始的研究只能依靠研究者本人的有限的观察所留下的印象。近年来，随着面部动作编码系统的成熟和在心理学中的应用，情绪研究理论获得了相当程度的普遍性和准确性。

到目前为止，专家们对儿童生命的最初阶段里情绪出现的精确的方式和时间意见并不一致，但大多数研究都支持在新生儿那里人类的六种基本情绪就已经出现并能够轻松分辨出来这个结论。这六种情绪是愤怒、恐惧、惊奇、厌恶、高兴和悲伤。这六种情绪的面部表情、生理反应和适应性功能各不相同，详见表6.1。

表 6.1 六种基本情绪及其表现

情绪	面部表情	生理反应	适应性功能
愤怒	眉毛向下连在一起；张大嘴，或者嘴唇抿在一起	心跳加速；体温升高；脸红	克服困难；达到目的
恐惧	眉毛向上；眼睛大睁，紧张，直盯着刺激物	快而稳定的心跳；体温低；呼吸急促	学习恐吓人；回避危险
惊奇	眼睛睁大，眉毛挑起；嘴巴张开；持续看着刺激物	心跳减弱；呼吸暂停；肌肉紧张消失	准备好去吸收新经验；扩大视觉范围
厌恶	眉毛向下；鼻子皱着；抬高两颊和嘴唇	心跳慢；体温低；皮肤发紧	躲避有害物
高兴	嘴角朝上朝后；两颊升起；眼睛眯成一线	心跳加快；不规则呼吸；皮电反应提高	表示已经准备好进行友好的交往
悲伤	眉毛内端朝上；嘴角向下，下巴朝上	心跳慢；体温低；皮电反应差	鼓励别人给自己安慰

儿童出生的第二年，儿童开始出现混合情绪和自我意识情绪。混合情绪是多种情绪交织在一起形成的复杂情绪，如恐惧和愤怒、惊奇和高兴等。自我意识情绪是指儿童有了自我意识之后才会出现的情绪，包括骄傲、羞愧、内疚和难堪等。骄傲、羞愧、内疚和难堪这些自我意识情绪本质上是儿童的自我评价，所以，自我意识情绪只有在儿童能够相对客观地认识自我之后才有可能。大约18个月的时候，儿童出现自我意识，可以把自我的行为与他人的行为或自己的内心标准相比较，做出评价，产生情绪反应。六种基本情绪会终生保留在人类的情绪系统之中，但从第二年起，基本情绪会发生变化。对儿童审美而言，基本情绪的变化

有两个方面值得特别重视:第一,原先只有现实的情境或事物会引发儿童的基本情绪,现在表征情境的符号和语言也可以引发儿童的基本情绪。如听到或者回忆起一个恐怖故事、一个恐怖场景时,就会感到恐惧。基本情绪刺激物的符号化、形象化和语言化是儿童情绪转变为审美情感的重要标识;第二,当儿童能够控制自己的行为并学会社会所认同的反应方式后,基本情绪的表达方式变得更加微妙更加富有民族文化特色。如儿童学会礼仪之后,得到了自己根本不想要的礼物时也不会表露出失望,而是表现出一种礼貌的热情。曲折的情绪表达方式为审美个性和民族审美风貌的生成打开了文化、心理空间。第一种变化在儿童两岁左右初步掌握符号、形象和语言时就会出现。第二种变化出现的时间要更晚一些,它需要儿童更为充分的社会化,一般而言,儿童在 6 到 10 岁之间就能够学会这种情绪表达方式。

从一岁开始,儿童开始说话。语言使儿童的情绪发展获得了一个全新的维度。我们可以把语言理解为一种日常化的符号。从审美的角度看,绘画的色彩和形式、音乐的声音、舞蹈的动作,都是人类发明的特殊的用来表情达意的符号系统。对于一岁的儿童来说,他的情绪发展的全新维度的实质就是情感和思想的符号化。在语言符号维度内,儿童的情绪成为自我意识观照和思考的对象。借助语言符号,儿童把内心的情绪体验客观化,一方面这可以把自己的情绪传达给别人;另一方面别人的情绪也可以成为我的经验。情绪的客观化为儿童的审美体验、审美传达、审美接受与欣赏提供了条件。

二、儿童的感知

儿童的感知能力包括感受和认知两个紧密相连的部分。关于儿童感知的研究,一直以来有两大倾向,一是认为儿童的内在心理(精神)结构是儿童感知发展的基石,外部的环境仅仅是为先天的结构(形式、图式)提供内容;二是认为儿童感知的所有方面都来自外部环境的刺激。在儿童感知的研究史上,瑞士心理学家皮亚杰做出了杰出贡献,他认为儿童感知能力的发展是儿童和儿童所处的环境之间持续的、动态的相互作用的结果,单方面地强调先天结构或者后天环境不能够科学有效地解释儿童的感知。

儿童感知的发展是从最基本的、与生俱来的反射性动作开始,在儿童-环境的相互作用中建构。我们可以把儿童感知的发展看作儿童对所处环境的精确的和复杂的适应过程,在这个过程中,因新情况(即新出现的与自己的感知结构不相符的情况)而产生的好奇心是感知发展的动力,同化和顺应是感知发展的两种基本方法。儿童的感知发展呈现出鲜明的阶段性,两岁,六七岁和十一二岁是儿童感知发展的三个关键时间点,依照这三个时间点,儿童的感知可以划分为四个相互衔接的阶段。这四个阶段分别是感觉运动阶段(从出生到两岁)、前运算阶段(两岁到六七岁)、具体运算阶段(六七岁到十一二岁)、形式运算阶段(十一二岁以后)。

感觉运动阶段这一名称来源于这个年龄段儿童感知行为的主要特征。在这个年龄段,儿童对世界的感知和了解是由他们在环境中的动作产生的。儿童通过吮吸、抓、抚摸、咬等对环境中物体的动作反应,建构自己的感知系统和感知内容,形成最初的世界认知。可以说,对这个时期的儿童来说,动作即认识,感受即认知。在感觉运动阶段,儿童感知的一个重大成就是发展出世界的客观实在性的经验和观念。即,世界是由外部事物构成的,这些事物是独立于我们的实体,它们的存在不以我们是否意识到它们而改变。对成年人来说,这是一个习以为常的感受,也是我们哲学世界观的基石。但对儿童来说,情况完全不是这样,他们处在一个与成人完全不同的感知模式之中。婴儿（一岁以前的儿童）完全处在转瞬即逝的感觉印象构成的世界中，事物在这个世界中是否存在完全取决于婴儿对它们的意识。每一样事物——玩具、奶瓶，甚至妈妈、婴儿自己的大拇指——都是只有在婴儿能够听到、能够看到、能够触摸到时才存在。一旦与这些事物失去直接接触，事物在婴儿的世界里就不存在了。一岁之后，儿童才具备把不同时间里产生的印象连接起来的能力，世界的客观实在性才能以经验的方式为儿童所感知，并逐步形成观念。

前运算阶段开始于两岁到三岁之间，不同的儿童在具体时间上略有差异。前运算阶段的儿童能够用符号来代表事物，儿童的感知开始超越具体事物的限制，带有审美意味的想象性行为开始出现。这个时期的儿童可以从空杯子里倒水给布娃娃喝，可以把一块布想象成华丽的服饰。儿童用这种方式可以构造出一个纯粹的幻想的世界。古诗中描述的"郎骑竹马来，绕床弄青梅"便是这个年龄段儿童行为心理的典型场景。这个阶段的儿童感知具有自我中心、万物有灵、刻板思维和前逻辑推理等特征，是儿童感知阶段中审美性最突出的阶段。

自我中心指完全以自己的观点看待世界。在前运算阶段，儿童不能够从他们自己的视角移开，也不能意识到别人会用不同的观点看待事物和世界。也就是说，成人已经掌握的换位思考在这个时期的儿童身上还没有出现。皮亚杰用三山实验演示了儿童的自我中心特点。他先在儿童的座位（视角A）前摆放三座假山，然后出示给儿童若干张从不同视角拍摄的照片，请儿童从中找出与他们看到的景象相同的照片（照片A）。之后，在三座假山的另一端摆放一个娃娃（视角B），要求儿童从照片中找到与娃娃眼中的景象相同的照片（照片B）。实验结果是，第一次，儿童都能够找出照片A；第二次，大多数儿童无法找出照片B，而是认为照片A就是视角B的景象。生活中类似的情况也很多，比如，如果问一个儿童他（她）的妈妈是谁，他可以顺利回答出来，继续问他妈妈的儿子（女儿）是谁，他（她）就不一定能够回答出来。这时候，儿童的回答就可以帮助我们判断他（她）是否脱离自我中心的阶段。

万物有灵指这个时期的儿童还不能清楚地区分哪些东西是有生命的，哪些是没有生命的；他们倾向于认为所有的东西都是有生命的，并把生命物体的特征叠加到无生命的物体上。在审美中，儿童的万物有灵与原始人的万物有灵具有相同的感知模式和审美效应。但在儿童这里，万物有灵会在短短的几年内成为历史。开始时，儿童把任何物体都看成是有意识的、有生命的、有灵魂的、有感情的；然后，儿童认为只有会动的物体是活的、有生命的，如风吹动的叶子、河流，等等，最后，儿童认识到生命仅仅存在于动物和人类身上。儿童的感知也一步步从幻想和想象的变为现实的。

刻板思维表现在两个方面。一是，儿童不能在自己的感知世界中改变事物或事件发生的顺序，总是固执地要求事物保持一模一样的初始状态。现实生活中，儿童自己搭建的积木，儿童自己编织的故事，都因刻板思维的存在而成为成年人烦恼（不理解）的存在。比如，如果儿童的玩具被别人损坏，儿童会要求补偿一个一模一样的玩具；面对同一个故事，不同的儿童会争论谁看到的才是正确的。二是，儿童不能在事物的外观发生变化时适应这个变化。他们甚至会认为那是另一个事物。如，有一位妈妈自儿子出生后都一直留着长发，儿子五岁那年，妈妈想要换一种发型，于是改成了短发，结果儿子幼儿园放学后，无论如何都不跟妈妈回家，并坚决无比地告诉老师，她不是我的妈妈。这件事情里的儿子，就处于刻板思维的年龄段。

前逻辑思维，指儿童不能进行归纳或演绎推理。从个别到一般和从一般到个别这种推理方式，需要儿童继续成长才能获得。这个时期儿童擅长的推理方式在成人看来就是生拉硬扯,如,一位小姑娘错过了自己的午睡时间,于是向父亲宣布:"我还没有午睡,所以现在不是下午。"皮亚杰把这种推理方式命名为转换性推理,即在两个没有因果关系的具体事物之间自如地建立一个想象中的形式上的因果关系。在儿童艺术中,这种推理方式总能造成一种特别的审美效果。如:吻能使被吻的对象恢复生命、解除诅咒。

具体运算阶段的儿童感知出现了一个质的变化。他们开始用逻辑的方式解决问题而不是用转换性推理假装解决问题,开始逐步忘记刻板思维,不再被事物发生方式和次序束缚,逐步放弃自我中心,万物有灵也成了过去式。这个时期的儿童感知能力已经与成人很像了,但他们还没有抽象理解世界的能力,儿童这个阶段的理解和思考需要借助具体的物体和事件才能进行。如,小学一二年级的数学教师往往会要求儿童借助小棒来建立数的印象。

到十一二岁的时候,儿童到达形式运算阶段,这是人类感知能力的高级阶段。儿童的感知在这个阶段变得理性化、系统化,具有对从未经历过的事情的推理能力,能够处理纯粹的假设和抽象的概念。此时的儿童,已经完全具备了从事科学学习和进行哲学思考的能力。对美育而言,这意味着审美中那些较为深刻的意蕴已经成为儿童欣赏的对象,儿童的审美开始追求和体验感知的深度。

三、儿童的思维

思维能力是人类的特有能力。每一个人对思维都非常熟悉,思维在我们的脑海里持续进行,以富有创造性的方式处理环境中的信息,并对之进行抽象和综合,使我们能够思考过去和未来的情况,能够处理目前的问题。

儿童思维能力的核心运作方式是以符号表征人、事物和经验。符号表征是儿童思维的主要特征。通过符号表征能力,儿童将对象符号化,然后在脑海里操作符号,展开思维。对成年人来说,符号是社会文化系统中成熟的语言或者其他符号系统。但对于儿童来说,事物本身也可以作为符号使用,如在游戏中,可以用球、石块儿、土块儿等任何物品作为苹果、香蕉、梨等水果的指代符号。因此,儿童的符号表征系统比成年人自由。儿童的符号表征会因时间和空间的变化随着个人意愿自由改变,符号和符号表征的事物之间没有必然的合逻辑的关系。儿童的符号表征灵活而自由。从宏观角度看,语言和绘画是儿童身上常见而重要的符号表征能力。

儿童在一岁左右开始学习说话,儿童说的第一个真正的词的发音与儿童之前的咿呀声非常相似。由于全世界儿童的咿咿呀呀声都是一样的,所以,在很多语言当中,指称父亲和母亲的词的发音非常相似(见表6.2)。

表 6.2　部分语言中儿童用来指称父亲和母亲的词的发音

语言	母亲	父亲
汉语	mama	baba
英语	mama	dada
俄语	nana	papa
西班牙语	mama	papa
希伯来语	eema	aba
纳瓦霍语	ama	ataa

同样,全世界儿童一开始学会的词都差不多,主要是那些与一岁左右的孩子的生活经验紧密相关的人和事物,如,父母、兄弟姐妹、宠物、玩具、衣服和食物等。但儿童使用词的方式与成人不同,他们并不能像成人那样恰当地把握词的外延和内涵,常常会扩展或缩小词的外延。比如,小狗这个词,儿童既可能用来称呼猫、兔子、羊和其他小动物;也可能只用来称呼自家的那条小狗,这时,邻居家的小狗在儿童的认知中就不是小狗了。

大约18个月的时候,儿童开始把词串起来形成句子。儿童的句子简洁、短小,语法上未必正确,但意义非常清楚,所以通常情况下都能够成功地达到交流的目的。路易斯·布鲁姆观察到一个孩子在两种完全不同的情况下使用"Mommy sock"(妈妈袜子)这句话。第一次是她捡起妈妈袜子时说的,第二次是妈妈给她穿袜子时说的。前者的意思是"这是妈妈的袜子",后者的意思是"妈妈在给我穿袜子"。两种情况使用同一句话,表达事物之间不同的关系,但母亲能够理解女儿的意思。① 在儿童的思维发展中,交流非常重要,语法是否正确在一开始并不重要。一般来说,语言在社会交往(人际交流)中才可正常习得,任何想要通过学习者单独努力(即没有交流或者很少交流)获得语言的尝试都注定会失败。其他的符号表征方式也与此类似。

从三岁开始,儿童意识到句子不只是词的串联,词的排列组合方式和顺序(语法)在表达意义时也非常重要,句子的长度、复杂性和语法的正确性获得快速增长。之后,儿童进入语言的快速发展期,语言成为儿童熟练掌握的符号表征系统。

画是可以代表真实事物的符号。人类社会文化系统中对写实性美术作品的创造大都出于替代真实的心理需要。比如肖像画、兵马俑,甚至山水画。绘画的图像与真实事物之间的关系是把握儿童符号表征能力的重要线索。

儿童在两岁左右时,能够从图像的真实性意义上理解图画。如,儿童看到自己的照片时,会高兴地说"我"。我们在生活中常常可以见到两岁左右儿童的母亲(或奶奶、姥姥)拿出照片让孩子辨认自己和身边的亲人的场景,儿童会表现出极高的兴趣。但过了这个年龄后,同样的游戏就无法引起儿童的兴趣。与语言的发展类似,作为一种符号表征能力的绘画也是先有理解后开始实践操作。儿童的绘画能力发展一般会经历偶然的写实、失败的写实、智慧的写实和视觉的写实四个阶段。

儿童在两岁左右,会认为他的涂鸦图像与现实中的物品很像,比如鸟、狗、人、房子之类,当然,在成人眼中,儿童的涂鸦没有任何的现实性可言。有意思的是,儿童在画的时候并没有画这些东西的打算,他只是在绘画结束后"发现"他的画与现实中事物的相似关系。颇有一些"文章本天成,妙手偶得之"(陆游《剑南诗稿·文章》)的意思。所以,儿童绘画的这个年龄段被称为偶然的写实阶段。成人画家和艺术家对儿童的绘画和艺术能力的崇拜多是由于这种妙然兴会的天然。之后,儿童绘画进入失败的写实阶段。这个阶段的儿童开始有意识地绘制一些与现实事物对应的图案,然而,他无法画出他想要画的事物的图像,他的画和真实的事物并不相似,于是,他就宣称自己的意图是另外的事物,比如,我是要画树而不是画楼房。这个阶段的儿童画会重新恢复成纯粹的涂鸦。失败的写实阶段对儿童绘画兴趣和绘画信心的影响非常大,在儿童美育中,这个阶段需要引起特别的重视。在四岁左右,儿童绘画能力发展到智慧的写实阶段。儿童的绘画技巧和绘画意图趋向稳定,儿童开始希望他的

---

① [英]H.鲁道夫·谢弗:《儿童心理学》,王莉译,北京,电子工业出版社,2016年版。第269页。

画能够被别人理解和欣赏。在图像与事物的相似性关系上,成年人能够辨认出儿童绘画中的事物,虽然这些事物的图像和事物之间并不十分像。比如,儿童画的房子并不会与现实的房子有着全面的相似性,只是具有房子的重要特征(儿童心目中的)。儿童所画的房子是他所知道的房子而非他所看到的房子,换言之,这时的儿童绘画在"胸中之竹"的阶段就已经在儿童的脑海中充分抽象化了,当然这种抽象是一种具象化的抽象,而不是逻辑的抽象;是一种模糊的意会,而不是清晰的意象。所以,我们说这种抽象是一种智慧的抽象。七岁左右,儿童绘画能力进入视觉的写实阶段。儿童的绘画中的图像与图像指代的现实事物的相似性开始在视觉的效果上表现出来。图像开始具有它在视觉观察中表现出来的形式,而不再是只有儿童抽象出来的主要特征,开始出现越来越多的现实事物的细节,甚至会触及绘画中的较为困难的问题,如透视法、比例等问题。视觉的真实阶段意味着儿童的思维已经开始具有成人思维的特征,是儿童思维向成人思维转变的起点。

第三节 儿童的审美活动

从现象角度观察,儿童的审美活动种类繁多,色彩丰富,包括了游戏、唱歌、跳舞、弹琴、画画、编故事等。这些活动,有些被成人指认为审美活动,比如各种已经纳入到正式的艺术种类中的活动,有些则不被认可,比如游戏,它总是被视为不务正业的玩耍。但事实上,儿童的审美能力几乎全都是在游戏中发展起来的,儿童的艺术学习也只有富有游戏色彩和游戏精神时,才能让儿童发自内心地投入其中。

一、游戏:儿童审美活动的世界架构

对儿童来说,游戏就是他的生活,生活就是他的游戏。游戏构成了儿童的生活世界。这一点已经为我们日常生活的经验所证实,所以,成年人回忆儿童生活时会说:"游戏,几乎就是童年的象征。"①

心理学家、美学家和哲学家都很关注游戏。心理学把儿童的游戏分成五个发展阶段(详见表6.3),分别是感觉运动游戏(18个月大之前)、建构游戏(一岁以后)、假扮性游戏(一岁以后)、社会装扮游戏(四岁之后)、规则游戏(从上学开始)。美学则更重视游戏在美的历史起源和美的发生中的作用和地位。一般而言,在美学研究中,并不会如心理学一样去详细区分游戏的发展阶段和每一阶段的状况,而是更加喜欢依照现代美学的核心论点,美的无功利性和美的愉悦性,从质的角度界定游戏是美的早期形态,审美起源于人的游戏本能和游戏冲动。这样一来,心理学界定的五个阶段的游戏中前四个阶段简直就可以直接说成是儿童日常生活中的审美活动了,而且是儿童自愿、自发、自觉的审美活动,第五个阶段的游戏审美性质减弱,但仍然是儿童喜欢的活动。哲学家们更加重视游戏在人的身心发展中的作用。当席勒采用哲学家的方式思考时,他提出非常激进的观点:"只有当人充分是人的时候,他才游戏;只有当人游戏的时候,他才完全是人。"②席勒的激进观点把游戏置于美育的视域之中,但他对游戏的论述相对比较抽象。如果要运用到现实的美育工作之中,需要更为

---

① 班马:《中国儿童文学理论批评与构想》,武汉,湖北少年儿童出版社,1990年版。第43页。
② [德]席勒《美育书简》,徐恒醇译,北京,中国文联出版公司,1984年版。第90页。

具体、更为切实的研究。我们把席勒的问题具体化为：游戏在儿童审美世界建构中起着什么作用。

表 6.3　儿童游戏的五个阶段

儿童游戏的阶段	游戏的内容和方式
感觉运动游戏	用感觉，以及摇晃、吸、丢等动作来探索和操作物体
建构游戏	物品被用来建构事物，如搭建积木、拼图或用土造物等
假扮性游戏	游戏变成儿童想象的工具；游戏不再受限于真实物品，被用来代替儿童所期望的任何物品
社会装扮游戏	儿童扮演某些角色：牛仔和印第安人、医生和病人、教师和学生，等等
规则游戏	儿童了解游戏受规则所支配，他们必须遵守这些规则，特别是他们参与团体游戏时，这种游戏逐渐取代假扮游戏

美学研究确认了儿童游戏的审美性质。当我们把这个观点和心理学的研究，和我们日常生活经验的观察结合在一起时，就会发现游戏、审美、生活世界三者之间的紧密关联，使儿童的整个生活都散发着诗意的光辉。"当一群孩子在建造一辆椅子和扶手齐全的四轮豪华马车时，他们感受到了多大的乐趣啊！建成后，一些孩子仰靠在马车里，心情愉悦地欣赏着他们所虚构的车外景象，还身临其境似的向招呼的人群鞠躬致意；另一些孩子则坐在椅背上，抽打着想象中的烈马，鞭子在空中挥舞。"①

儿童一旦开始游戏，尤其是假扮性游戏，现实就暂时地被遗忘了，或者用哲学的术语说，被悬置了，游戏构造出来的形象和事件就完全地占据了儿童的时间之流和意识空间。心理学研究表明，儿童即使在游戏中也清楚地知道自己在游戏，即作为意图的游戏始终存在于儿童的游戏之中。"当儿童对着空气说话时，父母会紧张地认为他们是否过分沉溺于幻想之中。但是，即使儿童沉溺于幻想之中时，他们仍然能够区分真实和幻想。……这个游戏是关于一辆出故障的救火车，男孩需要扮演修理工让救火车可以重新上路。要求他们首先想象着对抗一只什么都吃的羊，羊正在吃车子的引擎。然而，当他们进入一段新游戏，游戏要求他们对抗一群要吃掉工具的鬼时，一个男孩停止了游戏，并提醒他的伙伴：他们只是在假装而已。过了一会儿，另一个男孩在继续游戏之前说'没有鬼这种东西'。"②"只是在假装而已"和"没有鬼这种东西"表明男孩们清晰地意识到他们在游戏，表明作为意图的游戏推动着他们把游戏进行下去。在儿童游戏活动中，这个能够为儿童意识到的作为意图的游戏，是儿童审美世界的架构者。世界的规则选择、世界的形象构造、世界运行的时间和空间，一切的一切都是因为游戏（作为意图的游戏）而存在，而富有美的趣味。游戏（作为意图的）架构起了游戏（游戏活动，审美世界），推动着游戏。在游戏架构的审美世界中，儿童体验着别样的、丰富的、愉快的、神奇的非现实之旅。

不仅在儿童的游戏中，游戏架构着儿童的审美世界。在儿童的艺术活动中，游戏是儿童审美世界的趣味所在。儿童艺术活动在艺术内容、艺术表现形式、艺术精神三个方面都是游戏性的。其一，儿童艺术活动的许多内容就是游戏。比如，幼儿园的经典歌曲《丢手绢》，歌

---

① ［意］玛丽亚·蒙台梭利：《发现孩子》，胡纯玉、刘文红译，北京，中国发展出版社，2003年版。第189—190页。
② ［英］H.鲁道夫·谢弗：《儿童心理学》，王莉译，北京，电子工业出版社，2016年版。第225页。

词指引着儿童的行为,音乐的节奏引领着儿童的身体的律动,歌曲与身体运动一起形成了一种欢乐的综合艺术活动。再如:"一个毽儿,踢吧踢/马兰开花二十一/二五六,二五七/二八,二九,三十一/三五六,三五七/三八,三九,四十一/……/九五六,九五七/九八,九九,一百一/"会让人朗诵时就情不自禁地带出踢毽子的节奏和韵律。儿童艺术活动内容中的游戏,常常为儿童带来由衷而发的审美愉悦。这种审美愉悦与身体直接相关,与儿童的感知能力直接相关,是儿童的充盈的生命力的自然释放,是儿童的天性和自然生命的节奏化和艺术化,因而是纯粹的。如果从社会文化层面,从精神层面,追寻它的意义,往往会误以为它是没有意义的。其二,儿童艺术活动的表现形式往往是游戏式的。简单地说,就是艺术语言自身的游戏。儿歌是最典型的语言游戏。如,河南民谣《颠倒歌》:"出东门,往西走/迎面碰上人咬狗/拿起狗来砸砖头/反被砖头咬一口/"。在其他艺术种类中,这种情况也非常常见。无字故事书的图画和故事结构都是游戏式的,或者说,作者在用图像做游戏。从心理机制上讲,儿童艺术活动表现形式的游戏化,就是儿童符号表征系统的自由游戏。其三,儿童艺术活动的艺术精神是游戏性的。儿童艺术精神的游戏性表现为自由和欢乐。游戏是儿童的自由和创造力的领地,是儿童唯乐原则的具象化。在儿童艺术活动中,无拘无束、天马行空的构思,自由自在、活泼率真的语言,天真烂漫、随心所欲的风格,干净纯粹、明亮温暖的笑声,是其最珍贵、最可爱的魂魄所在。在成年的过程中,这种精神、这种自由、这种快乐不断被遗忘,不断失落。伟大的艺术家往往会回过头来崇拜孩子,向孩子学习,崇拜的、学习的就是儿童自由的游戏、纯粹的快乐。

儿童的审美活动,无论以何种形式开展、进行,对儿童而言,最重要的判断标准一直是:它好玩吗?可以说,没有游戏,就没有儿童的审美活动。

二、幻想与夸张:儿童审美活动的基本方法

在儿童审美活动中,幻想与夸张是审美形象创造的基本方法。

根据心理学的研究,人类在婴儿期处于一种一切皆流、无物常驻的状态,一切外在事物只有在被感知到时才存在于婴儿的心理世界之中。一岁之后,随着时间与空间能力,语言符号能力的发展,不同时间点上产生的印象才能够在儿童的心理世界中构成较为稳定的表象。作为人类认知世界构造的一种能力,想象在不同年龄阶段遵循的逻辑并不完全相同。成年人的想象接受物质规律和文化环境的制约,但由于儿童欠缺对物质规律和文化环境的深刻感受与认知,所以与成人的想象遵循基本的现实逻辑不同,儿童的想象遵循的是儿童期的心理逻辑。

为了突出儿童想象逻辑与成人想象逻辑的区别,我们在本节采用幻想这个词。从美学角度看,儿童的幻想本质上是审美想象。培根认为"想象既不受物质规律的拘束,可以把自然已分开的东西合在一起,也可以把自然正结合的东西分开,这样就在许多自然生物中造成不合法的结婚和离婚"[①]。这个看法说出了诗的想象和审美想象的基本运作方式,用来描述儿童幻想的运作方式虽然不够全面,不够系统,但已经足以说明儿童幻想的自由色彩。幻想是儿童心理世界内表象的自由游戏。

---

① 转引自朱光潜:《西方美学史(上卷)》,北京,人民文学出版社,1982年版。第203页。

在儿童的世界里,幻想是"人际关系的纽带与社会合作的基础"[①]。儿童的社会化活动中贯穿着各种各样的幻想,儿童的愿望和行为建立在儿童天真烂漫的幻想之上。儿童文学家冰心赴美前夕,她的弟弟对她说:"姊姊,你走了,我们想你的时候,可以拿一条很长的竹竿子,从我们院子里,直穿到你们对面的院子里去,穿成一个孔穴,我们从孔穴里,可以看见彼此。"[②]现实的一切距离和物质的困扰在儿童的幻想世界之中不过是"一条很长的竹竿子"就可以解决的问题。

在儿童的审美活动中,幻想是儿童创造审美世界展开审美活动的基本方法。儿童心理学中的万物有灵观念和转换性推理主导着儿童审美活动的展开方式。第一,万物有灵观念创造了儿童审美活动中审美形象的生命。儿童以为万事万物和他自己一样,有生命,有衰老和死亡,人和万物之间,万物和万物之间,不是利用和被利用的利益关系,不是征服和被征服的权力关系,不是崇拜和被崇拜的宗教关系,而是饱含感情的审美关系。在儿童的审美创造中,万物不是像成年诗人那样"我看青山多妩媚,料青山看我亦如是",不是因移情和想象才拥有人类一般的情感形式,而是自然而然地生发着如人类一般的情感和思维能力。儿童审美活动中的审美形象,无论是以人的形象出现,还是以动物、植物的形象出现,甚至是以简单的有机物、无机物的形象出现;无论是以自然造物的形象出现,还是以人工制品的方式出现,都是有生命的形象,都有其自身的喜怒哀乐、悲欢离合。在儿童的审美活动中,人类是万物构成的生命、情感世界的有机的组成部分,不是分离在世界之外的"宇宙的精华,万物的灵长"。第二,转换型推理是儿童审美活动中审美形象交往与联系的基本逻辑。转换型推理是一种前逻辑思维。从逻辑的角度看,转换型推理并不遵循一般与个别之间的逻辑关联,它可能采用逻辑的形式,但不一定具有逻辑的内容。这一点与原始人的推理比较像,比如,原始人可以把自然界的一切活动都归因于神,打雷是因为雷神,下雨是因为雨神,等等。在儿童的审美活动中,这种推理非常常见。《葫芦兄弟》的主干逻辑——由于蝎子精和蛇精是从葫芦山内逃出来的,所以只有种出七彩葫芦才能消灭这两个妖精——就是典型的转换型推理。这个推理采用了逻辑的形式:只有……才……。但是如果按照现实逻辑的话,其内容无法支持这个逻辑判断的现实性。依靠转换型推理,儿童审美活动把现实的不可能转换为一种在幻想中存在的具有形式上的合逻辑性的形象和故事。

夸张是塑造形象时,对形象的外观、特征、功能等方面做整体的或局部的夸大或缩小的想象力的游戏。儿童的生理和心理发展特征决定了在儿童的审美活动中,夸张是最基本的创作手法。在生理方面,儿童的最重要的特征就是小。他们是小孩儿,与成人相比,他们感知到的世界尺度更大,时间更漫长,色彩更加鲜艳,声音更加复杂,气味更强烈,总而言之,小孩儿本来就生活在一个夸张的世界里。所以,一般程度的夸张对儿童而言就相当于成人的严谨的写实。

在心理方面,夸张与儿童的游戏能力相契合,与儿童的自由幻想相契合,这些契合使得夸张行为对儿童而言是一种本能的愉快。在儿童审美活动中,儿童明明知道一个形象、一件事情、一段声音是夸张的产物,是幻想的,是不现实的,是不可信的,但仍旧会开怀大笑,会反复地追求类似的体验。归根结底,幻想和夸张在儿童这里是充满欢乐的形象游戏。

---

① 陈晓芳:《把儿童的世界还给儿童》,《人民教育》,2015 年第 15 期。第 44—47 页。
② 冰心:《寄小读者》,北京,北京理工大学出版社,2016 年版。第 3—4 页。

三、哲思:儿童审美活动的深度追求

哲思,通常看来,是和儿童无关的一种深度思维。但这可能是一种偏见。事实反倒有可能是,儿童几乎都在用自己的方式展开哲学意义上的想象,而大多数成人却遗忘了哲学。如果,哲学是"概念的游戏"①,那么,从人的感知的年龄段差异看,儿童在哲思方面反倒有独特的优势——没有哪个成年人对游戏的热爱超过儿童。这么看,儿童与哲思之间的关系其实很密切。

哲学家们倾向于把惊奇看作哲学的精神的开端。在日常生活中,我们可以轻松发现,儿童身上自然而生动地散发着哲学的本质性的冲动——为什么。儿童惊奇的时候,儿童困惑的时候,"为什么"会脱口而出。遗憾的是,大多数家长都难以坚持到自家孩子的第三个为什么。在平淡的日复一日的生活中,成人丧失了敏锐和新鲜的感知能力,习惯了因循既有的规则、规范,习惯了在事件的关系中淡然处之,没有时间,也没有精力去追问为什么,更不要说回答为什么。儿童的大多数"为什么"都不是哲学问题,但是儿童能够提出哲学问题,而且"许多幼童会自然地自发地进行哲学思考"②。比如,下面这一段对话:

(四岁的莎拉)问:"爸爸,猫身上怎么生跳蚤的呀?"

"噢,"我漫不经心地回答,"它肯定跟另一只猫玩过,跳蚤就从那只猫身上跳到这只猫身上了。"

莎拉想了想。"那只猫怎么生跳蚤的?"

"噢,那只猫肯定跟别的猫玩过,"我自以为巧妙地回答,"跳蚤蹦到那只猫身上,又从那只猫身上蹦到咱家猫的身上。"

莎拉顿了顿,较真地说:"可是,爸爸,跳蚤从这只猫身上蹦到那只猫身上,再蹦到别的猫身上,不能这样蹦个没完吧。只有数字才数个没完。"③

第一因,一个经典的哲学问题,就这样在小姑娘的关于跳蚤的提问中浮现了出来。如果说这段话中的哲学问题只是神似的话,那么我们在日常生活中常常遇到的儿童关于梦与人生的问题,关于永恒的活下去的愿望,对死亡的恐惧与抗拒,就与哲学不仅神似而且形似。

20世纪下半叶,儿童和哲学的关系进入到专业的哲学家的视野之中。1974年,美国哲学教授李普曼博士在蒙克雷尔州立学院创建了儿童哲学发展中心(IAPC)。到现在,儿童哲学已经成为一个被学术界认可的哲学领域。

根据哲学家的研究,儿童的哲思在儿童的生活中普遍而且系统。这表明儿童有能力进行哲学思考,也为儿童在审美活动中追求深度提供了事实基础。

儿童如何在审美活动中展开哲思、追求深度,是美育中一个非常有趣的问题。

在儿童的审美活动中,他最讨厌的追求深度的举动是从感性的文本中抽象出干巴巴的哲学教条。遗憾的是,我们的文学教育和艺术教育正在日复一日地重复这种举动。长此以往,儿童对文学和艺术的天然的爱,就会被对干巴巴的哲学教条的厌恶感挤出他的审美活动

---

① [美]加雷斯·B·马修斯:《哲学与幼童》,陈国容译,蒋永宜校译,北京,生活·读书·新知三联书店,2015年版。第16页。
② [美]加雷斯·B·马修斯:《童年哲学》,刘晓东译,北京,生活·读书·新知三联书店,2015年版。第3页。
③ [美]加雷斯·B·马修斯《童年哲学》,刘晓东译,北京,生活·读书·新知三联书店,2015年版。第1—2页。

的期待视野之外。

在儿童的审美活动中,哲思总是自然地在感性的情境中缘事而生、缘情而发。儿童的哲思并不会如成年人那样抽象为概念,甚至抽象为符号,而是在具体的场景中随着情节的展开、冲突的发展、时间的绵延、情感的发酵,在经验的、感性的意象中开花结果。

第四节 儿童审美活动的要素及其作用

根据皮亚杰的理论,十一二岁是儿童心理发展的关键时间点。十一二岁之前,儿童身上情绪、感知和思维方面属于儿童的心理特征非常明显,而且是越小越明晰;之后,儿童的心理中属于成人的心理特征就慢慢地发展起来,属于儿童的心理特征开始慢慢淡化。因此,我们主要依靠低龄儿童来描述和研究儿童的审美活动要素及其作用。

一、节奏

儿童在2~3个月的时候对美已经有了感知能力,5个月时能够识别旋律轮廓,识别简单的节奏模式。儿童在婴儿期不仅能够欣赏美,而且还在其动作中体验和创造美。当然,也只能是动作,这个时期的儿童还不能说话,也没有建立其他的符号系统,他的审美能力的其他方面还不具备萌发的条件。

婴儿意识还处于混沌状态,但他的手、脚、嘴巴、眼珠的动作有一种天然的节奏。婴儿动作的节奏来源于母亲和他的心跳节奏,来源于母亲和他的呼吸节奏。心跳和呼吸,在儿童出生之前,就已经开始对儿童进行有节奏的熏陶和培育。在呼吸和心跳的节奏中,儿童获得了最初的安全感,陌生的世界因为这种安全感而成为熟悉的、可靠的。在心跳和呼吸中,节奏与儿童最初的愉悦感关联了起来,形成最简单、最基础的审美创造。身体的扭动,手脚的动作,嘴的吮吸,眼珠的转动,都是儿童的节奏化的动作,是儿童的快乐体验。儿童乐此不疲,愿意去反复地重复。

上海儿童文学作家郑春华,在自己的女儿六七个月大的时候,每天用奶瓶给他喂奶时,随口扯个顺口溜:"一只小猫——喵喵,一只小狗——汪汪。"一天,她刚念完"一只小猫",走了一下神儿,后面的"喵喵"没来得及跟着出来。结果,她发现,孩子停止吮吸,眼睛向上搜寻,像是在找声音。她连忙补念"喵喵",孩子就安静下来,心满意足地继续吮吸。她意识到这个小插曲可能表明孩子已经开始感知什么了,于是就做了个小小的实验。在念"一只小狗"时故意停下来。发现孩子果然又停止吃奶,开始搜寻,等她念出"汪汪"才又心满意足地继续吮吸。[①]

在这场"艺术欣赏风波"里,孩子感知到的是什么?孩子欣赏的是什么?

妈妈的声音自然是不能吃的,孩子吃的是奶,但她欣赏的是声音。这段声音,每天伴着她吃奶,给她带来愉悦。对这段声音,她有了记忆,有了期待,有了呼应。这个时期的儿童,尚不能理解语言的意义,她甚至没有见过小猫、小狗这两个词所指的那种动物,她所感知的、欣赏的其实只是声音的组合、句式的重复所形成的节奏。这种节奏因其重复性而成为儿童可预期、可参与、可体验的。预期、参与、体验的成功,又会形成更强烈的愉悦感。这就是周

---

① 刘绪源:《美与幼童——从婴幼儿看审美发生》,南京,江苏凤凰少年儿童出版社,2014年版。第27页。

作人说的"凡儿生半载,听觉发达,能辨声音,闻有韵或有律之音,甚感愉快"。①

在儿童早期的审美发展中,节奏几乎是唯一被感知、被体验到的审美因素。儿童艺术中的儿歌就是根据儿童早期审美的这个特点而来的。所以,我们看儿歌时会发现,音节比词义更重要。儿歌中有很多音节方面节奏鲜明,内容方面没有意义,甚至荒诞不经的作品。比如连锁体民谣《小板凳》：

小板凳歪歪,
里面坐个乖乖；
乖乖出来买菜,
里面坐个奶奶；
奶奶出来烧汤,
里面坐个姑娘；
姑娘出来梳头,
里面坐个小猴；
小猴出来作揖,
里面坐个公鸡；
公鸡出来打鸣,
里面坐个豆虫；
豆虫出来咕咕容,
咕咕容。

在儿歌的所有审美要素中,节奏占据着绝对的地位。一首儿歌可以有意义,也可以没有意义,但必须有节奏。不仅在听觉艺术中,在视觉艺术中,节奏也同样是儿童的涂鸦活动被辨识为审美活动的根本要素。"在制作领域,一个一岁的幼儿有时能获得规则的节奏或制作出非常原始的绘画,虽然那也许只是胡乱的练习而不能算作品,然而开始作画的笔触都是有节奏的；它使我们感到,与生俱来的熟练行为的运动成分从一开始便构成了原始的审美活动。"②

在儿童早期的审美活动中,节奏是身体性的。在这个意义上,我们可以说儿童的节奏就是身体的律动。随着儿童年龄的增长,感知能力的发展,社会文化的影响,节奏打开了非身体性、精神性的空间。日月星辰的运转、春夏秋冬的更替、月亮的圆缺、草木的荣枯,人的实践与行为,情感的悲与喜,生活中的聚与散、重逢与别离,内化为人的情感和思维的律动,节奏获得了更丰富、更深刻的内容,发展出更复杂的表现形式。"用心灵的俯仰的眼睛来看空间万象,我们的诗和画中所表现的空间意识,不是像代表希腊空间感的有轮廓的立体雕像,不是像那表现埃及空间感的墓中的直线甬道,也不是那代表近代欧洲精神的伦勃朗的油画中渺茫无际追求无着的深空,而是'俯仰自得'的节奏化的音乐化了的中国人的宇宙感。"③宗白华借助节奏对中国传统美学中空间感的论述,不仅揭示出了中国人审美精神空间的形成方法和途径,也适用于一般的、人类的审美精神的形成方法和途径。中西方审美发展中节

---

① 周作人：《周作人散文全集·第一卷》,桂林,广西师范大学出版社,2009 年版。第 294 页。
② [美]H·加登纳：《艺术与人的发展》,兰金仁译,北京,光明日报出版社,1988 年版。第 152 页。
③ 宗白华：《美学散步》,上海,上海人民出版社,2005 年版。第 167—168 页。

奏的非身体性、精神性空间的方向和取道路径不同,但都是节奏的升华和文明化却是相同的。

在儿童审美发展中,从儿歌到各种韵文体的文学,再到各种散文体的文学;从摇篮曲到复杂的交响乐;从涂鸦到绘画艺术;节奏也从简单到复杂,从紧凑到疏朗,从显在的、引领性的审美要素转化为隐性的、基础性的审美要素。

二、情感

情感是审美活动的领域。这个美学中的共识表明,如果没有情感,那么人类的审美活动就会"绕树三匝,何枝可依"(曹操《短歌行》)。本章中,我们在心理学的范围内描述了儿童情绪发展的一般路径。虽然心理学的研究已经揭示了六种基本情感与混合情绪、自我意识情绪在出现时间和结构方面的差异,但只是在情绪(在英文中,情绪和情感是同一个词)之前加限定词去描述,没有给出新的术语。这在心理学研究中并不会造成困难和问题。但在美学研究中,尤其在研究儿童的审美发生、发展时,在描述审美体验(体验一定是含情的体验)的特点时,情绪这个术语过于宽泛的外延给我们带来了相当多的困难。刘绪源认为:"(情绪和情感)二者的区别是十分明显的,一旦将这两者分开,许多问题,尤其是审美发生和发展中的问题,就会一目了然、迎刃而解。"[1]因此,有必要对情绪进行术语方面的区分。

在心理学中,基本情绪与自我意识情绪(包括混合情绪)之间的质的区别是显而易见的,自我意识是区分二者的质的因素。儿童自我意识在 18 个月时就已经开始发生。自我意识的发生与发展和儿童的语言能力、内在的时间感知和建构能力、对他人的意识等因素交错在一起,是一个非常复杂的领域。如果仅从质的方面判断,那么无论是采用年龄分期中的自我意识,还是采用日常经验意义的自我意识,都可以清楚地区分情绪和情感。

儿童审美发展中的情感,以自我意识为标准的话,发生在一岁半以后。从这时开始,儿童开始使用符号代替现实事物,把外部世界内化为内部世界。用哲学术语来形容就是"自然的人化"和人的人化。根据这一点,我们可以说,情绪是生物学因素驱动的感性经验,情感倾向于强调个体感性经验的体验价值和意义蕴涵,是情绪的人文化。康德说的情感是感觉的结果,[2]也可以在这个意义上理解。

儿童的情感发生之后,他的存在是他们情感的存在,他的整个生活、他的生活中的一切人、事、物都首先在情感的意义上获得感知和理解,知性和理性意义上的理解后于情感的感知和理解。

在日常生活中,喜怒哀乐爱恶惧,儿童丰富和细腻程度比成人有过之而无不及。但在儿童的审美中,他对情感有着自己独特的价值追求。追求爱、喜、乐,屏蔽、遗忘或者对抗、战胜怒、哀、恶、惧,是儿童审美情感发展最初时期的首要主题,也是整个儿童审美情感中的永恒主题。对儿童而言,前者是光明,是审美体验的目的,是美本身,在价值设定上是善的;后者是黑暗,是非审美的体验,是丑,在价值设定中是恶的。在比喻的意义上,我们可以把儿童审美情感发展的最初时期称为光明时期。光明时期的儿童审美,无论是游戏,还是抒情和叙事

---

[1] 刘绪源:《美与幼童——从婴幼儿看审美发生》,南京,江苏凤凰少年儿童出版社,2014 年版。第 58 页。
[2] 康德在论证滋味与颜色不是对象的必要条件时说,"而美味甚至是建立在作为感觉之结果的情感(快乐与不快)之上的。"[德]康德:《纯粹理性批判》,李秋零译,北京,中国人民大学出版社,2004 年版。第 63 页。

艺术,永恒主题都处在绝对核心地位。两类情感在审美文本中幻化出善恶对立的双方,在儿童的审美世界中对抗、争斗,演绎出无数复杂的情节,演化出或可笑、或可爱、或可怕的故事,涂抹出或壮观、或秀丽、或崇高、或优美的场景。最终一定是光明战胜黑暗,善良战胜邪恶。所以,悲剧在儿童审美情感发展的最初阶段几乎是无法存在的。这一时期儿童的审美情感总是伴随着固定的伦理价值判断,并显示为澄澈单纯的形态。追求和肯定光明的、美的、善的情感为儿童搭建起安全的、温暖的内心世界,这个世界本身就是美的,是儿童用以判断外部世界,与外部世界打交道的根基。

很难为儿童审美情感的发展划出准确的年龄界限,当儿童的审美情感发展出成人审美中的情感与善恶的交错状态时,光明时期的审美状态就开始消退。儿童能够接受恐怖的、悲剧的等在之前视为"黑暗"状态的情感,并能够在对黑暗情感元素的体验中获得与之前阶段的审美体验完全不同的审美愉悦。但是,普遍地看,儿童的审美情感并不会因此而发展出一个纯粹的黑暗时期。"黑暗"状态的审美情感在儿童的情感发展中并不能进入主流地位。

三、想象

如果说在儿童的审美发展中,节奏是骨架,决定着儿童的审美欣赏与创造能不能立起来;情感是灵魂和心脏,决定着儿童的审美欣赏与创造能不能活起来;那么,想象就是肌肉和翅膀,决定着儿童的审美欣赏与创造能不能丰润起来,能不能飞起来。

作为一种心理能力,想象发生的时间和心理基础与情感类似,都建立在儿童的符号表征能力之上。儿童想象发展的黄金时期,就是二到七岁这个时期。在这个时期,符号表征能力已经开始运作,情感开始活跃和丰富,逻辑能力还没有萌发;支持想象的一切有利因素都出现了,抑制想象、限制想象的因素还不存在,想象从发展空间到发展方式都有着充分的自由。从情感发展黄金时期的要素看,儿童想象的根本特征是非逻辑性,想象的出发点、方法、性质都建立在这个根本特征之上。

在儿童的审美发展中,想象的出发点是自我中心。在儿童的想象中,世界的一切都是因我而在,为我而在的。"当我们出来时天上的星星也就生出来了……因为在这以前,并不需要太阳光。"①对儿童来说,我不但是世界的意义中心,还是世界存在的依据。我的世界我做主。正因如此,儿童可以恣意想象,世界万物在他的审美构造中可以任意挪移,大象可以生活在大海里,鲸鱼可以生活在天空,小鸟可以在海里讨生活。世界上一切事物的优点(儿童喜欢的就是优点)都可以成为我的身体的一部分,成为我的能力的一种,因为他们是为我而在的。因此,人可以飞行,无论是用翅膀还是装上螺旋桨;人可以拥有魔法,动念之间就是一片绚丽的色彩流动;人可以力大无穷,能轻而易举地把一匹马、一头牛举过头顶;人可以成为巨人,跨步之间便能越洋过海。我的一切能力都可以投射为世界万物的新能力,因为他们是因我而在的。因此,小动物可以说话,哪怕它已经死了;植物也可以说话,尽管它没有嘴巴;布娃娃会生病,尽管它只是布做的;一朵玫瑰花也会害怕穿堂风,尽管它一直都生活在野外。从自我中心出发,在想象中,世界万物和我之间出现了一座双向的桥梁,物我之间的信息、形象、能力全都可以无障碍地相互交换,万物皆具有人的性质。

想象的方法是类比挪移。逻辑是人类在感知和认识的世界中勾连万物,确定万物的真

---

① [瑞]皮亚杰:《儿童心理学》,北京,商务印书馆,1980年版。第83页。

实性,为世界厘定秩序的工具和方法。如果逻辑尚未发生,无法参与到儿童的审美世界建构中,想象该如何发展自身?儿童的方法是类比,是挪移。所谓挪移,就是把不同事物的形象、特点、能力,交换位置,叠合在一起。这与鲁迅先生谈人物塑造时说的"没有专用过一个人,往往嘴在浙江,脸在北京,衣服在山西,是一个拼凑出来的角色"[1]非常像,但又有不同。成年人想象中的挪移在根本上受到逻辑的制约,不像儿童的想象中挪移的跨度那么大、那么自由。儿童想象中的挪移勾连万物的"逻辑"(我们在比喻的意义上使用逻辑这个词,意在使用其中蕴涵的秩序感,儿童的想象世界有自己的法则和秩序,虽然它并不依赖成人世界的逻辑)是类比。类比与艺术当中讲的通感相似,但其在儿童的想象中是作为万物勾连形成儿童世界的秩序的范围内使用的。在儿童的想象中,类比作用于世界观的层面,是修辞哲学;在成人的文艺中,通感作用于物与物的局部,是修辞手法。

想象的性质是移情于象。儿童想象中构造出来的形象,甚至整个想象世界,都有着自己的人格,有着自己的情感,究其实质就是把自己的情感投射到了想象出来的形象上,这就是移情于象。"夫神思方运,万涂竞萌,规矩虚位,刻镂无形。登山则情满于山,观海则意溢于海,我才之多少,将与风云而并驱矣。"[2]刘勰形容文章运思过程的这段文字,挪移到儿童想象中是再恰当不过的话。规矩虚位,就是暂时抛开规矩(逻辑),当然在儿童这里是逻辑还没有产生,就不用抛开了。登山则情满于山,观海则意溢于海,我之情意即山之情意、海之情意。形象因我之情意的移入而成为鲜活的、生动的,富有生命力的形象。儿童想象中的移情于象在艺术作品的形象层能够轻松地感知到。儿童想象过程的移情于象则需要我们略加分析和描述。逻辑思维过程可以相对冷静地进行,大多数时候,逻辑思维需要搁置情感(这与想象移情恰恰相反)才能进入纯粹的抽象的逻辑世界之中;非逻辑的想象过程中,儿童要移的情感就是他当下正在生发和流动着的情感,如他要画一张笑脸,他自己的脸就是在笑着。儿童的移情于象并不会停留在单向的情感投射状态。儿童移入情感的形象,在儿童的想象中会快速地独立于儿童的自我意识,成为一个个"实在"的人物,与儿童对话,反过来激发儿童的情感。儿童的想象就是这样变身为成彻头彻尾的情感世界,并在情感的滋养中丰富自身、发展自身。想象为儿童的审美发展插上了飞翔的翅膀。

思 考 题

1. 简述现代儿童观的产生与传播。
2. 试述儿童心理发展中基本情绪变化的审美功能。
3. 前运算阶段儿童心理发展的特征是什么?与美育有何关系?请简要论述。
4. 试述儿童审美发展早期情感的特点。
5. 游戏在儿童活动中的作用是什么?
6. 如何在美育中对儿童开展哲思教育?

---

[1] 鲁迅:《南腔北调集》,上海同文书店,1934年版。第112页。
[2] 刘勰:《文心雕龙》,神思第二十六,文渊阁四库全书本。

第七章 小学美育

小学是基础教育的基础。进入小学,美育就从学前的审美素养启蒙阶段到了有序丰富发展的重要阶段。因此,小学美育开展得如何,直接关系到小学生审美素养的培养,从而直接影响到学生的未来。本章力求阐明小学美育的任务、特点和具体内容,提出在小学实施美育的原则、途径以及保障措施。

第一节 小学美育的任务与特点

义务教育阶段尤其是小学美育,要注重激发学生艺术兴趣,传授必备的基础知识与技能,发展艺术想象力和创新意识,帮助学生形成一二项艺术特长和爱好,培养学生健康向上的审美趣味、审美格调、审美理想。简单归纳起来,主要是要让学生知美、懂美、爱美、创美。

一、小学美育的任务

1. 知美

知美是通过美育让学生了解一些美的最基本的常识,了解什么是美。在对小学生进行美育时,主要应当让学生知道美的各种表现形态。比如,让学生了解什么是自然美,了解自然美的特征、表现及欣赏方法;让学生了解什么是存在于自己生活周围的社会生活美,了解社会生活美的内容、特点及社会生活美的创造和欣赏;还要让学生了解艺术美的类别、特征、表现形式及欣赏方法等。

2. 懂美

懂美是指教师在教学生了解什么是美的同时,应当教学生学会一些基本的审美方法,使得学生对于自然、社会生活中以及艺术作品中的美产生兴趣,并懂得基本的美学原则和基本的艺术技能。比如,一朵花、一幅画、一支歌曲、一支舞蹈为什么是美的,从哪些方面可以发现它的美。审美方法有很多种,其中小学生比较常用的是观察法、体验法和联想法。

3. 爱美

俗话说,爱美之心人皆有之。美育的目的之一就是让学生不但知道什么是美,而且要从心底产生热爱美的情感。当他们看到美好的事物时,应当能立即产生一种抑制不住的冲动,精神应当处于愉快和兴奋状态。要培养学生对美好事物的情感,要让他们学会精心爱护任何一件美好的事物,无论是一朵花、一片草地、一只小鸟、一张课桌,都要爱护它们。

4. 创美

创造力是学生素质的重要组成部分,让学生亲自参与美的创造,既是美育的手段,也是美育的任务之一。通过美育培养学生的创造性思维、创造性想象力以及卓越的创造能力,对于学生的全面发展和素质提高有重要的意义。

二、小学美育的特点

由于不同年龄、不同文化背景、不同知识水平的人对美的认识和接受能力是不同的,所以,针对不同的对象,也就应当采取不同的方式和方法对他们进行美育。

小学属于基础教育的基础,是在学前教育启蒙的基础上,扩展丰富审美教育的场所。作为教育对象的小学生处于6~12周岁,由家庭环境扩展到学校环境,知识和经验处在逐渐增加的过程中,所以,对小学生进行美育,需要针对小学生的特点,采取独具特色的教育方法。

1. 在教育方法上以直观教学为主

小学生的抽象思维能力还没有培养和发展起来,但是他们的感觉器官却比较灵敏。美的事物本身是丰富多彩的,其鲜明的外部特征也正好是容易被小学生接受的。因此,在对小学生进行美育的时候,应当利用美的事物的这一特征,以生动的形象和直观的例证作为教育的基本材料,以直观教学法为主去进行教育。要多用实物教学、形象教学、情景教学的方法,多用实物、模型或图画等直观的教具,以加深学生的印象。

2. 在教育目标上以情感教育为主

美育当然需要受教育者了解美的理论,但是,小学生的理解能力有限,有些在成人看来非常简单的道理,他们接受起来却并不容易。所以对小学生进行美育,不应当要求他们掌握许多美学的理论和概念,不要进行太多的理论说教。一些关于美的本质、特点及规律的内容应当在学生稍大一些以后再讲给他们听。小学美育的重点应当放在情感教育方面,要培养他们对美好事物的热爱,对美好情感的体验,用美的形象陶冶学生的情操。比如,介绍花的美丽,主要应当向学生介绍花卉鲜明、美丽的颜色,优美的形状,沁人心脾的香气,以及它的象征意义,比如菊花、兰花、牡丹等在中国文化中的不同形象、气质和不同的象征意义。

3. 在教育形式上以课程教学与课外美育实践活动相结合

国务院办公厅《关于全面加强和改进美育工作的意见》指出:"学校美育课程建设要以艺术课程为主体,各学科相互渗透融合,重视美育基础知识学习,增强课程综合性,加强实践活动环节。要以审美和人文素养培养为核心,以创新能力培育为重点,科学定位各级各类学校美育课程目标。"[①]小学美育在课程教学方面主要是开齐开足音乐、美术课程,有条件的学校还要自主开发舞蹈、戏剧、地方特色戏曲等课程,同时还要注重各种实践活动的育人作用。各级各类学校要充分利用广播、电视、网络、教室、走廊、宣传栏以及各种传统节日、艺术展演活动等,组织格调高雅、富有美感的实践活动,让学生在充满朝气的校园文化环境中浸润,以美感人,以活动育人。要让社会主义核心价值观、中华优秀传统文化基因通过校园文化环境浸润学生心田,引导学生发现自然之美、生活之美、心灵之美。要让学生在课程教学以及课外活动的审美实践中获得审美的感受,增进爱美的情感,提高对美的价值及意义的认识。

---

① 国务院办公厅《关于全面加强和改进美育工作的意见》,国办发〔2015〕71号,2015.9.15。

第二节　小学美育的内容

小学美育的内容,主要是通过自然美、艺术美、社会美等方面的教育,提高学生对美的感知能力、想象能力、理解能力和创造能力,塑造健康向上的人格,提高其审美素养和综合素质,使学生成为心灵美、行为美、语言美、仪表美的一代新人。同时激发学生学习兴趣,促进学生在德、智、体诸方面全面发展,实现让每一个生命都精彩的教育理想。

一、提高小学生对美的感知能力

人的审美能力首先指的是审美感知能力。小学美育的一个重点是提高学生对美的事物的感知能力,使学生在遇到美的事物的时候能够敏锐地捕捉到它们,感受到它们。学生在幼年阶段(学前阶段)往往是在成人(家长或教师)的带领下去认识和接触外界事物,对美的感受处于启蒙阶段。进入小学以后,他们的个体生命获得成长,相应的感知和认识能力也发展进入一个新的阶段,由完全被动的接受阶段逐渐转向自主学习的阶段。小学阶段,学生在教师的带领下,逐渐由启蒙时期的被动状态,过渡到可以自己主动地去接触丰富的自然界和社会,自觉感受自然界和社会中事物的美。

审美感知能力就是运用感觉和知觉对自然、社会及艺术中的美的形象进行捕捉,在心中建构一个审美对象的过程。感知能力的提高来自对眼睛、耳朵、鼻子、舌头、身体等官能器官的训练,同时也来自大量的审美实践活动。学校教育工作者的任务就是培养学生的视觉、听觉、嗅觉、味觉、触觉以及在此基础上形成的综合感知能力。具体来说就是教会学生如何用自己的感官感受外界事物之美。例如,带领学生到野外聆听鸟语蛙鸣、松涛浪涌;到海边看日出和晚霞;到公园观赏绚丽多彩的景色;在课堂上欣赏优美的音乐和图画;组织他们参加各种社会公益活动等,使他们从小学会发现美、欣赏、热爱美。

在培养学生的感受力方面,对小学生的审美教育首先要着重培养学生敏锐的观察能力,使得他们通过观察发现事物的美。

观察是指人们有目的地仔细观看,它是认识的起点。学会观察就是学会有意识地从不同的角度来看待客观存在的事物。在带领学生观察的同时,要教学生掌握观察的方法。例如观察要有顺序、有条理,从某个侧面或一个局部开始;观察要抓住对象的重点和特点;观察要注意全局和局部的关系,不能像"盲人摸象"那样以偏概全,不能"一叶障目,不见泰山"。

此外,在观察的基础上,教师要教会学生运用视觉、听觉、嗅觉、味觉和触觉去体验事物,培养审美态度,提升审美注意,发现事物的美。例如一朵花,教师除了教学生从颜色、线条、形状等方面去进行观察,还要让学生沉浸在由颜色、线条、形状构成的花的整体形象中,感受它,体味它,从而发现和欣赏花朵的美。教师要让学生了解对于相同事物如果从不同的角度观察会产生不同的结果。例如,同样是一棵树,怀着不同的态度去观察,就会发现不仅它的外在形态不同,而且它的表征意义也完全不同。比如科学家观察一棵树,发现的是树干、树叶的特征,属于哪一科哪一属;木工观察一棵树,发现的是树干的长短曲直,适合制作成什么器具;怀着审美的态度观察,就注意树叶颜色、树枝线条等组成的一棵树的整体形象。

二、提高小学生对美的想象能力

小学生正处于富有想象力的年龄,丰富他们的审美体验的重要方面就是提升他们的想象能力。美育的任务之一是开发学生的想象力,让他们自由地、无拘无束地展开神奇的想象,欣赏自然界和社会中的美好现象,创造出自己喜爱的作品。开发小学生的想象力就像在白纸上作画,也像在肥沃的土地上种植庄稼,教师应该利用教学的各个环节,让学生在观察事物、感知事物的时候努力发挥自己的想象力,在普通的事物中重新将各种要素组合,构成自己对事物的观察理路,发现形式上的独特美。比如,教师可以在户外引导学生观察天上飘动的云彩,看云彩在运动中形态的变化,想象云彩形成的各种形象与生活中的事物有无相似性。教师也可以让学生根据自己观察到的事物画出自己想象的作品,不拘一格,让学生将自己的所思所想表达出来。教师也可以让学生在聆听音乐作品的时候,想象作品中描绘的事物画面(如著名音乐家圣·桑的《动物狂欢节》中就用不同的乐器和节奏描写了许多鲜明生动的动物形象),感受作品的内在情感张力。

在引导学生进行想象的时候,要注意给学生留有充分的空间,同时要鼓励学生敢于打破一些思维定式和逻辑框框,大胆联想和想象。如果说在视觉艺术(绘画)和听觉艺术(音乐)中学生可以有丰富的想象,那么在对语言艺术的把握中,更应该开启学生的想象开关,通过文字语词媒介构建自己想象的意象世界。

以唐代李白的《静夜思》为例:"床前明月光,疑是地上霜。举头望明月,低头思故乡。"学生首先感受的是朗朗上口、极富韵律美感的语句,在理解词句的同时可以展开无边的想象,形成直观的画面:诗人在异地游历或者因公事出差,夜里似乎是从梦中醒来,微微张开双眼,见到床前洒落一地洁白月光,晶莹如霜,于是抬头望向窗外,只见一轮皓月高挂夜空,不由得勾起思乡之情,情绪复杂,渐渐低下头去。正是在对诗歌的直观感受中,展开对诗人所处境遇的丰富联想,体会诗人因看到月光而思念家乡亲人的情感历程,体味到全诗在唯美的语词后面隐隐的游子忧郁情感。一般来说,学生的思维是生动而活跃的,只要教师不限制学生的想象边界,充分调动学生的积极性,适时加以引导,学生是会产生丰富的想象的,这些想象力的培养对于学生的审美素养和能力具有积极的作用。

三、提高小学生对美的理解能力

世界上的事物是纷繁复杂的,既有美好的事物,又有丑恶的事物。真善美与假恶丑是同时存在的。美育的目的是培养学生的判断能力,学会分辨美丑,他们在遇到美的事物的时候,能够由衷地赞美它们、欣赏它们、歌颂它们;而遇到丑恶的事物的时候,又能够远离它们、鄙视它们、批判它们,特别是对各种社会现象,能够明辨是非,扬善抑恶。同时,也在课程教学和校外文化活动过程中,引导学生提高对美的事物的理解能力,将自己的生活经历融入审美活动,"以身体之,以心验之",获得深刻的审美体验。

学校在对学生的教育过程中,可以引导学生通过组织参观访问、读报评报、做手抄报和板报、排演戏剧小品等方式观察和体会社会现象,观察和模拟自然界的事物和体验人际交往中的人的行为等,让学生在自己的亲身体验中学会判断哪些是美好的事物、现象,哪些是丑恶的事物、现象。例如,学校可以引导学生认识语言美。语言是人类文明发展的产物,体现一个民族文明的发展程度,也体现一个人的文明发展程度。我国是一个具有悠久历史的文明古国，语言文明是举世闻名的。中国从古代起就研究语言的表现形式和内容的美。除了书面语言之外，人们最常用的就是口头语言。在口头表达方面，语言美的要求包括说话要有礼貌，谈吐要高雅，态度要谦虚，彬彬有礼，而口出狂言、说粗话、说脏话等都是语言不美的表现。

人还应当注意仪表美和行为美。首先就是着装、搭配美观大方，符合人们的接受习惯和基本的审美规律；其次是风度、仪容方面，要注意干净整洁，符合交往场合和对象。如果一个人不修边幅、邋邋遢遢，其仪表就是不美的，在正式的社会交往中也是对人不礼貌的；再次是行为举止要文明，心灵美是通过一系列行为举止表现出来的，心灵美是对人的美的最高要求，人的善性、善行，诚信待人，关心他人，扶助弱小，积极阳光，都是心灵美的表现。在课堂教学活动以及校园文化活动中让学生体会美的丰富表现，增强对美的理解，有助于学生成为爱美懂美之人。

四、提高小学生对美的创造能力

教师要让学生知道，人类是可以创造美的，应当引导学生的好奇心、好胜心，发挥小学生模仿能力强的特点，激发和鼓励学生创造的积极性，让他们在教师的带领和启发下，亲自动手、动脑，利用身边现成的材料，开展创造活动。要允许学生别出心裁、异想天开、独树一帜。

教师可以给学生讲科学家发明创造的故事，结合学生的年龄特点，介绍一些创造发明的技法，指导学生进行创造思维的训练，同时也可以指导学生开展各种创造活动。比如，利用一些简单的材料（如用过的易拉罐、空的塑料瓶）制作小的装饰品，变废为宝；也可以让学生用毛线练习编织，用彩纸或手绢等材料学习折叠，了解事物的构成原理；还可以利用各种材料制作或组装学生喜欢的模型（如车模、舰模、飞机模型、能发射的火箭模型等），使学生在制作中体会创造的乐趣。在这些活动中，学生不仅学到了各种本领，而且在自己制作的作品中观察和发现了美，因而也提高了创造美好生活的能力。

五、提高小学生的审美素养和综合素质

21世纪是知识经济的世纪，是科技竞争的世纪，也是人才竞争的世纪。我们要在世界上处于不败之地，就要依靠我们培养出的高质量人才。所谓高质量人才，就是具有较高素质和全面发展的人才。21世纪需要的人才，是具有包括思想品德、科学文化、智力、体力和心理、审美素质等多方面素质在内的综合型人才。

我们要全面贯彻党的教育方针，以立德树人为根本任务，落实文艺工作座谈会精神，按照《国家中长期教育改革和发展规划纲要（2010—2020年）》要求，把培育和践行社会主义核心价值观融入学校美育全过程，根植中华优秀传统文化深厚土壤，汲取人类文明优秀成果，引领学生树立正确的审美观念，陶冶高尚的道德情操，培育深厚的民族情感，激发想象力和创新意识，拥有开阔的眼光和宽广的胸怀，培养造就德智体美全面发展的社会主义建设者和接班人。

因此，学校领导应当将美育放在学校工作的重要位置上，重视和支持美育工作，把它看作是实施素质教育的重要一环。

第三节　小学美育的实施

由于小学生的年龄和生理、心理发育的特点,决定了在小学进行美育与其他部门或大学、中学进行美育有所区别,应当实行不同的原则和方法。

一、小学美育实施的原则

由于小学生年龄小、知识少,缺乏社会生活的经验和体验,所以,应当根据他们的特点采取如下的教育原则:

1. 循序渐进的原则

小学生在 6 岁至 7 岁时上学,参加到自己的群体中,各方面的知识和技能都还不健全。他们需要知道和学习的东西很多,但又不可能一下子完全获得。所以,对小学生进行美育是一个长期的任务,不要指望在短时间内就让小学生完全掌握审美的知识,成为一个健全的审美主体。在对小学生进行美育的过程中,教育工作者要循序渐进,一步一步地进行。要区分学生在高、中、低不同年级的智力、能力和情感的不同发展阶段,由浅入深地进行,不可随意颠倒前后顺序。例如,在低年级,要着重于感知能力和情感体验能力的培养,高年级则着重于审美理解力和审美创造力的培养。整个教育的过程要像杜甫在《春夜喜雨》中形容的春雨特点一样,要"随风潜入夜,润物细无声"。

2. 启发诱导的原则

美育本身是要使受教育者提高审美的能力和情趣,所以,它需要受教育者配合,并且主动参与才能取得好的效果。所以美育绝对不能强迫,不能靠灌输,而主要靠耐心的引导和启发。在对小学生进行美育时,教师应当通过教导、示范、情景演示等形式,采取启发诱导的方式对学生进行教育。比如在观察了一幅图画、听了一首歌曲或表演了一个情景以后,教师不一定要直接给出答案,而可以让学生自己去想一想,比一比,让他们在老师的引导下自己来分辨美丑和优劣。在教育过程中,要避免使用比较抽象的名词和概念,举的例子也应当是发生在学生身边的或者是学生比较熟悉的,还可以把要讲的道理编成故事或童话讲给学生。对于学生一时还理解不了的道理或原则,要允许学生有一个消化、领会的过程,教师不必急于教给学生,不要拔苗助长,操之过急。

3. 寓教于乐的原则

对小学生进行美育要坚持寓教于乐的原则,即通过生动活泼的娱乐形式,达到教育的目的。在这里,教师要特别注意激发学生的兴趣,是他们在美育过程中,感到接受审美教育是一种"快乐的""有趣的""享受的"事情,而不是"无聊的""乏味的"事情。这样,他们就会兴趣盎然地主动配合审美教育的进行,并且体会到一种进入自由境界的愉悦,从而在轻松愉快的活动中,不知不觉地受到潜移默化的教育。如用表演小品的形式反映现实生活中的事件,让学生在笑声中学会分辨美丑;组织学生观看有教育意义的影视节目,然后对作品中的情节和人物进行讨论,提高学生的审美能力。对于低年级的学生来说,通过做游戏的方式进行美育则是一种更加有益的方式。

二、小学美育实施的途径

1. 开设多种优质的美育课程

课堂教学是学校教育的主要方式。所以,美育的实施首先是在课堂教学中进行的。教师要调动一切可能的因素,在课堂教学中实施美育。各级各类学校要按照课程设置方案和课程标准、教学指导纲要建设美育课程体系,条件较好的学校要开设多种丰富优质的美育课程,条件一般的学校也要逐步开齐开足美育课程。小学阶段的美育课程在开设美术、音乐课程的基础上,有条件的要增设舞蹈、戏剧、戏曲等体现地方美育特色的课程。

《义务教育美术课程标准(2011年)》中明确指出:"美术以视觉形象承载和表达人的思想观念、情感态度和审美趣味,丰富人类的精神和物质世界。美术教育具有悠久的历史,近代以来,美术课程更以其丰富的教育价值列入中小学课程体系中。""当代社会的发展对国民的素质提出了新的要求,学习图像传达与交流的方法、形成视觉文化的意识和构建面向21世纪的创造力已成为当代美术课程的基本取向。美术课程应该在我国基础教育课程体系中发挥更积极的作用,为国家培养具有人文精神、创新能力、审美品位和美术素养的现代公民。"[①]

美术课是对小学生进行美育的一门重要课程,它的主要目的是培养学生对美术的兴趣、爱好,使他们热爱大自然、热爱生活、热爱美术。通过写生、临摹、创作、欣赏和工艺制作,提高学生对线条、轮廓、形体、色彩、明暗对比等形式美的要素的感受能力,培养学生的想象力,发展学生的创造力,提高学生美化生活、美化自身的能力。

美术创作是一个充满挑战的过程。无论是对对象的描绘、再现还是创造,都是对美好事物的描绘和反映,是对美的事物进行观察、分析和想象的结果。线条、色彩、形体是美术作品表现美好事物的媒介和手段。

美术课固然可以教学生学习绘画的方法,了解绘画的技巧,掌握初步的艺术表现手法,了解各种颜色的象征意义和各种图形的感情色彩,学习画面的构图、布局等,更重要的是让学生运用视觉器官进行观察,逐步学会辨别事物的异同,发现事物的特点,掌握事物的变化,培养学生对新鲜事物的热情和敏感,锻炼出一双善于发现美的眼睛,并通过观察和思考,按照自己的印象和想象,在图画上表达自己的思想和感情。所以,小学美术课的教学目的在于教会学生掌握美术知识和技巧的基础上,更要培养一种艺术素养,提高学生的审美感受能力。

美术欣赏是美术课中的重要内容。通过观赏优秀的美术作品,使学生在享受美感的同时,对美术作品的创作风格、表现手法、创作技能等也有初步的了解,从而增长美术知识。学生通过欣赏艺术家的作品也能受到启示和感染。让学生了解艺术家的生平以及他们所创作的艺术作品的背景,也是对学生进行美育的一个方面。小学生受年龄和经历所限,可能对美术作品的欣赏和理解还是比较肤浅的,但是通过了解作品中渗透的浓烈的情感,可以使学生在心灵上产生震撼,体验到崇高的美感。

《义务教育音乐课程标准(2011年)》中明确指出:"音乐是人类最古老、最具普遍性和感染力的艺术形式之一,是人类通过有组织的音响实现思想和感情的表现与交流必不可少

[①] 教育部《义务教育美术课程标准》,北京,北京师范大学出版社,2011年版,前言。

的听觉艺术,是人类精神生活的有机组成部分;作为人类文化的一种重要形态和载体,音乐蕴含着丰富的文化和历史内涵,以其独特的艺术魅力伴随人类历史的发展,满足人们的精神文化需求。"①

音乐是传达人类感情的一种艺术形式。音乐能触动人的心灵,陶冶人的高尚的情感,具有极大的感染力。苏霍姆林斯基指出:"会听并且能理解音乐——这是审美修养的基本标志之一,舍此,便不能想象有完善的教育。"②

音乐课的教学不仅要教学生识谱、唱歌,还要教学生学习有关旋律、节奏、感情色彩、调式、风格等欣赏音乐的基本知识。在此基础上,教师还要教学生学习一些演奏的技巧,让学生利用简单打击乐器(铃鼓、三角铁、手鼓、锣等)学习掌握节奏的方法,教师也可以教学生学习演奏比较普及或常用的乐器(如口琴、电子琴、小提琴、手风琴、竹笛、二胡、小号等),让学生了解乐器的特点、表现力和表现手法,使学生学会用音乐的方式表达自己的感情。

在音乐课上,教师还要教学生学会欣赏音乐作品,通过音乐课培养学生具备一双会欣赏音乐的耳朵。教师可以通过放录音等方式,让学生聆听优秀的或有代表性的作品,然后让学生诉说自己的感受,结合自己所看过的事物、所学的知识,领会音乐所反映的思想感情。总之,教师在音乐课上要利用一切可以利用的手段培养学生热爱音乐的兴趣。为了充分发挥音乐教育的功能和作用,在音乐课上,教师在介绍优秀作品的同时还可以给学生讲音乐家的故事,向学生解释所学音乐作品的主题,揭示作品的背景和内涵,让学生学会欣赏作品的思想内涵并从音乐家的事迹中受到启发和教育。

《义务教育音乐课程标准(2011年)》指出,"对音乐的感悟、表现和创造,是人类的一种基本素质和能力。音乐课程的价值在于:为学生提供审美体验,陶冶情操,启迪智慧;开发创造性发展潜能,提升创造力;传承民族优秀文化,增进对世界音乐文化丰富性和多样性的认识和理解;促进人际交往、情感沟通及和谐社会的构建。"③

此外,舞蹈、戏剧、戏曲课程也以不同形式丰富着学生的审美体验,让学生在知识的学习和体验的感悟中提升审美意识和审美能力。

2. 组织丰富的美育实践活动

除了课堂教学之外,各级各类学校也要将美育实践活动纳入学校美育课程,作为美育课程体系的重要组成部分,要纳入教学计划,实施课程化管理。建立学生课外活动记录制度,学生参与文化艺术活动、学习优秀民族民间艺术、欣赏高雅文艺演出、参观美术展览等情况与表现要作为中小学生艺术素质测评内容。各级各类学校要贴近校园生活,根据学生认知水平和心理特点,积极探索创造具有时代特征、校园特色和学生特点的美育活动形式。

(1)组织艺术爱好小组活动。小学生中热爱文艺的学生很多,他们对文艺活动有着浓厚的兴趣。为了满足他们的要求,发展他们的艺术才能,学校应当创造条件组织学生课外文艺活动小组,开展丰富多彩的文艺活动。目前在学校中常见的活动小组包括绘画小组、摄影小组、书法小组、鼓乐队、器乐(民乐、管弦乐)演奏队、童声合唱团、舞蹈队等。开展这些活动应当因地制宜、因人制宜,根据学校各方面的条件进行。组织这些活动,要注意摒弃急功

---

① 教育部《义务教育音乐课程标准》,北京,北京师范大学出版社,2011年版,前言。
② [苏联]苏霍姆林斯基《帕夫雷什中学》,赵玮等译,北京,教育科学出版社,1999年版。第132页。
③ 教育部《义务教育音乐课程标准》,北京,北京师范大学出版社,2011年版,前言。

近利的思想,要面向大多数学生,并且要注意让学生劳逸结合,不要加重学生的负担。

（2）带领学生走进大自然。大自然对于学生永远是充满诱惑力的,因而带领学生走进大自然也是对学生进行美育的重要形式。学校在保证安全的前提下,可以利用春游、秋游的机会,组织学生到郊外、公园、海滨等风景区爬山、划船、野炊及游览,城市里的学生也可以到郊区农村体验生活,让学生在清新的环境中充分接触大自然、欣赏大自然。在活动中可以让学生调动自己的感官,观察大自然的色彩、季节的变化,各种植物、动物形态及活动特征等,聆听风声、雨声、雷声、波涛声、昆虫和鸟类的鸣叫声等,亲自动手采集标本、植树种草、采摘果实等。通过这些活动可以使学生体验大自然的美妙神韵,从大自然中接受美的教育。

（3）参观博物馆及有意义的展览。博物馆是进行思想教育和知识教育的场所,同时也是对学生进行美育的重要场所。中国是一个具有悠久文化传统的文明古国,有许多宝贵的文化遗产,也有许多文化和历史遗迹,如名人故居、革命圣地、帝王宫殿、寺庙古刹等。这些都可以成为对学生进行美育的生动课堂。通过组织学生参观博物馆和各种应时的展览,不仅可以使学生增长历史及科学文化知识,同时也可以通过对展品的欣赏和品味,让学生了解祖国悠久的历史和文化,增强民族自豪感,认识劳动人民的智慧和才干,并从中获得美的享受。

（4）组织学生观看影视作品和戏剧表演。影视和戏剧都属于综合性艺术。它们以生动的情节、逼真的形象、精练的语言、优美的音乐、华丽的服饰、奇妙的场景,引起小学生的浓厚兴趣。戏剧或影视作品不仅在形式上具有很强的观赏性,而且其内容往往具有深刻的思想内涵和教育意义,通过观看影视、戏剧,可以更有效地对学生进行审美教育。在组织观看电影、戏剧的时候,教师应当注意精心选择内容健康、艺术性较强且适合学生年龄特征的剧目,木偶剧、神话剧、儿童剧应当是首选的剧种。观看后可以组织学生进行讨论或写观后感,有条件的还可以组织学生与演员见面、座谈,以达到更好的教育效果。

（5）组织各种庆祝、联谊和比赛活动。学校在有条件的情况下,可以定期或不定期地组织一些大型的群众性文艺活动,如在每年的儿童节、教师节、校庆日举行庆祝活动;在国庆节、元旦组织文艺演出;在中秋节组织赏月晚会;举办学校艺术节、合唱节;组织绘画比赛、书法比赛、朗诵比赛、乐器演奏比赛、歌舞比赛、讲故事比赛等活动。通过这些活动,使学生充分展示自己的才华和特长,发挥其创造性,增强团结协作的精神,密切师生关系,从而推动校园美育的开展。

（6）组织多种传统文化实践活动。中华文化源远流长、灿烂辉煌。在5000多年文明发展中孕育的中华优秀传统文化,积淀着中华民族最深沉的精神追求。要以戏曲、书法、篆刻、剪纸等中华优秀传统文化艺术为重点,结合"非物质文化遗产进校园"活动、请传统手工艺人现场表演等形式,形成本地本校的特色和传统。用中华文化独一无二的理念、智慧、气度、神韵和美的意蕴,培养学生对于传统文化的了解、热爱,培植内心深处的自信和自豪。

（7）开展公益美德实践活动。组织小学生走出家门、校门,参加旨在培育美德的公益实践活动。其主要目的是通过参加活动使学生了解社会,接受社会美的教育。比如可以组织学生参加当地开展的社会主义精神文明建设活动、社会公益劳动、维护公共交通秩序的宣传活动、美化环境活动等。这些活动不仅使学生成为美的欣赏者,而且成为美的创造者。学生在美的创造中也提高了自己的思想境界,实现了对自身人格美的升华。

3. 建设高雅的校园文化环境

小学生一天大约要有三分之一的时间在学校度过,所以,学校的环境对学生的影响是非常大的。学校应当注意校园、教室环境的布置和美化,把它作为对学生进行美育的重要方面来抓。

小学校园首先应当整齐、清洁、美观,可在空地上建草坪,在道路两旁和教室周围种植一些树木、花卉,对校园进行绿化和美化。有条件的学校还可以设置假山、水池、喷泉,还可以建造苗圃或安排小动物饲养场所,使人一进校园,便感到生机勃勃、轻松愉快。

主要教学区或教师办公地点,最好设置镜子或宣传橱窗,展示具有鼓励作用的治学、做人的格言或新书、优秀学生介绍、作品介绍等。

学生上课的教室应当窗户明亮,地面干净,桌椅摆放整齐,国旗、校训醒目,墙报、板报美观大方,奖状、锦旗悬挂得体,在窗台或其他地方还可以摆放花草。学生在环境优美、干净整齐的教室上课,自然会受到美的熏陶。

另外,学校的教师办公室、图书馆、宿舍、礼堂、饭厅等地都应当做到整齐、清洁、优美,这些地方的美化和净化更应引起重视。

校园外部周边环境的净化和美化也应当引起重视。学校应当遵守有关规定维持校园的宁静,同时社会各部门也应当规范学校周围的环境,禁止干扰学校教育秩序的行为,以维持学校的正常教学秩序,保持学校的教育氛围。

注重校园文化环境的育人作用。营造格调高雅、富有美感、充满朝气的校园文化环境,以美感人,以景育人。要让社会主义核心价值观、中华优秀传统文化基因通过校园文化环境浸润学生心田,引导学生发现自然之美、生活之美、心灵之美。进一步办好大中小学生艺术展演活动,抓好中华优秀传统文化艺术传承学校与基地建设,各地要因地制宜探索建设一批体现正确育人导向、具有丰富文化内涵的校园文化美育环境示范学校。

三、小学美育实施的保障措施

1. 加强组织领导

各级教育部门和学校要深化美育教学改革理念,将美育作为实现教育现代化的一项重要任务摆在突出位置,按照国务院办公厅《关于全面加强和改进学校美育工作的意见》要求,加强组织领导,认真履行发展美育的职责,将美育发展纳入学校重要日程。结合各级各类学校实际情况制定具体实施方案,开足开齐美育课程,建立健全学校校长负责制,学校专设部门负责、全学校广泛参与的美育工作机制,明确责任,按照职能分工,落实好推进学校美育建设发展的各项工作。

2. 构建美育课程体系

学校美育课程建设要以音乐、美术等艺术课程为主体,各学科相互渗透融合,重视美育基础知识学习,增强课程综合性,加强实践活动环节。要以审美和人文素养培养为核心,以创新能力培育为重点,科学定位小学美育课程目标。各类学校要按照课程设置方案和课程标准、教学指导纲要,逐步开齐开足上好美育课程。同时实施好美育实践活动的课程化管理。参与美育实践活动情况和表现要作为中小学生艺术素质测评内容。建立以提高学校美育教育教学质量为导向的管理制度和工作机制。

3. 整合各方美育教学资源

学校除了要通过多种途径提高美育师资整体素质,开好学校美育课程之外,还要搭建美育课堂教学交流和教学技能培训平台,加强经验交流与培训,在小学教师国家级培训计划(国培计划)中加大对美育教师特别是乡村美育教师培训力度,带动各地开展农村美育教师培训。同时还要整合各方资源充实美育教学力量。学校要积极联络师范院校艺术专业教师、中央或地方艺术院团专家和社会艺术教育专业人士到学校担任兼职美育教师,开展"结对子、种文化"活动,积极组织聘请专家讲学团、"非遗"传承人和民间手工艺人进校园开设专题美育讲座。

4. 建立美育评价与督导制度

探索建立学校美育评价和督导制度。各地要开展学生艺术素质测评,抓好一批试点地区和试点学校,及时总结推广,发挥示范带动作用。实施学校美育工作自评制度,学校每学年要进行一次美育工作自评,自评工作实行校长负责制,纳入校长考核内容,并通过当地教育部门官方网站信息公开专栏向社会公示自评结果。制定符合各学校特点的教育教学评价标准。同时,各地教育部门要设置教育督导人员,要将美育纳入督导内容,定期开展专项督导工作,促进美育课程教学质量和美育实践活动效果稳步提升。

思 考 题

1. 小学美育的任务是什么?小学美育的特点有哪些?
2. 小学美育的内容包括哪些方面?
3. 开展小学美育要通过哪些途径?具体实施有哪些保障措施?
4. 结合自己的工作,谈谈如何加强和改进小学的美育工作?

第八章　小学美育教师的审美素养

在科学技术发达、专业分工极为细密的现代社会,教师首先肩负着传授各种专业知识的重任。不仅如此,在传播知识的基础上,教师更神圣的职责是以立德树人为根本任务,按照国家中长期教育改革和发展规划纲要要求,把培育和践行社会主义核心价值观融入教学全过程,根植中华优秀传统文化深厚土壤,汲取人类文明优秀成果,引领学生树立正确的审美观念,陶冶高尚的道德情操,培育深厚的民族情感,激发想象力和创新意识,拥有开阔的眼光和宽广的胸怀,培养造就德智体美全面发展的社会主义建设者和接班人。

小学美育教师,对于小学阶段的学生来说,教师的示范性更强,对学生的影响也更大,这就对教师自身的素质提出了更高的要求。教师能否按照美的规律来塑造自身的人格形象,培养高尚的审美兴趣以及提高自身的审美技能,便成为影响整个美育实践效果的关键所在。正由于如此,审美素养便成了小学美育教师的必备素养,它既是为了满足教育实践的要求,也是为了更加充分地实现美育的目的。

第一节　小学美育教师的职业特点与素质结构

小学美育教师是小学学校教育落实的主导因素,研究小学的美育,应该把小学教师放在必要地位。只有深刻地理解小学教师职业的内涵和特点,才能更好地理解审美素养对小学教师的重要性。

一、小学美育教师的职业特点

1. 示范性

小学生的年龄特点决定了他们有着明显的向师性,因此,小学教师首先要通过课内课外具有示范性的思想和言行去教育学生,去给予学生必要的知识,去塑造学生的精神世界,提升学生的智慧。小学教师的示范性体现在教育活动的方方面面,对于学生的知识、言行、思想、智慧方面具有榜样的力量。

2. 互动性

教育活动具有一定的互动性。教师要时刻清楚自己和学生在教育过程中的不同地位及角色。尤其是小学教师,6~12岁的学生对于教师有更强的依赖性和模仿性,因此,小学阶段师生之间的互动对于学生学习、发展具有更重要的意义,教师要意识到师生之间的相互激励、相互作用会更显著地影响学生的学习效果。

3. 创造性

教师的职业劳动具有创造性,尤其是小学教师,因其面对的学生是鲜活的个体,其独特的身心发展阶段,决定了他们天赋秉性、兴趣爱好、主体性、能动性等方面具有更鲜明的特点,因此教师要认识到教育过程是需要发挥创造性的,根据学生特点,教师在学识、素养、经验等方面的积累去发挥创造性来应对瞬息万变的教学情境,达到具体的教学目标。

4. 复杂性

现代社会的教育领域正面临着前所未有的复杂性。美国著名社会学家阿尔温·托夫勒就曾经针对西方现代教育状况尖锐地指出:"我们最关键的分支系统之———教育,正处于危险的失灵状态之中。"[①]而我国目前教育领域的复杂状况也颇令人担忧。尤其是小学阶段的教育,被赋予了更多以素质教育对抗以往浓厚的应试教育色彩的重要使命。小学生在认识事物和判断问题时具有一定的能动性,也具有相当程度的可塑性,同时教师的育人过程是十分复杂、系统的过程,如何在现有的教育条件下在目标的制定、方法的适用、素质教育效果达成等多方面达到和谐的状态,对小学教师的知识水平、素养结构、教学艺术等方面都要求甚高。

二、小学美育教师的素质结构

小学教师的职业是教学。因此,他首先必须是一个专家。只有自己的专业知识和才能达到一定程度,他才能传授知识,进行教学活动。这就是所谓"教书"。但是,教学又绝不仅仅是传授知识,它还是一门特殊的艺术,这就决定了教师必须要有艺术家的想象力和创造力,决定了教师必须要有"知人""爱人"的特殊能力。在"教书"的基础上,小学教师更肩负着"育人"的神圣职责。

新中国教育界的老前辈徐特立曾经指出,我们的教学是要采取人师和经师二者合一的,每个教科学知识的人师就是一个模范人物,同时也是一个有学问的人。所以说教师这一职业是专家和艺术家二者合一的职业,教师的这个职业特点决定了教师的素质结构中必须具备三个要素,即知识要素、品德要素和审美素养要素。

1. 作为专家,小学美育教师必须具备知识要素

对于小学教师来说,一方面,具备精深扎实的专业知识,是其完成具体教学任务的必要条件,即"学业不精,无以教人"。另一方面,随着现代科学技术的不断发展,人类知识领域也在迅速扩大,各种知识间的联系变得越来越广泛,每一种知识都不再是孤立的存在。因此,教师除了专业知识以外,还必须熟悉其他相关的知识,具备尽可能广博的现代科学文化知识。特别是面对"人"这一特殊的教育对象,教师还应当掌握心理学、教育学的理论知识,把这些知识同专业知识相互融合,并渗入整个教学过程之中,有目的、有针对性、有规律和科学地从事教学活动,提高教学效果。

2. 作为教育家,小学美育教师必须具备影响学生的品德要素

小学教师不仅要"教书",同时还要"育人",培养学生健康的人格。应该说,以教师自身的人格魅力潜移默化地影响学生,以教师自身高尚的道德品质深刻地感召学生,即在"言传"过程中体现"身教",是小学教育阶段的重要特点。这一深层的教育追求,乃是整个小学教育实践的更高目标,也是影响具体教学效果的直接因素。这样,教师个人的道德品质就成

[①] [美]阿尔温·托夫勒:《未来的震荡》,任小明译,成都,四川人民出版社,1985年版。第55页。

为其素质结构的重要组成部分。作为对于小学生有较强示范性的榜样,小学教师应当既是学生求知的良师,又是学生在道德素质、人格方面学习的榜样;既能以理服人,又能以德感人。只有具备了良好的道德品质,教师才能不仅教育学生"成才",而且教育学生"成人"。

3. 作为艺术家,小学美育教师必须具备审美素养要素

强调小学教师的审美素养,就是突出教师素质中的情感结构。现代教育实践已经突破了以往传授知识的模式,作为教学主体的教师,在具备专业知识和道德品质之外,还要有丰富的内心情感、美好的生活理想和持久的情感创造力,亦即具有较高水平的审美素养,才能够在具体教学活动中同学生进行广泛的情感交流,以情感的感染力影响学生及其学习过程,使教学活动真正成为令人愉快的过程,使学生在潜移默化的过程中掌握相关知识、塑造健全人格、提升人生智慧。

第二节 小学美育教师的审美素养

一些学者认为,目前国内社会各界对现行的教育有诸多不满,是因为现行的教育主要是一种应试教育,学生的知识与能力存在着严重的分离,并且,这种教育只注重眼前实利而忽视学生的长远发展。因此,如何使现代教育走出困境,面向未来,是现代社会发展的首要问题。

一、新时期国家对小学美育教师的审美素养提出新要求

在我国这样一个现代化起步较晚的国家,教育改革和发展显得尤为重要。在不可能打破学校教育框架的前提下,我们只能导入一种因素,使教育获得新的动力,这种因素就是教育改革的突破口。美育便被赋予了这样一种使命。

为什么呢?首先,美育转变了人们陈旧的教育观念,它不以知识教育为目的,而是以培养全面发展的健康人格为目的。因此,它从根本上摒弃了知识教育、应试教育模式,使学生获得了发展自身能力的巨大空间。要从根本上确立未来教育体制的模式,首先必须确立美育在教育体制中的地位和作用。

其次,美育一改过去偏重理性教育的弊端,而提倡感性教育与理性教育的相对平衡。感性教育的发展必然能避免一些由单一的理性教育所带来的不良后果。

最后,美育为各门学科的教学提供了基础。美育不仅仅存在于美学领域,而且在各学科中也蕴含着丰富的美育因素,如果有意识地在各门学科的教学中贯彻美育原则,把美育作为各门学科融合的纽带,那么它就一定能使各门学科由分裂走向统一,从而使各门学科更好地发挥其作用。

正是基于以上几点原因,我们认为美育在现代社会已经不是一个可有可无的装饰品了,它是使教育获得新生的一个突破口。

国务院办公厅《关于全面加强和改进美育工作的意见》中强调,新时期全面加强和改进美育工作的基本原则,是"坚持育人为本,面向全体。遵循美育特点和学生成长规律,以美育人、以文化人,在整体推进各级各类学校美育发展的基础上,重点解决基础教育阶段美育存在的突出问题,缩小城乡差距和校际差距,让每个学生都享有接受美育的机会"。[①]

---

① 国务院办公厅《关于全面加强和改进美育工作的意见》,国办发(2015)71号,2015.9.15。

全面加强和改进美育工作的总体目标则是:"2015年起全面加强和改进学校美育工作。到2018年,取得突破性进展,美育资源配置逐步优化,管理机制进一步完善,各级各类学校开齐开足美育课程。到2020年,初步形成大中小幼美育相互衔接、课堂教学和课外活动相互结合、普及教育与专业教育相互促进、学校美育和社会家庭美育相互联系的具有中国特色的现代化美育体系。"①

要遵循以上原则、完成以上目标,无疑需要在新时期构建科学的美育课程体系,最重要的是两个方面,其一,"科学定位美育课程目标。学校美育课程建设要以艺术课程为主体,各学科相互渗透融合,重视美育基础知识学习,增强课程综合性,加强实践活动环节。要以审美和人文素养培养为核心,以创新能力培养为重点,科学定位各级各类学校美育课程。"其二,"开设丰富优质的美育课程。学校美育课程主要包括音乐、美术、舞蹈、戏剧、戏曲、影视等。各级各类学校要按照课程设置方案和课程标准、教学指导纲要,逐步开齐开足上好美育课程。义务教育阶段学校在开设音乐、美术课程的基础上,有条件的要增设舞蹈、戏剧、戏曲等地方课程。"②

新的教育观念和实践、新时期国家对于美育的要求决定了必须提高教师自身的审美素养。新时期对于美育的定位,不仅是一种感性教育、趣味教育,同时也是一种人格教育,它沟通了知识教育和道德教育的联系,显示了教育面向人的整体素质的提高这一趋向。美育的这一本性决定了教师必须不断强化自身的审美素养,在知识与技能、趣味与实践等方面积极培养、提高自己的审美水平。

教师审美素养的重要性同时也是在美育实践中确定的。教师如果不具备一定的审美素养,缺乏丰富的审美情感,对学生缺少爱心,没有一种敬业精神,不把自己的全身心投入到教育活动中去,教学活动就会流于形式,就会变得单调枯燥,美育的效果就无法实现。

综上所述,教师审美素养的提高是势在必行的事,它对于教师自身,对于美育,对于新时期整个教育事业的得失成败都有至关重要的意义。

二、小学美育教师审美素养的特征

小学美育教师的审美素养是一个由多种因素组成的系统。它具有一般人审美素养的特点,同时又具有小学教师职业的特殊性。它有着自身特征。其审美素养除了具有审美素养的一般性规定外,还因其社会角色的特殊性,而有着自身的具体特征,主要有以下三点:

1. 广泛性

小学美育教师的审美素养的广泛性主要指它的内外结合特征。所谓内,是指教师在美学理论和个体审美心理结构完善的基础上建立的内在人格魅力;所谓外,是指教师外化内在审美素养的审美技能素养。在这里,内在审美素养是基础,审美技能素养则是它的外化表现,二者互为表里,共同建构出教师审美素养的广泛性特征。

2. 发展性

小学美育教师的审美素养不是一成不变的,它是动态的、发展的。教师经过自我锻炼和陶冶,审美素养可以逐步得到提高,审美能力也可以由幼稚和变幻不定,发展为稳定而富有

---

① 国务院办公厅《关于全面加强和改进美育工作的意见》,国办发〔2015〕71号,2015.9.15。
② 国务院办公厅《关于全面加强和改进美育工作的意见》,国办发〔2015〕71号,2015.9.15。

创造性。教师经过自身的努力可以不断完善自身的审美价值意识和审美实践追求,不断提高审美素养的层次。发展性还指随着美育环境的变化,对教师审美素养所做出的相应的调整。

3. 专业性

小学美育教师审美素养的专业性主要是指它注重个体审美技能的自我锻炼、培养和提高。这也是小学教师审美素养区别于一般人的审美素养的一个具体特征。一方面,美育是形象而具体的活动,没有对审美对象的形象表现能力,没有一定的形象感受能力,教师既无法从事具体的美育教学,也无法在其他教学活动中有效地掌握"以美育人"的独特手段。对于教师来说,其审美素养的高低,很大程度上表现在他的形象表现与感受能力的高低。另一方面,操作层面的审美技能的培养和提高,又可以进一步强化教师对学生进行美育的效果,使学生在教师的指导下,通过美的欣赏与创造活动,真正得到启迪、充实和升华。

三、小学美育教师审美素养的内容

小学教师的审美素养包括哪些内容,这是美育实践的重要问题。只有对这些内容有深层次的了解,教师才能更好地根据自身的具体情况,有目的、有步骤地加强自身的审美素养。小学教师的审美素养主要包括两个方面,即内在审美素养和审美技能素养。

1. 内在审美素养

所谓内在审美素养就是指内化于教师自身的心理-文化结构中的不可见的、有着一定发展水平和稳定程度的审美素质。它主要包括教师丰富的美学和美育理论知识、完善的审美心理结构以及健康人格的魅力三个层次。

(1) 丰富的美学和美育理论。美学和美育理论是教师内在审美素养不断提高的基础。通过学习系统的美学和美育理论,教师对美的感受、欣赏和创造能力必将会有极大的提高。不仅如此,教师美学和美育理论知识的不断丰富,还将有助于教师提高审美能力、丰富审美兴趣以及完善审美观念。

小学教师学习美学和美育理论主要包括以下三个方面的内容:其一是西方美育理论。学习西方的美育理论有助于教师开阔视野。这些理论是西方世界在深刻反思现代教育危机之后产生的重要理论成果,因此它具有积极的一面。通过学习,我们也能认识西方教育危机的原因,从而为我国美育实践的开展提供借鉴。其二是中国古代和近现代的美育理论。中国古代和近现代的许多教育家和美学家都非常重视美育,它有着区别于西方美育理论的独特视角。因此,教师汲取本国、本民族传统的美育理论必然有利于自身审美素养的提高。其三是审美心理学理论。审美心理学主要讲述人在审美过程中的心理发生规律,以及心理条件对审美效果的作用规律。审美心理学理论是教师在美育实践中重要的理论指导,同时它也有助于教师形成自身完善的审美心理结构,为教学工作打下心理基础。

(2) 完善的个体审美心理结构。小学教师内在审美素养的一个重要方面就是教师个体审美心理结构的自我塑造、自我完善。它表现为教师依据个人现有的审美水平,以个体自觉的形式求得审美能力的提高、审美需要的形成、审美价值意识的确立和审美境界的升华。这其中,既有个体理性与整个社会相统一的方面,又有个体在内在感性和理性相统一过程中对自我审美心理结构的调整。教师的审美素养的提高是在个体审美心理结构的自我塑造中实现的。

（3）健康人格的魅力。健康人格的魅力是教师内在审美素养的最高层次。所谓健康人格，就是指一个统一的、和谐的、具有协调能力、富有创造性和丰富情感内涵的自我有机体。具备健康人格的教师必然会在美育活动中表现出一种影响力，这种影响力就是魅力。它是教师在学生中树立良好形象和建立威信的重要原因。

小学教师健康人格的魅力更体现在教师高尚的师德和豁达的人生态度上。它具体体现在教师对知识、对事业、对日常生活的态度中。对知识要有严谨求实的学风；对事业要有执着的追求和顽强进取的精神；日常生活中的一言一行都要表里如一，注意对学生的影响。教师的人格美是最有影响力的美，对学生心灵的辐射力最强。教师的人格美往往会影响甚至决定学生今后的人生道路。一名优秀的教师应当努力塑造自己的健康人格，成为学生人生道路上的导师和楷模。

2. 审美技能素养

所谓审美技能素养就是指流露于教师外部生活层面、具有一定技能性质的审美表现素质。它主要包括教师形象美的设计技能和教学美的展现技能。

（1）教师形象美的设计技能。小学教师的审美素养最为直观的就是教师自身的外在形象。因此，教师形象美的设计不是无关紧要的小问题，它是教师外在审美素养的重要组成部分。教师的形象美主要包括仪表美、教态美和生活审美化三个方面。

小学教师的仪表美，不仅对学生思想品德、生活作风有很大的影响，而且直接关系到课堂教学效果的优劣，这是多年从事教育工作的教师们的切身体验。因此，每一位教师都应把仪表美作为极其重要的事情来对待。

小学教师应当重视自身的服饰，本着整洁、稳重、美观、大方的原则进行修饰，不要穿着邋遢或怪异的服装走进课堂。在此基础上，教师尽可以根据自己的身材选择一些独具个性的服装来增加自身的魅力。教师还应当保持一种良好的精神面貌。健康、幽默、活泼的教师总是易于和学生打成一片，与学生的情感交流也畅通无阻；而那些封闭、忧郁的教师则不容易获得学生的信任和爱戴。在教学过程中，教师的神情应保持坦然、安静。在启发学生思考问题、回答问题时，眼里流露出的应是热情和真诚，给学生以信任和鼓励。烦躁、冷漠以及鄙视学生的教师会增加学生的不安和反感，伤害学生的自尊心，难以取得学生对自己的好感。

小学教师的教态美是衡量一个教师是否成熟的重要标志之一。一个成熟的教师的教态总是端庄、自然、大方、严肃的。教态美一般通过教师的举止、神情等方面表现出来。

小学教师的行为举止是教态美的重要组成部分。一位审美素养高的教师只要一走进课堂，举手投足之间都会使学生产生好感，给学生一种审美的愉悦。教师应当注意自己的行为举止，任何一处微小的失误都有可能破坏自己的形象美。因此，教师应当在平时就注意生活中的小节，努力养成良好的习惯，这样就能自然而然地形成内在的自律。

神情是沟通师生心灵的桥梁。乐观向上、生机勃勃的教师总能成为学生的良师益友，而那些死气沉沉、冷漠无情、动辄训斥、辱骂甚至体罚学生的教师，不仅会破坏自己在学生心中的美好形象，而且会直接影响到教学效果。因此，教师应当坚持不懈地培养自己豁达开朗的胸襟，不断提高自己的道德涵养和审美兴趣，为树立自身良好的形象打下坚实的基础。

教师的形象美不能只在课堂上树立和展现，更重要的是教师必须在日常生活中保持自己的形象美，这样的形象美才是最真实、最持久的形象美。

生活审美化，是指教师在日常生活中善于经常性地从普遍而平凡的事物、事件及其活动中发现美、创造美、展现美,把美的欣赏与创造融入日常生活的方方面面,使之成为生活实践的自觉行为。这种能力是教师审美技能素养提高的关键。它要求教师对生活充满热情,有一双随时随地能捕捉到美的"眼睛",并且能以一定的审美价值意识为指导来创造生活之美。一句话,爱心、同情心、创造心及其实践能力,构成了教师的生活审美化技能的三个要素。它引导教师从寻常之中见深意,激励教师以加倍的热情投入日常教学活动,以审美的态度对待生活和教学工作,以自身的生活审美化实践带动学生参与到现实生活美的发现与创造中去。

(2)教学美的展现技能。除了外在形象美,教师还必须具备展现教学美的基本审美素养。所谓教学美就是指小学教师在教学过程中通过知识的讲授表现出来的审美因素。这就是课程审美化技能、语言审美化技能以及艺术表现与批评技能。

课程审美化技能是教师以合乎审美的形式、比例来安排课程内容和课程形式的能力。它包括课程内容和课程形式两方面的审美化设计能力。前者是教师理解、发现课程内容的审美因素,在课程内容构思、传达中追求特定审美效果的能力;后者是教师依据一定的审美方式来策划、调整教学环境、教学实践、教学形式及教师自身形象的能力。这种课程审美化能力,是保证具体教学活动充分体现审美的形式规律、完善教学质量并使之产生生动的美育功能的基本手段。它不仅直接关系到教师"传道授业"是否合情合理,是否能吸引学生轻松、自觉地投入学习过程,同时直接影响到学生作为接受主体对教师工作的认同,对所学知识的领会及其与教师的思想交流。

语言审美化技能是教师在教学活动中按照美的规律,将日常生活语言转化为教学语言并增强其艺术表现力的特殊能力。它一方面包括教师在具体教学过程中对语言的规范化能力,即做到教学语言科学、准确、简练、易懂,能给学生以明快感;另一方面又包括教师对教学语言的艺术化处理能力,即善于融情入理,使学生在形象记忆和情感交流中接受理论知识的传授。这种语言的形象性和情感性,通过快慢有序、轻重得法的表达节奏,产生一种富有韵律的运动的美感,使学生在学习知识的同时自觉进入自由的审美境界。

艺术表现和批评技能既是教师以特定艺术形式,利用一定工具和手段表达情感的能力,又是教师对美的事物或艺术品进行审美判断、评价和引导的能力。其中,艺术表现技能是教师应具有的最基本的审美素养,是教师在具体教学活动中落实美育的基本手段。艺术表现技能的高低,不仅会影响到教学活动的美育效果,而且会影响到教师个人审美素养的提高。艺术批评技能则是对教师艺术表现技能的必要补充。一个有着较强艺术批评技能的教师,既能不断充实、完善自身的整体审美素养,又能有效地指导学生对美的事物、艺术品进行合乎规律的鉴赏、判断,引导学生的审美需要和审美理想由感性层次上升到感性与理性合理统一的层次。

第三节　小学美育教师审美素养的培养途径与原则

小学美育教师的审美素养是一个由多种因素组成的系统,其中受教者与施教者是同一个主体,具有强烈的自由、自觉的特性。教师的审美素养水平越高,其教学活动的质量就越高,而且其自身人性的成熟程度也越高。因此,注意提高自身的审美素养水平,应该成为每一个教师的自觉追求。

一、小学美育教师审美素养的培养途径

1. 内在审美素养的培养途径

小学教师的内在审美素养,总的来讲,可以有以下三条培养途径:

第一个方面是理论学习。这是指小学教师个人通过专门学习,形成一定的文化知识素养和美学理论素养,以此作为塑造、提高自身审美素养的基础。

文化知识素养包含多方面的内容,它们以这样或那样的方式制约着教师的审美素养水平。如果一个教师对具体审美对象所知甚少,缺乏必要的知识,那么,他在对这个对象进行审美观照时,就很难产生深刻的体验和审美愉悦,难以形成强烈的情感和心灵震荡。有时候,正是因为文化知识素养不够,人们常常"不识庐山真面目",误把审美对象当作实用对象来看待,做出了种种实用、功利的反应,结果不仅没有实现审美的目的,反而阻碍了审美活动的开展。这就说明,多方面地吸收知识,学习人类文化的丰富成果,为审美素养的培养打下必要的基础,是提高教师审美素养水平的内在条件。

小学教师的审美素养必须有一定的美学理论素养作为专业基础。人类丰富的美学理论成果,是教师培养、提高自身审美素养的知识基础。系统地学习并掌握美学理论,知道什么是审美对象,什么是审美经验,什么是审美心理结构的基本构成要素等,将有利于教师自觉地提高审美素养,把握审美素养的目标。如果教师在审美素养的自我提高过程中,懂得审美对象的性质不仅仅取决于其可供观照的形式和形式意味,而且取决于审美主体的审美态度和审美趣味,即审美主体必须具备特定的审美态度,以一定的审美趣味去观照对象,对象才会向主体呈现出其独特的审美价值,那么,教师就会更加自觉地关注自身审美态度、审美趣味的塑造和提高,也才能自觉地进入审美素养的自我培养过程之中。

第二个方面是生活经验的积累。小学教师在个人活动和社会交往中积累的丰富的社会经验,是其提高审美素养的重要条件,它往往直接或间接地影响着教师的审美素养水平。

小学教师审美素养的培养总是在一定的生活过程中展开的。没有一定的生活经验,既不可能有审美观赏和审美创造的主体条件,更谈不上审美素养所要求的自我心性的陶冶、塑造和提高。教师的生活经验越丰富,对审美对象和审美活动的感受也越深,联想和想象的天地也就越广阔。相应的生活经验,丰富和深化了相应的审美感受,成为教师提高审美素养所必不可少的条件。教师在实际生活中接触的事物越多,对事物与事物之间关系的了解就越全面,情感反应也越强烈。所以,对于教师来说,重视实际生活经验的形成与积累,在丰富的生活经验基础上拓展自己的审美天地,是自外而内地提高审美素养水平的必由之路。

第三个方面是审美实践活动。小学教师的内在审美素养,必须在符合时代与未来要求的审美价值指导下,依据一定的正确选择而定向进行。审美实践作为教师审美素养的培养途径,意味着教师只有亲身参与审美实践活动,才能从根本上提高自己的审美素养水平。这是培养教师审美素养最根本的途径。审美实践包括审美欣赏活动和审美创造活动两个方面。

审美欣赏活动是审美的感受和体验过程。它以教师个人对现实和艺术中的审美对象的观照为主要形式,通过教师自身内在审美需要、审美心理结构、审美价值意识之间的协调活动,来培养教师的心灵和性情,起到提高教师审美素养的作用。必须指出,对于教师的审美素养来说,以审美欣赏活动为途径,首先要求教师在具体的审美欣赏过程中,注意选择审美

对象,从不同角度、不同层次、不同时间去感受、体验。事实上,由于审美对象丰富而复杂,因时因地而变化,并且受到作为欣赏主体的教师个人主观心理状态的影响,因此,教师在审美欣赏活动中,应当根据对象本身的性质及其存在形式,有选择地加以审美观照。

这就是所谓"春游芳草地,夏赏绿荷池,秋饮黄花酒,冬吟白雪诗"①。只有在此基础上,教师的内心世界才能有效地与对象世界进行深层交流,在相互映衬中受到陶冶。其次,教师要注意深入领悟审美对象和审美欣赏过程的深厚意蕴,有所玩味,有所体验,这样才能形成最大程度上的精神享受。例如,在对自然景观的欣赏中,教师只有深入自然物象的内部,用心审视,以情体会,并结合自己已有的经验,才能从自然物象的外在形式中发现其内在的意味,产生强烈的心灵震荡,获得深刻的审美体验。最后,教师要注意突破对象形式的局限,充分运用自己的联想和想象能力,融情于其中,以便得到更高层次的审美感悟和更加深入的心灵陶冶。大海的坦荡、星空的静谧、松的刚劲、竹的有节,凡此种种,其意味都超越了形式的有限性,直接联系着欣赏者的自由审美态度和审美境界。这种超越而自由的审美交流,有助于教师不断进入审美素养的更高层次。

审美创造活动是一个具体的操作性过程。它以教师个人实际操作的形式,动态地进入其内在审美需要、审美心理结构、审美价值意识的相互运动过程,在具体行为中实现教师个人内在精神追求与外在客体对象的和谐统一,以此陶冶教师的心灵,提高教师的审美能力和审美境界。具体地说,通过文艺、体育、劳动、游戏等有意味、有情感的活动,教师一方面可以表现自己的审美创造力,另一方面又在体验、感受自己审美创造性活动的意义,从中获得一种自我满足、自我肯定的喜悦。尽管由于审美创造活动的形式不同,教师个人的审美效果会有所差异,但是,就审美创造活动的总趋向和结果来看,它总是教师个人主动、自觉的行为,是教师个人各种心理机能比较和谐、协调地发展的过程。因此,它最终将有利于人性自由和人格健康,有助于教师个人的全面发展。在这个意义上,我们说,不仅文艺,凡是具有审美操作性质的活动,都可以起到提高教师审美素养水平的作用。如体育活动,可以综合培养人的力量、韧性、节奏、运动感等,使人的知、意、情结构协调发展;特别是形体和动作的均衡运动,作为一种合规律性的目的、意志、情趣的呈现,其本身就是一种审美素养。再如游戏活动,可以培养人的灵活、机智、应变、联想能力,尤其是那种不计功利得失的自由自在的状态,可以净化人的物欲,是培养教师审美素养的有效途径。

2. 审美技能素养的培养途径

第一个方面,通过对生活多样性的感受,搞好教师自身的形象美设计。只有在教师懂得如何使自己的生活审美化的前提下,教师自身的良好想象才能最终确立。当然,感受生活的前提是确立积极向上、健康正确的人生观。但仅仅如此还不够,还需要教师个人以审美的态度对待生活,主动参与到现实生活中去,从中感受、体验,并有所创造。可以说,感受生活的过程,既是教师从生活中发现美的过程,同时也是在生活中创造美的过程。因此,它要求教师在发现与创造的有机统一中去理解、把握生活,离开了发现与创造的统一,任何生活感受都是不完整的、缺乏生动性的。与此同时,人对生活的感受是一个不断积累、丰富的过程,是在忘却纯粹物欲基础上所实现的升华。对于教师来说,生活感受越丰富,其生活审美化的技能就越可能提高,其外表就越能展现自身的气质。没有丰富的生活感受,教师树立的自身形

---

① (北宋)汪洙编撰《神童诗》,摘自中国国学网。

象必然是缺乏深度、缺乏厚度的浅薄的形象,是经不起时间考验的。另外,教师应注意在日常生活中多动脑筋,多动手,如经常亲手制作生活装饰品,亲手整理、布置家居环境,亲手为自己设计服饰,等等,这些都能使教师在细微之处深刻体会创造性生活的无穷意味,感受到生活中的盎然生趣,从而使生活热情转化为提高教师自身形象美设计能力的内在动力。

第二个方面,培养小学教师展现教学美技能的途径。首先是培养小学教师的课程审美化设计能力。这不仅要求教师能够充分理解课程内容,从中提炼出潜在的审美因素,而且要求教师能够从外部因素(如时间、环境、手段及自身仪表形象等)进行审美构思、形象表现。在这一方面,一要摒弃单一知识训练的教学模式,着眼于学生整体素质的发展,以便明确教师的课程审美化技能的培养方向;二要深入教学实践,在具体教学活动中,逐步形成一套能够引起学生学习兴趣,强化学生自觉意识的课程审美化形式,并在实践中不断检验,由此不断提高教师的课程审美化设计技能。例如,经常根据课程内容和教学进度,巧妙布置、装点课堂环境,使学生在一个与课程本身有着有机联系的环境中接受教育。再如,经常利用多样化的现代教学仪器(录音、录像、电视、投影、多媒体电脑软件等)进行具体课目的讲授,也能使教师充分实现自己对课程形式的审美化构思、策划,不断提高教师的课程审美化设计技能。

其次是培养小学教师的语言审美化技能。首先,这有赖于教师自身思想情操、艺术素养、理论学识等的水平。这是因为,语言审美化不只是一个形式美的问题,而且是在一定内容上实现的语言规范和形象美。从提高教师的道德品质素养、文化艺术素养做起,可以使教师的教学语言具有科学而充实的内容,体现出思想的深层魅力。其次,语言的审美化,要借助一定的形式来表现。因而,培养教师的语言审美化技能,就离不开对生动活泼、机智幽默的语言的提炼和创造。对于教师来说,经常阅读小说、诗歌、欣赏造型艺术(绘画、雕塑、建筑等),留心大自然和生活中千姿百态的事物,都是使自身的语言审美化技能不断得到培养、提高的具体方式。此外,丰富自己的联想和想象能力,学会清晰、准确的语言表达,也是培养教师的语言审美化技能所不可缺少的。

最后是培养小学教师的艺术表现和批评技能。首先应当从工作实际出发,在教学活动中注意观察并善于捕捉每一个变动中的审美信息,利用一定的艺术手段和工具加以提炼、塑造,使之成为一定的形象存在。同时,在教学活动中培养教师的艺术表现和批评技能,还要求教师本身熟悉特定的教学需要,使技能提高始终成为教学活动的内在组成部分,而不是游离于教学之外。其次,应当注意激发教师自身的审美兴趣,在有了一定兴趣的基础上促进教师的艺术表现与批评技能的提高,以体现教师个人的鲜明风格。再次,由于艺术批评技能主要是一种反思能力,因此,提高教师这一方面的审美技能,要有一定的美学理论素养,需要教师广泛参与审美活动和艺术实践,积累大量审美和艺术实践经验,通过比较、鉴别,逐步上升为理性的审美反思能力,从而实现对教师个人艺术批评技能的定向培养。

二、小学美育教师审美素养的培养原则

小学教师审美素养的培养是一项复杂的系统工程,在这个过程中,教师必须遵循一定的原则。只有这样,教师的审美素养才能得到全面、合理的提高。

1. 实事求是的原则

小学教师在培养自身审美素养的过程中必须依据自身的实际情况(包括知识结构、审

美兴趣、性格气质等),有步骤有重点地提高自身的审美素养。由于教师审美素养提高的过程是主客体合一的过程,即教师既是审美主体又是审美客体,而每个教师的自身情况又不尽相同,这就要求每个教师必须实事求是地根据自身条件制定合理的培养目标,争取达到事半功倍的效果。如果千篇一律地按照一般的培养途径和方法去做,可能会事与愿违,起不到应有的作用。

2. 内外平衡的作用

小学教师的审美素养,包括内在精神层面的审美需要、审美心理结构和审美价值意识,以及外在操作层面的审美欣赏与创造的技能。在教师的审美素养结构中,这两个层面应该相互协调而不能有所偏废。内在精神层面的完善,如果不能落实到具体操作能力上,便会缺乏有力的实践保障;单纯操作能力的提高,如果没有高水平的审美需要、审美心理结构和审美价值意识的引导,也将失去其存在的意义。

3. 自觉持久的原则

小学教师审美素养的培养,归根结底,是教师自我美育的自觉形式。教师培养审美素养的高度自觉性,标志着教师自我美育的发展、深入和成功,体现了教师自身对美的追求的主动性。不仅如此,教师审美素养的提高还应当注意其持续发展的过程性、永久性,强调其应作为终生自我美育而不断展开。在教师审美素养的提高过程中,教师个人一方面需要有持之以恒的精神,不断自我激励、自我追求,另一方面则要不断地贴近时代和社会的脉搏,善于从周围生活中发现新的东西,以此充实自己的审美需要,完善个人的审美心理结构,深化审美价值意识,进而不断走向一个较高的审美境界。

总之,小学教师的审美素养是教师素质结构中的一个极其重要的内容。由于教师的审美素养直接影响到具体教学活动的美育效果,因此,从理论学习、生活经验积累、审美实践活动三方面来培养、提高教师的审美素养水平,就显得格外具有现实意义。也正是由于如此,注意培养教师自我形象美的设计能力以及教学美的展现技能,就成为教师个人整体审美素养水平提高的重要方面。随着教师的审美素养水平的不断提高,教师个体人格将日益走向一个全面发展的自由审美之境。

思 考 题

1. 新时期小学美育教师为什么必须具备较高的审美素养?如何正确理解审美素养在教师素质结构中的重要地位和作用?
2. 小学美育教师的审美素养主要包括哪些方面?
3. 小学美育教师提高审美素养的途径有哪些方面?
4. 联系实际谈谈小学美育教师的审美素养对教学工作产生的影响。

后 记

经全国高等教育自学考试指导委员会同意,由教育类专业委员会负责高等教育自学考试教育类专业教材的审定工作。

《美育基础》自学考试教材由中国人民大学王旭晓教授担任主编。参加编写的人员有(按章节顺序):王旭晓,绪论、第一章、第五章;周军伟(河南教育学院),第二章、第六章;宋薇(河北大学),第三章、第四章;贾静(北京师范大学),第七章、第八章。全书由王旭晓修改定稿。

参加本教材审稿讨论会并提出修改意见的专家有首都师范大学王德胜教授、北京师范大学刘成纪教授和北京师范大学陈建翔教授。

编审人员付出了大量努力,在此一并表示感谢!

全国高等教育自学考试指导委员会

教育类专业委员会

2018年2月